Bom Dia, Brasil

BOM DIA, BRASIL

· ·

3rd Edition of *Português Básico para Estrangeiros*
Rejane de Oliveira Slade

Revised by
Marta Almeida, Yale University
Elizabeth Jackson, Wesleyan University

Yale UNIVERSITY PRESS   New Haven and London

Publisher: Mary Jane Peluso
Editor: Timothy Shea
Manuscript Editor: Rose Vekony
Production Editor: Ann-Marie Imbornoni
Production Controller: Karen Stickler
Designed by Nancy Ovedovitz
Illustrated by Daniel Tavares Lopes

Set by BW&A Books, Inc.

Printed in the United States of America.

Library of Congress Cataloging-in-Publication Data
Slade, Rejane de Oliveira.
[Português básico para estrangeiros]
Bom dia, Brasil. — 3a ed. / revista por Marta Almeida, Elizabeth Jackson.
    p. cm.
Text in Portuguese and English.
Revised ed. of : Português básico para estrangeiros, de Rejane de Oliveira Slade, 1993.
ISBN 978-0-300-11631-1 (pbk. : alk. paper)   1. Portuguese language—
Grammar.   2. Portuguese language—Textbooks for foreign speakers—English.
I. Almeida, Marta.   II. Jackson, Elizabeth.   III. Title.
PC5067.3.S57 2012
469.82'421—dc22   2010051406

A catalogue record for this book is available from the British Library.

Para David
    Marta Almeida
    Elizabeth Jackson

Dedico este livro a meus pais, Álvaro e Erundina;
à grande mestra Maria Castro;
e a meu marido, John A. Slade
    Rejane de Oliveira Slade

ÍNDICE

• • • • • • •

PREFÁCIO

• • • • • • •

Poderíamos dizer que esse livro foi escrito a quatro mãos, mas a bem da verdade, muitas outras mãos e cérebros participaram desta empreitada. Queremos agradecer a nossos filhos, Sophia, Katharina e Kenneth Gregory Jackson; Thomas Almeida e sua esposa Thais Guerardi, que trouxe a bordo o amigo ilustrador Daniel Lopes, valiosa aquisição e complemento ao nosso trabalho. Devemos muito aos nossos alunos, que nos incentivaram a revisar o livro e de quem aprendemos muito nesse projeto pedagógico. A esses jovens que não têm medo de cometer erros no computador, e que nos ajudaram com diagramação e ideias, deixamos o nosso muito obrigada.

Agradecemos aos resenhadores do manuscrito, Adelaide Bouchardet Davis, University of Denver; Valerie de Carvalho, Pasadena City College; Kirsten Ernst, University of Pennsylvania; Tania Martuscelli, Yale University; Helen O'Neal; Irwin Stern, North Carolina State University; Carlos Veloso da Silva, New York University; e Jayne Reino, University of Massachusetts Amherst, pelas sugestões na elaboração desse trabalho. Registramos aqui nossa gratidão à comunidade formada pelos alunos, amigos e professores da Yale University e Wesleyan University, que contribuíram apreciações críticas durante cinco anos de trabalho. E para a autora do livro que serviu de referência, Rejane de Oliveira Slade, fonte de extenso material didático, fica o nosso agradecimento pelos anos de pesquisa e aperfeiçoamento do material. Queremos reconhecer o empenho de K. David Jackson em manter o livro na Yale University e nos conceder o privilégio de reeditá-lo. E finalmente, devemos muito a Tim Shea, Ann-Marie Imbornoni e Rose Vekony, que nos conduziram por cada etapa da publicação.

O projeto linguístico-pedagógico desse livro baseia-se em um princípio—a aquisição de um léxico, isto é, de um dicionário interno. Após dominar o conteúdo desse livro que ora apresentamos, os estudantes de português deverão ter adquirido e internalizado o vocabulário inserido em estruturas que lhes permitam expressar-se, interagir e se comunicar em português. Eles se sentirão à vontade tanto com conceitos gramaticais quanto com os sociolinguísticos, pois dominarão os paradigmas da língua e serão capazes de produzir sinonímia, explicar, narrar, parafrasear, perguntar e dialogar com outros falantes.

Nosso objetivo é duplo. Primeiramente apresentar de uma forma original o vocabulário básico de um programa para iniciantes, que vai desde a introdução do alfabeto, passando por questões básicas de gramática, até a apresentação de leituras de vocabulário mais elaborado. Nosso segundo objetivo é refletir a atualidade brasileira e um panorama geográfico, histórico e cultural dos países lusófonos. As leituras tratam de temas como biodiesel, telenovela, e ecoturismo ao lado de tópicos como família, corpo humano, comida e feriados. Entendemos que a língua não existe separada da cultura. Dentro deste conteúdo metodológico considerável atenção é dada à pronúncia, e o livro dispõe de material auditivo, indicado no texto por 🎧, para facilitar a aquisição oral do português do Brasil. Acesse o site **www.yalebooks.com/bomdia** para ouvir as gravações.

As lições compõe-se de leituras, gramática, diálogos, vocabulário, exercícios e outras atividades pertinentes, identificadas por ✏️ e 💻. Parte deste material destina-se a trabalho oral e escrito em duplas ou mesmo em pequenos grupos, indentificado por 👤)((👤. Este tipo de interação é imprescindível, pois ajuda os alunos a se tornarem ouvintes mais atentos, a respeitarem outros falantes e a aprenderem de ou com eles. Entendemos que o uso da língua como instrumento não pode nem deve prescindir da manifestação cultural-literária. A crônica, a poesia, o romance e o filme são partes do conteúdo, levando aos alunos o sonho, a expressão e a maneira de ser do brasileiro.

Resta-nos uma pergunta a responder, pergunta essa que fizemos a nós mesmas seguidamente. A quem se destina esse livro? O *Português Básico para Estrangeiros* já tinha um público fiel. Ao introduzir *Bom Dia, Brasil* esperamos aumentar esse público dirigindo o livro a programas de português nos Estados Unidos, na América Latina e na Europa. O ensino de português nos países asiáticos e africanos pode também beneficiar--se desse material. Como no livro anterior, a pedagogia de *Bom Dia, Brasil* se presta a um curso de imersão em que se usa exclusivamente o idioma português na sala de aula. Ao enriquecer os capítulos com novo material criamos a possibilidade de estender esse livro ao nível intermediário.

Este livro observa o Acordo Ortográfico da Língua Portuguesa que entrou em vigor no Brasil no dia 1º de janeiro de 2009.

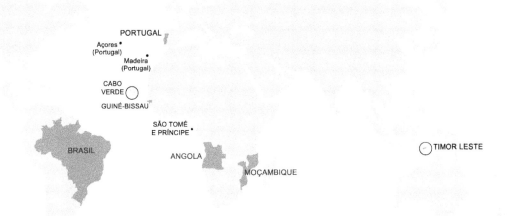

Os Países de Língua Portuguesa

0° — *Paralelo do Equador*

VENEZUELA
GUIANA
SURINAME
GUIANA
FRANCESA
COLÔMBIA
EQUADOR
PERU
*Oceano
Pacífico*
BRASIL
*Oceano
Atlântico*
BOLÍVIA
PARAGUAI — *Trópico de Capricórnio*
CHILE
ARGENTINA
URUGUAI

América do Sul

O Brasil tem 26 estados e um Distrito Federal (DF)

Bom Dia, Brasil

INTRODUÇÃO

• • • • • • • •

 O Alfabeto

A (a)   a árvore*

B (bê)   bola

C (cê)   copo

D (dê)   o dois*

E (é)   estrela

F (efe)   a flor

G (gê)   gato

H (agá)   hora

I (i)   igreja

J (jota)   o jornal

K** (ka)   o kg
           *(símbolo de
           quilograma)*

L (ele)   lua

M (eme)   a mão

N (ene)	o nove	**9**	U (u)	uva
O (ó)	ovo		V (vê)	vela
P (pê)	o pé		W** (dábliu)	a web www.orkut.com.br
Q (quê)	quatro	**4**	X (xis)	xícara
R (erre)	rosa		Y** (ipsolom)	Nova York
S (esse)	o sol		Z (zê)	zebra
T (tê)	a televisão			

*Normalmente as palavras terminadas em -o são masculinas e as palavras terminadas em -a são femininas. Neste livro o artigo será fornecido só quando o gênero não é óbvio ou não segue esta regra. Por exemplo: *a árvore, o problema, a tribo.*

As letras **K, W e **Y** fazem parte do alfabeto mas não da grafia da língua. Aparecem em nomes próprios e estrangeirismos. *Nova York* e *Nova Iorque* são ambos de comum uso no Brasil.

A Pronúncia

Vogais

a	la	/la/
ã	fã	/fã/
an	canta	/kãta/
am	samba	/sãba/
ão	pão	/pãu/

ãe	mãe	/mãi/
é	café	/kafɛ/
ê	mês	/mêis/
e	me	/mi/
em	tem	/tẽ/
en	vento	/vẽtu/
im	mim	/mĩ/
in	sinto	/sĩtu/
ei	lei	/lei/
i	li	/li/
ó	pó	/pɔ/
o	oito	/oitu/
ô	alô	/alô/
õ	põe	/põi/
om	som	/sõ/
on	ponto	/põto/
u	tu	/tu/
um	um	/ũ/
un	mundo	/mũdu/

Consoantes

b	bebê	/bebê/
c	cedo	/sêdu/
	cama	/kãma/
ç	ação, aço, açúcar	/asãu/, /ásu/, /asúkar/
ch	chá	/ʃa/
d	dela	/dɛla/
	dia, de	/djía/, /dji/
	(d seguido de i é pronunciado com ligeira fricção)	
f	fato	/fátu/
g	gato, goma, gula	/gátu/, /gɔma/, /gúla/
	gema, girafa	/ʒêma/, /ʒiráfa/
h	hora	/óra/
	(h é mudo)	
j	já, hoje	/ʒá/, /ôʒi/
k	kilobyte	/kilôbáitji/
l	la, lua	/lá/, /lúa/
	mal	/mau/
	(l final é pronunciado como u)	
lh	ilha	/íʎja/

m	mala	/mála/
	tem	/tẽ/
	(m final nasaliza a vogal anterior)	
n	nada	/náda/
nh	vinho	/vĩñu/
p	puro	/púru/
q	quilo	/kílu/
	qual	/kuau/
r	rua, carro, falar	/húa/, /káhu/, /faláh/
	caro	/káru/
s	sala, isso	/sála/, /íssu/
	casa, trânsito	/káza/, /trãzitu/
t	tapa	/tápa/
	tia, sete	/tjía/, /sétji/
	(t seguido de i é pronunciado com ligeira fricção)	
v	vale	/váli/
x	xale	/ʃáli/
	extra	/éstra/
	exílio	/ezíliu/
	táxi	/táksi/
z	zero	/zéru/

Acentos

Os acentos indicam a pronúncia e a sílaba tônica.

´	agudo	**e** e **o** abertos, e a sílaba tônica
~	til	vogais nasais
^	circunflexo	**e** e **o** fechados, e a sílaba tônica
à	grave	contração entre a preposição **a** e o artigo **a**
ç	cedilha	antes de **a**, **o** e **u**, pronúncia *s*

A Pontuação

.	ponto		!	exclamação
,	vírgula		" "	aspas
;	ponto e vírgula		—	travessão*
:	dois pontos		/	barra
?	interrogação		@	arroba

*É usado para introduzir diálogo.

Nacionalidades

o alemão / a alemã
angolano/a
brasileiro/a
cabo-verdiano/a
o/a canadense
o chinês / a chinesa*
dominicano/a
egípcio/a
o espanhol / a espanhola
filipino/a
o francês / a francesa*
grego/a
o/a guineense

indiano/a
o/a israelense
o libanês / a libanesa*
moçambicano/a
norteamericano/a, porto-riquenho/a
o norueguês / a norueguesa*
peruano/a
o português, a portuguesa*, açoriano/a
romeno/a
russo/a
suíço/a
o/a timorense
venezuelano/a

*A forma feminina acrescenta **a** e perde o acento, que também modifica a pronúncia da vogal **e**.

Idade

Adultos: o homem (os homens) / a mulher (as mulheres)
Menores: o/a jovem (os/as jovens)
                 garoto/a
                 menino/a
                 criança
                 o bebê

Estado Civil

Solteiro/a
Casados: noivo/a*
                 esposo/a
                 marido / mulher
Divorciados: ex-esposo/a
                 ex-marido / ex-mulher
Viúvo/a

*Os noivos são prometidos ou recém-casados.

Cumprimentos

—Dr. Roberto, esta é minha esposa
Helena.
—Muito prazer, Helena.

—Susana, este é meu marido, João.
—Muito prazer, João.
—O prazer é meu, Susana.

—Carlos, esta é minha noiva Regina.
—Muito prazer, Regina.
—Igualmente, Carlos.

No Restaurante

No Hospital

—Bom dia, Dr. Aluísio.
—Bom dia, Dra.* Helena.

*Dra. (Doutora) é a forma feminina de
Dr. (Doutor).

—Boa tarde, Senhor.
—Boa tarde.

Em Casa*

—Boa noite.
—Boa noite.

*Quando **casa** significa o espaço e não o edifício, não se usa artigo.

Estudo em casa.

Vou para casa.

O livro é de casa.

Na Aula

PROFESSORA: Bom dia, Ângela.
ÂNGELA: Bom dia. Como vai a senhora?
PROFESSORA: Bem, obrigada. E você?
ÂNGELA: Muito bem, obrigada.*

***Obrigado/a** concorda com o sexo da pessoa que fala.

Na Rua

—Oi Aninha, tudo joia?
—Oi Gugu, tudo legal! E você?

No Escritório

GERENTE: Bom dia. Eu sou Regina.
PAULO: Bom dia. Eu sou Paulo. Muito prazer.
GERENTE: O prazer é meu.

—Oh! Desculpe. Sinto muito.
—Tudo bem. Não tem problema.

—Muito obrigada!
—De nada.

—Com licença, Dra. Vera.
—Pois não.

—Parabéns! Muito bem!
—Muito obrigado.
—De nada.

—Bom dia, D. Isabela.
—Como vai, Joãozinho?
—Tudo bem, e a senhora?
—Tudo bem, obrigada.

—Olá, Mariazinha! Tudo bem?
—Oi, Marcos. Que surpresa!
—Como vai, D. Conceição?
—Tudo bem, Marcos. E você?
—Tudo bem, obrigado.

Formatura

—Parabéns.
—Muito sucesso!

Casamento

—Parabéns. Felicidades!
—Obrigado.

Aniversário

—Parabéns!
—Muitas felicidades.
—Tudo de bom para você.
—Obrigada.

—Parabéns, filho!
—Obrigado.

—Parabéns, meu amor.
—Obrigada.

Lição 1

SALA DE AULA

• • • • • • • • •

 Leitura: Aula de Português

Paulo é professor. Ele é brasileiro, do Rio de Janeiro. Ele é professor de literatura, cinema e língua portuguesa nos Estados Unidos. Ele é casado. A esposa dele é mexicana. O nome dela é Ana. Ela não fala português. Eles têm dois filhos que falam inglês, português e espanhol.

Meu nome é Sarah. Eu sou americana e sou professora de português e história brasileira. Eu também sou casada. Meu esposo é brasileiro. O nome dele é Gustavo e ele é de Minas Gerais. Nossos filhos são bilíngues. Eu sou colega de Paulo. Paulo tem quinze estudantes e eu tenho oito alunos na minha turma. Vamos ao Brasil com eles por duas semanas. Vamos visitar São Paulo, Salvador e Belo Horizonte.

Meu nome é Sarah.

 Perguntas

1. Paulo é professor de história brasileira?
2. Paulo é professor no México?
3. Quem é Ana?
4. Os filhos de Paulo falam inglês?
5. Sarah é estudante?
6. Gustavo é do Rio de Janeiro?
7. Quem é colega de Paulo?
8. Os estudantes vão visitar Minas Gerais?

Diálogo: Os Estudantes

JOHN: Oi, tudo bem?

PIERRE: Tudo joia. *[Um cumprimento informal usado entre jovens.]*

JOHN: Eu sou John. Muito prazer.

PIERRE: Prazer. Meu nome é Pierre.

JOHN: Você é norte-americano?

PIERRE: Não, eu sou francês. Sou estudante de português aqui. E você?

JOHN: Eu também sou estudante de português. Você é professor aqui?

PIERRE: Sou, sim.* Eu sou professor de francês. Você também
é professor?

JOHN: Sou. Eu sou estudante de português e sou professor também. Sou professor de inglês.

PIERRE: Esta é minha esposa Claudete. Ela é brasileira. Você é
casado?

JOHN: Muito prazer, Claudete. Meu nome é John. Eu sou
solteiro.

PIERRE: A Claudete é professora de português aqui. Vamos
para nossa aula?

JOHN: Vamos. Até logo, Claudete.

PIERRE: Tchau, Claudete.

CLAUDETE: Vamos tomar café mais tarde. Até mais tarde.

*Não se responde a uma pergunta com **sim** normalmente. Em geral, a resposta é feita com o verbo. **Sim** é usado para ênfase.

 Perguntas

1. Quem é John?
2. Quem é Claudete?
3. Quem é estudante?
4. Qual é a profissão de Claudete?
5. John é solteiro?
6. Claudete é norte-americana?

Gramática: **Ser** (Presente do Indicativo)

PESSOA	PRONOME SINGULAR		PRONOME PLURAL	
Primeira (1ª)	eu	**sou**	nós	**somos**
Segunda (2ª)	você* o senhor / a senhora**	**é**	vocês os senhores / as senhoras	**são**
Terceira (3ª)	ele / ela		eles / elas	

*A forma da segunda pessoa neste livro é **você**. A forma familiar *tu* tem seu uso limitado a algumas regiões do Brasil. Em todo o Brasil, **vocês** se usa para a segunda pessoa plural.

O senhor (os senhores) / a(s) senhora(s) são formas de tratamento (segunda pessoa, como **você / vocês**) num contexto formal.

 Atividade

Prepare um diálogo original incluindo nome, nacionalidade, profissão e estado civil para cada pessoa que fala.

Vocabulário: Sala de Aula

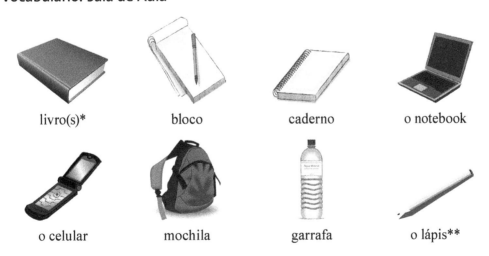

livro(s)*	bloco	caderno	o notebook
o celular	mochila	garrafa	o lápis**

*O plural de palavras terminadas em **a, e, i, o, u** coloca um **s** no final.
O plural de **lápis é igual ao singular.

os lápis	porta	janela	a luz
carteira	os óculos	pasta	bandeira
o mapa	relógio	dinheiro (euro / real / dólar)	o giz
o apagador	caneta	borracha	a chave
folha	quadro-negro	cadeira	mesa
o telefone	carro	casa	bicicleta
bolsa	o computador	tela	

 ## Projeto

Faça uma ilustração (ou uma fotografia) de uma sala de aula. Identifique cada objeto usando a forma seguinte:

1. O relógio é suíço. Ele é do diretor.
2. Os blocos são azuis. Eles são de D. Ana e Sr. José.*
3. A mesa é branca. Ela é de madeira.
4. O celular é azul e é de metal.
5. A mochila é de couro. Ela é da estudante.

*D. é a abreviação de **Dona** e se usa com o primeiro nome de uma mulher. **Sr.** é a abreviação de **Senhor** e se usa com o primeiro nome de um homem; a pronúncia é *seu*. São formas de respeito.

Gramática: Plural de Gênero

masculino + masculino = masculino	Chico e Horácio = **eles**
feminino + feminino = feminino	Magali e Mônica = **elas**
masculino + feminino = masculino	Maurício e Isabel = **eles**

Um aluno é do Rio e uma aluna é de São Paulo. Eles são brasileiros.
O carro é do diretor. A bicicleta é do estudante. Eles são verdes.

Comunicação na Sala de Aula

O que é isto? Isto é _____.

Como se diz _____ em português?

Como se escreve _____?

Outra vez, por favor.

Não sei.

Tem dever? *ou* Tem tarefa de casa?

Vocabulário: As Cores

O sol é amarelo.
Os raios do sol são dourados.

O céu é azul.

A lua é prateada.
As estrelas são prateadas.

A nuvem é branca.

A árvore é verde.

A terra é marrom.

O mar é azul.

O gato é preto.

A abóbora é alaranjada.

A berinjela é roxa.

Vermelho = Pare.
Amarelo = Atenção!
Verde = Siga.

rosa

Exercício

Escreva quatro frases completas usando quatro objetos na sala de aula, seguindo os exemplos:

Isto é um livro verde e amarelo.

A mochila de Teresa é azul.

A bolsa preta é da professora.

Ela é estudante de espanhol e português.

1. _____.

2. _____.

3. _____.

4. _____.

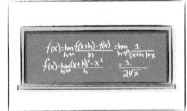

Gramática: Numerais 0 a 100

0	zero				
1	um / uma*	11	onze	21	vinte **e** um / uma
2	dois / duas*	12	doze	22	vinte **e** dois / duas
3	três	13	treze	30	trinta
4	quatro	14	quatorze	40	quarenta
5	cinco	15	quinze	50	cinquenta
6	seis	16	dezesseis	60	sessenta
7	sete	17	dezessete	70	setenta
8	oito	18	dezoito	80	oitenta
9	nove	19	dezenove	90	noventa
10	dez	20	vinte	100	cem

***Um** e **dois** têm formas femininas em qualquer combinação de numerais. Por exemplo:

sessenta e duas (62) mulheres   quarenta e um (41) homens

vinte e uma (21) cadeiras   cinquenta e oito (58) carros

 Exercício

Escreva os números por extenso (em palavras).

1. 7 carros: _____

2. 45 reais: _____

3. 2 janelas: _____

4. 31 dias: _____

5. 0 casas: _____

6. 48 livros: _____

7. 53 lápis: _____

8. 16 estudantes: _____

9. 99 dólares: _____

10. 24 mochilas: _____

11. 0 cadernos: _____

12. 62 cidades: _____

🎧 Leitura: O Brasil em Fatos

a. A República Federativa do Brasil tem quase duzentos milhões de habitantes.

b. O Brasil tem 26 estados e um distrito federal—a capital é Brasília.

c. O Brasil é o quinto país do mundo em área.

d. O Brasil tem vinte por cento da água doce do mundo.

e. O Rio Amazonas é o maior rio do mundo.

f. São Paulo é a maior cidade da América do Sul.

g. A economia do Brasil é a maior da América Latina. Os principais produtos de

exportação são soja, café, automóveis, açúcar, álcool, suco de laranja e

frutas, sapatos, carne, alumínio, estanho, armas, máquinas pesadas,

aviões, minério de ferro e têxteis.

✏️ Exercício

Complete as seguintes frases.

1. Quase _____ milhões de pessoas moram no Brasil.

2. Brasília é _____ do Brasil. A capital de meu país é

   _____.

3. O maior país da América Latina é o _____.

4. O Brasil tem _____ estados. Meu país tem _____ estados/
   províncias.

5. Dois produtos agrícolas que o Brasil exporta são _____ e

   _____. Dois produtos industriais são _____ e

   _____.

Lição 2

A Língua Portuguesa nos Estados Unidos

• • • • • • • • • • • • • •

 Leitura: A Imigrante

Meu nome é Fernanda. Sou de Cabo Verde, da ilha de São Vicente. Sou solteira mas minha família é grande. Morei dois anos em Lisboa e três anos na Espanha. Moro aqui em Connecticut desde mil novecentos e noventa e cinco. Meus pais também moram nos Estados Unidos. O nome de meu irmão é João. Ele mora na Flórida desde dois mil e dois. Ele é casado e tem dois filhos. A esposa dele é Maria Luísa, e ela também é caboverdeana. Meu primo mora em Amsterdã, e minha tia mora em Lisboa. Muitos dos meus primos ainda moram em Cabo Verde.

 **Perguntas**

1. Fernanda é casada?
2. Fernanda mora em Portugal?
3. Quantos filhos o irmão de Fernanda tem?
4. O primo de Fernanda mora na França?
5. A tia de Fernanda mora em Madrid?
6. Os primos de Fernanda moram nos Estados Unidos?

Gramática: Contrações com de

de + o = do   de + os = dos
de + a = da   de + as = das

Gramática: Artigos com Continentes e Países

Geralmente o artigo definido se usa com os nomes de continentes e países, montanhas e rios.

José é **do** Brasil.

Juan é **da** América do Sul.

Dominique é **do** Haiti.

John é **dos** Estados Unidos.

Marcos é **da** República Dominicana.

Jean é **do*** Canadá.

Nino é **da** Itália.

Eduardo é **do** México.

O Rio Amazonas é enorme.

Anita é **da** Ásia.

Tang é **da** China.

Marina é **das** Filipinas.

Faruk é **do** Egito.

Charles é **da** Inglaterra.

Ingrid é **dos** Alpes.

Johan é **do** Suriname.

Julián é **da** Colômbia.

A Antártida é fria.

***O** Canadá é masculino.

Os seguintes lugares **não** usam artigo:

Teresa é **de** Portugal.

Mário é **de** Moçambique.

Ariel é **de** Israel.

Andrés é **de** Porto Rico.

Carmen é **de** Cuba.

José é **de** Timor Leste.

Deolinda é **de** Angola.

João é **de** Guiné-Bissau.

 Diálogo: Bem-vindos a Nossa Escola

D. LÚCIA: Este é Dr.* Paulo, o diretor da escola.

ESTUDANTES: Muito prazer, Dr. Paulo.

DR. PAULO: Igualmente. Vocês são estudantes de português ou espanhol?

ESTUDANTES: Somos estudantes de português.

DR. PAULO: Quem é o professor de espanhol aqui?

PEDRO: Eu, eu sou de Porto Rico.

JOHN: Eu também sou professor, mas de inglês. Sou da Inglaterra.

DR. PAULO: Muito bem. Bem-vindos à nossa Escola de Línguas.

ESTUDANTES: Muito obrigado.

DR. PAULO: Até logo.

D. LÚCIA: Até logo, Dr. Paulo.

***Dr.** (Doutor) / **Dra.** (Doutora) é um título acadêmico que se usa com o primeiro nome. É também usado como um título de respeito.

 **Perguntas**

1. De onde você é?
2. De onde é o diretor da sua escola *ou* do seu trabalho?
3. De onde é seu professor / sua professora?
4. De onde é o Pedro*?
5. John é dos Estados Unidos?

*O artigo antes de nomes de pessoas é um uso familiar, de intimidade. Por exemplo: Pedro é do México. **O** Pedro (meu amigo) é do México.

 Diálogos: A Origem

—O senhor é de Portugal ou do Brasil?
—Sou de Angola.

—Márcia, de onde você é?
—Eu sou do Brasil. E a senhora?
—Eu sou da Argentina. E você, Margarita?
—Sou de Cuba.

—Qual é a sua nacionalidade?
—Eu sou brasileiro. E você?
—Eu sou espanhola.

Gramática: Números Acima de 100

101	cento e um / uma	800	oitocentos / oitocentas
102	cento e dois / duas	900	novecentos / novecentas
200	duzentos / duzentas	1.000*	mil
300	trezentos / trezentas	1.000.000	um milhão (um milhão de.....)**
400	quatrocentos / quatrocentas		
500	quinhentos / quinhentas	1.000.000.000	um bilhão (um bilhão de...)**
600	seiscentos / seiscentas		
700	setecentos / setecentas		

*Observe como se usa o **ponto** (.) e a **vírgula** (,).
R$ 1,50   1.512,345 gramas   14,3 graus Célsius
Os números são **um milhão ou **um bilhão**, mas para contar alguma coisa se diz, por exemplo, *um milhão de livros* ou *um bilhão de reais*.

Observe estes exemplos de números acima de mil:

1.090	mil e noventa	2.783	dois mil setecentos e oitenta e três*
1.100	mil e cem		
2.010	dois mil e dez	1.392	mil trezentos e noventa e dois*
4.078	quatro mil e setenta e oito		
5.092	cinco mil e noventa e dois	2.742.279	dois milhões, setecentos e quarenta e dois mil, duzentos e setenta e nove*
6.087	seis mil e oitenta e sete		
7.034	sete mil e trinta e quatro		

*A conjunção **e** aparece entre os elementos de números compostos, mas não se usa **e** entre milhares e centenas ou entre milhões e milhares quando não são números redondos:

2.101 (dois mil cento e um) *mas* 2.100 (dois mil e cem)

2.100.001 (dois milhões cem mil e um) *mas* 2.100.000 (dois milhões e cem mil)

Marcos Culturais

1580 (mil quinhentos e oitenta)	Morre Luís Vaz de Camões, poeta português, em Lisboa.
1839 (mil oitocentos e trinta e nove)	Nasce Joaquim Maria Machado de Assis, escritor e fundador da Academia Brasileira de Letras, no Rio de Janeiro.
1982 (mil novecentos e oitenta e dois)	Morre Elis Regina, cantora de MPB,* aos 36 anos.
1998 (mil novecentos e noventa e oito)	José Saramago, escritor português, aceita o Prêmio Nobel de Literatura.
2007 (dois mil e sete)	Oscar Niemeyer, arquiteto de Brasília, completa 100 anos.

*MPB significa **Música Popular Brasileira**.

Exercício

Responda às perguntas escrevendo os números por extenso (em palavras):

1. O livro de português tem quantas lições? _____

_____.

2. A Lição 2 começa em que página? _____

_____.

3. Que lição tem os meses do ano? _____.

4. O livro tem _____ páginas.

5. O ano tem _____ dias e

_____ semanas.

6. Eu nasci no ano _____.

Gramática: Pronomes Possessivos

	MASCULINO	FEMININO
eu	meu(s)	minha(s)
você	seu(s)	sua(s)
nós	nosso(s)	nossa(s)
ele(s)	dele(s)	—
ela(s)	—	dela(s)

Minha pasta é preta. **Sua** pasta é branca.

Minha pasta é grande. **Sua** pasta é pequena.

Meu carro é novo e **seu** carro é velho.

O livro **dela** é verde e o caderno **dela** é amarelo.

Nosso barco é azul e branco. **Nossa** casa é branca.

Meus óculos são pretos. **Seus** óculos são vermelhos.

Minhas canetas são azuis. **Suas** canetas são vermelhas.

Nossos livros são azuis. **Nossas** bolas são preto e branco.

 ### Exercício

A. Responda às perguntas seguindo o modelo:

De quem é o livro de português? O livro de português é meu.

1. De quem é a garrafa de água? _____.

2. De quem é a caneta azul? _____.

3. De quem são os óculos? _____.

4. De quem são as chaves? _____.

5. De quem é o caderno? _____.

6. De quem são os livros? _____.

B. Escreva cinco perguntas e respostas como no exemplo
   Qual é a cor da minha mochila? Sua mochila é preta.

   1. _____? _____.
   2. _____? _____.
   3. _____? _____.
   4. _____? _____.
   5. _____? _____.

C. Responda às perguntas usando frases completas.

   1. Qual é a cor de seu bloco? _____.
   2. Qual é a cor de sua bolsa? _____.
   3. Qual é a cor de sua cadeira? _____.
   4. De que cor é seu relógio? _____.
   5. De que material é sua bolsa? _____.
   6. De que material é seu caderno? _____.

D. Passe para o plural, seguindo o modelo:
   O livro é verde. Os livros são verdes.

   1. O notebook é branco. _____.
   2. O relógio dela é preto. _____.
   3. O livro é meu. _____.
   4. A folha é amarela. _____.
   5. A pasta é marrom.* _____.
   6. A chave da senhora é prateada. _____.

*O plural de palavras que terminam em **-m** é **-ns**. Por exemplo:
homem—homens   bom—bons

E. Peça para um / uma colega identificar quatro objetos, como nos exemplos:
   O que é amarelo e verde? O livro da professora é amarelo e verde.
   O que é de plástico? Meus óculos são de plástico.

   1. _____? _____.
   2. _____? _____.
   3. _____? _____.
   4. _____? _____.

Pessoas Ilustres do Mundo Lusófono

Teresa Salgueiro é de Portugal.

Tomie Ohtake é do Brasil.

Augusto de Campos é do Brasil.

José Eduardo Agualusa é de Angola.

Paulo Mendes da Rocha é do Brasil.

Benedita da Silva é do Brasil.

Cesária Évora é de Cabo Verde.

Joênia Batista de Carvalho é do Brasil.

Bebel Gilberto é do Brasil.

Álvaro Siza Vieira é de Portugal.

António Guterres é de Portugal.

Pelé é do Brasil.

Jaime Lerner é do Brasil.

Paula Rego é de Portugal.

Norberto Tavares é de Cabo Verde.

Seu Jorge é do Brasil.

Nélida Piñon é do Brasil.

Manoel de Oliveira é de Portugal.

Fernando Meirelles é do Brasil.

Walter Salles é do Brasil.

Mariza é de Moçambique.

Sebastião Salgado é do Brasil.

Mia Couto é de Moçambique.

Paulo Szot é do Brasil.

Graça Machel Mandela é de Moçambique.

Anderson Sá é do Brasil.

José Ramos-Horta é de Timor Leste.

António Lobo Antunes é de Portugal.

Adriana Lisboa é do Brasil.

Fernando e Humberto Campana são do Brasil.

 Exercício

1. Escolha duas pessoas da lista e identifique a profissão.

_____

_____

2. Identifique quatro pessoas famosas com a profissão e o país de origem.

_____

_____

_____

_____

 Leitura: O Português e a Imigração

O português é a língua oficial de países em quatro continentes. Mas o português é falado também por muitas pessoas nos Estados Unidos. Em várias regiões da América do Norte a presença da língua e cultura lusófonas é muito forte. Em algumas áreas dos estados de Rhode Island e Massachusetts, por exemplo, o português é a segunda língua mais falada, depois do inglês. Em todos os grandes centros urbanos, de Toronto a Honolulu, de Newark a São Francisco e de Miami a Chicago se encontram falantes de português. Os primeiros imigrantes vieram principalmente dos Açores e de Portugal continental, outros chegaram de Cabo Verde, e mais recentemente, muitos emigraram do Brasil, mas todos os países de língua portuguesa são representados.

 **Perguntas**

1. Português é a língua oficial de quantos países?
2. Fala-se português onde você mora? De que país são os falantes de português?
3. De onde vieram os primeiros imigrantes de língua portuguesa nos Estados Unidos?
4. O português é a segunda língua em quais estados norte-americanos?

O Português no Mundo

• • • • • • • • • • • • • •

 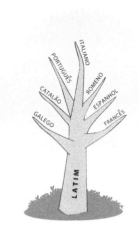

Leitura: A Língua Portuguesa

A língua portuguesa tem mais de 230 milhões de falantes nativos. É a quinta língua mais falada no mundo e a terceira mais falada no mundo ocidental. Português é da família românica, ou neolatina. Alguns outros idiomas desta família são castelhano, catalão, italiano, francês e romeno. Há cerca de vinte línguas crioulas de base portuguesa. É também uma importante língua minoritária em Andorra, Luxemburgo, Namíbia, Suíça e África do Sul. Em muitas comunidades de emigrantes na França, no Canadá, nos EUA e no Japão se fala português.

 ## Perguntas

1. Quantas pessoas falam português como primeira língua?
2. Quais são as primeiras duas línguas mais faladas no mundo ocidental?
3. Além de Portugal, onde se fala português na Europa?
4. Qual é a família linguística de português, romeno e francês?

Gramática: Artigos com Estados e Cidades

Em geral, não se usa artigo antes dos nomes de estados e cidades.

Pelé é de Minas Gerais. *(estado)*

O mapa é de Brasília. *(cidade)*

A cidade de São Paulo é grande.

Mas alguns nomes são exceções:

Curitiba é a capital **do** Paraná.

O vinho é **do** Porto. *(cidade)*

A cidade de Salvador é interessante.

Muitos portugueses são de Lisboa.

A cidade de Nova York é famosa.

Caetano Veloso é **da** Bahia. *(estado)*

O carnaval **do** Rio de Janeiro é famoso.

O carnaval **do** Recife também é famoso.   Manaus é a capital **do** Amazonas.
Belém é a capital **do** Pará.   São Luís é a capital **do** Maranhão.

Exercício

Responda às perguntas usando frases completas. (Veja o mapa do Brasil na página xxiii.)

1. De que cidade você é? De que estado? _____.

2. Qual é a capital da Bahia? _____.

3. Qual é a capital de Portugal? _____.

4. Qual é a capital de Pernambuco? _____.

5. Qual é a capital de Minas Gerais? _____.

Diálogo: Estado Civil

Dona Lúcia é brasileira, e ela é professora de português. Os alunos de D. Lúcia se chamam Pedro, Marta, Tang, Elena e John. Pedro e Marta são casados. Tang e Elena também são casados.

D. LÚCIA: Bom dia.

ESTUDANTES: Bom dia.

D. LÚCIA: Meu nome é Lúcia. Eu sou professora de português. Eu sou brasileira. Qual é a sua nacionalidade, John?

JOHN: Eu sou norte-americano.

PEDRO: Eu sou mexicano.

D. LÚCIA: Marta, você é mexicana?

MARTA: Sou, D. Lúcia, eu sou mexicana.

PEDRO: Marta e eu somos casados.

D. LÚCIA: Elena, você também é mexicana?

ELENA: Não, D. Lúcia, eu sou espanhola.

MARTA: Elena, você é casada?

ELENA: Sou, eu sou casada com Tang.

D. LÚCIA: Tang, você é chinês?

TANG: Não, D. Lúcia, eu sou norte-americano. Minha família é chinesa.

D. LÚCIA: Quem é solteiro?

JOHN: Eu sou solteiro.

D. LÚCIA: Eu também, mas eu sou noiva.* Meu noivo se chama Carlos. Quem é professor?

PEDRO: Eu sou professor de espanhol.

Noivo/a significa uma pessoa que vai se casar. *Namorados* são amigos românticos.

 **Perguntas**

1. Quem é D. Lúcia?
2. Qual é a nacionalidade de Pedro e Marta? Qual é a nacionalidade de Elena?
3. Quem é casado com Marta? Quem é casado com Elena?
4. Tang é japonês? E você? E seu professor / sua professora?
5. Quem é solteiro? E você?
6. Quem é Carlos?

 Diálogo: Nomes e Apelidos

CARLOS: Qual é o seu nome?

JOÃO: O meu nome é João. E o seu?

CARLOS: O meu nome é Carlos. Qual é o seu sobrenome?

JOÃO: O meu sobrenome é Bernardes. E o seu?

CARLOS: O meu é Oliveira. Por favor, soletre o seu sobrenome.

JOÃO: Pois não: B-e-r-n-a-r-d-e-s. Qual é o seu apelido?

CARLOS: O meu apelido é Carlão. E o seu?

JOÃO: O meu apelido é Joãozinho.

Apelidos são muito comuns no Brasil. Alguns apelidos são formas do primeiro nome e outros indicam uma característica, profissão ou lugar de origem.

Apelidos masculinos: Gaúcho, Jacaré , Leão, Professor, Zeca, Marcão

Apelidos femininos: Bailarina , Bibi, Cida, Nanda, Aninha, Tetê

 **Perguntas**

1. De que cidade você é?
2. De que cidade sua professora é?
3. Como é seu apelido? Como se escreve? Se você não tem um apelido, escolha um.
4. Como se escreve seu nome? E seu sobrenome?

Gramática: Numerais Ordinais

1º / 1ª	primeiro/a		7º / 7ª	sétimo/a
2º / 2ª	segundo/a		8º / 8ª	oitavo/a
3º / 3ª	terceiro/a		9º / 9ª	nono/a
4º / 4ª	quarto/a		10º / 10ª	décimo/a
5º / 5ª	quinto/a		11º / 11ª	décimo/a primeiro/a
6º / 6ª	sexto/a			

Porcentagens

%   por cento *(adv.)** / a porcentagem *(subst.)*

*Por exemplo: Setenta e oito **por cento** da população brasileira mora em centros urbanos.

Frações

1/2	meio/a *(adj.)* / a metade *(subst.)*	1/4	um quarto
1/3	um terço	1/5	um quinto

 Exercício

Complete as seguintes frases usando números ou frações.

1. Sou aluno/a do _____ ano de português.
2. A pizza é meia mozarela e _____ anchovas.
3. A quinta lição começa na página _____.
4. Português é a _____ língua mais falada no mundo.
5. Inglês é a _____ língua de Massachusetts e, em algumas partes do estado, português é a _____.
6. Quinze minutos é um _____ de uma hora.
7. Vinte centavos são um _____ de um dólar e de um real.

 Atividade

Pergunte aos colegas para descobrir as porcentagens. Por exemplo: Quem fala espanhol?

1. Que porcentagem dos alunos na sua aula fala espanhol? Francês?
2. Que porcentagem dos alunos está no primeiro ano da universidade?
3. Que porcentagem dos alunos trabalha?
4. Que porcentagem dos alunos é de outro país?
5. Mais ou menos da metade dos alunos é homem?

Gramática: Pronomes Demonstrativos

MASCULINO	FEMININO	NEUTRO	ADVÉRBIOS*
este / estes	esta / estas	isto	aqui
esse / esses	essa / essas	isso	aí
aquele / aqueles	aquela / aquelas	aquilo	ali / lá

*O advérbio **aqui** se usa para objetos perto de você. O advérbio **aí** se usa para objetos perto da pessoa com quem você fala. Os advérbios **ali / lá** se usam para objetos longe das duas pessoas.

Lá se usa para objetos mais distantes do que **ali**.

Este livro **aqui** é meu.	**Esta** bolsa **aqui** é minha.	**Isto aqui** é uma bicicleta.
Esse livro **aí** é seu.	**Essa** bolsa **aí** é sua.	**Isso aí** é uma bicicleta.
Aquele livro **lá** é seu?	**Aquela** bolsa **lá** é sua?	**Aquilo lá** é uma bicicleta.

O que é **isso**? **Isto** é meu novo notebook.

De quem é **esse** copo? **Este** copo é meu.

Essa caneta é sua? Não, **essa** caneta é da Lúcia.

De quem é **aquela** casa? **Aquela** casa é da família Mascarenhas.

 Exercício

A. Complete as frases com os demonstrativos:

1. _____ bola aqui é azul.

2. _____ canetas aí são suas.

3. _____ janela lá é branca.

4. _____ livro aqui é verde.

5. _____ caderno aí é vermelho.

6. _____ garrafa lá é do senhor / da senhora.

7. _____ chaves aqui são minhas.

8. _____ óculos lá são dele.

B. Responda às perguntas, seguindo o exemplo abaixo:

De quem é este lápis? Este lápis aqui é meu.

1. De quem é aquele relógio? _____.

2. De quem é esse notebook? _____.

3. De quem é esta garrafa? _____.

4. De quem é essa caneta? _____.

5. De quem é esta bolsa? _____.

 Conversa

A. Faça perguntas para três colegas sobre objetos diferentes.

B. Apresente uma pessoa famosa: De onde é? É solteira? Qual é o apelido? Como se escreve o sobrenome?

Exercício

Identifique três objetos em relação a você.

1. _____.

2. _____.

3. _____.

 ## Leitura: A Língua Portuguesa no Mundo

O português é uma das línguas mais faladas do mundo. Dos 230 milhões de falantes, a maioria vive no Brasil (185 milhões) e Portugal (11 milhões). É a língua mais falada na América do Sul e a língua materna de mais pessoas do que o francês ou o japonês. Nos séculos XV–XVI, os grandes navegadores Vasco da Gama e Fernão de Magalhães levaram a língua portuguesa a todos os cantos do mundo e se tornou a língua global do comércio. (Vasco da Gama descobriu o caminho marítimo da Europa para a Índia, e a nau de Fernão de Magalhães circum-navegou o globo.) Na Ásia é a língua oficial de Timor Leste e também se fala em Macau (China) e Goa (Índia). Na África, os países lusófonos* são Guiné-Bissau, Angola, Moçambique, Cabo Verde e São Tomé e Príncipe, ex-colônias de Portugal. O português é uma das línguas oficiais da União Africana, a União Europeia, a Organização dos Estados Americanos e o Mercosul.

***Lusófono** é o adjetivo para a cultura e língua portuguesas em qualquer parte do mundo.

 ## Perguntas

1. Que país tem o maior número de falantes de português?
2. Em que país asiático o português é a língua oficial? Em que outros países da Ásia se fala português?
3. Quem são Vasco da Gama e Fernão de Magalhães?
4. Onde é Macau?
5. Por que o português é a língua oficial de países africanos?

Lição 4

A Vida Diária

• • • • • • • • • • •

 Leitura: A Vida Universitária

Meu nome é Isabel. Sou da cidade de São Paulo, capital do estado de São Paulo. Estudo na Universidade de São Paulo (USP) e moro com minha família. Alguns estudantes moram nos dormitórios do CRUSP (Centro Residencial USP), mas em geral os alunos moram em casa ou com outros estudantes em apartamentos.

Curso história e tenho aulas todos os dias. As matérias do próximo semestre são história medieval, sociologia educacional, história das ideias sociais e políticas, historiografia brasileira, história da arte e monografia. Monografia é a aula para escrever o ensaio final para me formar.

Cronograma da XIV Semana de Planejamento Urbano e Regional

	segunda-feira, 22/09	terça-feira, 23/09	quarta-feira, 24/09	quinta-feira, 25/09	sexta-feira, 26/09
manhã	9:00 Abertura da Semana 9:30-12:30 ST1:Conflitos Sócio-Ambientais, Poder e Território	9:00-12:30 ST2: Memória do Planejamento, Imaginário Urbano e Novos Caminhos Teórico-Conceituais.	9:00-12:30 ST3: Fronteiras, Identidades e Globalização	9:00-12:30 ST4: Políticas Territoriais e Desenvolvimento: Dimensão Regional e Local	9:00-12:30 Mesa Redonda de Encerramento "Amazônia: desafios para a construção de uma política sustentável e democrática" Debatedores: Prof. Dr. Bertha Becker, Ministro do Meio Ambiente Carlos Minc, Prof. Dr. Edna Castro
tarde	13:30-17:00 ST1:Conflitos Sócio-Ambientais, Poder e Território	13:30-17:00 ST2: Memória do Planejamento. Imaginário Urbano e Novos Caminhos Teórico-Conceituais	13:30-17:00 ST3: Fronteiras, Identidades e Globalização	13:30-17:00 ST4: Políticas Territoriais e Desenvolvimento: Dimensão Regional e Local	
noite					21:00 Confraternização: festa de encerramento
	coordenação: Prof. Dr. Adauto Lúcio Cardoso, Prof. Dr. Henri Acselrad, Prof. Dr. Orlando Alves dos Santos Júnior. Prof. Dr. Rainer Randolph	coordenação: Prof Dr. Ana Clara Torres Ribeiro. Prof. Dr. Fania Fridman. Prof. Dr. Frederico Guilherme Bandeira de Araújo. Prof. Dr. Robert Moses Pechman	coordenação: Prof. Dr. Carlos Bernardo Vainer. Prof. Dr. Helion Póvoa Neto. Prof. Dr. Luciana Correa do Lago, Prof. Dr. Luiz César Queiroz Ribeiro	coordenação: Prof. Dr. Cláudia Pfeiffer. Prof. Dr. Hermes Magalhães Tavares, Prof. Dr. Jorge Luiz Alves Natal, Prof. Dr. Mauro Kleiman, Prof. Dr. Tamara Cohen Egler	

Nossas aulas são da mesma área. Alunos de psicologia não estudam outras matérias, como química, matemática e música, e alunos de letras não fazem aulas nem de jornalismo nem de administração. Medicina, direito, e odontologia são cursos de graduação, como idiomas, teatro e economia. Termino meu curso no fim do ano e depois vou fazer pós-graduação em Portugal. Tenho uma bolsa de estudos para fazer um mestrado em Coimbra.*

*A Universidade de Coimbra, uma das mais antigas universidades da Europa, foi fundada em 1290. A cidade de Coimbra fica entre as cidades de Lisboa e o Porto.

 Perguntas

1. Onde e com quem Isabel mora? E você?
2. De que curso Isabel é aluna? O que você cursa?
3. Quais são as diferenças entre a universidade brasileira e a sua universidade?
4. Quando Isabel acaba os estudos? E você?
5. Isabel vai trabalhar em Coimbra?
6. Isabel é aluno/a de graduação ou pós-graduação? E você?
7. Onde fica a USP? Onde fica sua universidade?

Gramática: Verbos Regulares em -ar (Presente do Indicativo)

Morar				
1ª	eu	mor+**o**	nós	mor+**amos**
2ª	você		vocês	
	o senhor / a senhora	mor+**a**	os senhores / as senhoras	mor+**am**
3ª	ele / ela		eles / elas	

Gramática: Contrações—em + Artigos

em + o = **no**	em + a = **na**	em + um = **num**
em + os = **nos**	em + as = **nas**	em + uma = **numa**

Ele mora **no** Brasil. Ela mora **nos** Estados Unidos. Eles moram **no** Rio de Janeiro.
Maria mora **em** Cuba. Manuel mora **em** Portugal, **no** Porto.
Carlos mora **em** Belo Horizonte. Pierre mora **em** Paris.

Ela mora **na** Itália. Ele mora **na** França. Elas moram **na** Bahia.

José mora **em** Porto Rico. Davi mora **em** Israel.

Pedro mora **em** Curitiba. Joe mora **em** Boston.

 ## Diálogos: A Residência (1)

MURILO: Sr. José, em que bairro o senhor mora?

JOSÉ: Por favor, não me chame de senhor. Eu moro em Copacabana. E você?

MURILO: Eu moro em Ipanema.

JOSÉ: Nós moramos numa casa. E você?

MURILO: Eu moro num apartamento.

JOSÉ: Nós moramos na Avenida Ipiranga. E você?

MURILO: Eu moro na Rua Princesa Isabel.

ALBENIDES: Carlos, em que bairro você mora?

CARLOS: Moro na Gávea. E você?

ALBENIDES: Moro no Flamengo.

CARLOS: Nós moramos numa casa.

ALBENIDES: Eu moro num apartamento. É na Rua Marquês de Abrantes, ao lado do metrô.

Vocabulário: As Profissões

O arquiteto, a gerente, a secretária, o engenheiro, a analista financeira, a escritora e o tradutor trabalham no escritório.

O juiz e a advogada trabalham no gabinete e no tribunal.

A banqueira e o bancário trabalham no banco.

O oculista, a médica, a psicóloga, a veterinária e o dentista trabalham no consultório.

A médica e o enfermeiro trabalham no hospital.

A bioquímica e o cientista trabalham no laboratório.

A engenheira de rede e o analista de sistema trabalham com o computador.

O assistente social trabalha no serviço social.

A eletricista, a carpinteira e o pedreiro trabalham na construção de edifícios.

O policial e a policial trabalham na delegacia.

A economista e o contador trabalham nas empresas.

O mecânico trabalha em carros na oficina.

A farmacêutica trabalha na farmácia.

O faxineiro trabalha na limpeza de casas e prédios.

A cabeleireira trabalha no salão de beleza.

O ator e a atriz trabalham no teatro, no cinema e na televisão.

A pintora trabalha nos quadros no ateliê.

O garçom, a garçonete e a cozinheira trabalham no restaurante.

O cantor e a cantora trabalham na televisão e no teatro.

A regente, o músico e a musicista trabalham na orquestra.

A forma feminina de profissões que terminam em **-o** muda para **-a**; por exemplo, *cozinheiro/a*.

As profissões que terminam em **-ista** e **-ente** não mudam de gênero; por exemplo, *o/a oculista, o/a gerente*.

A forma feminina de profissões que terminam em **-r** ou **-z** termina em **-a**; por exemplo, *o pintor / a pintora*. (*Atriz* é uma exceção.)

Exercício

A. Responda às perguntas usando frases completas:

1. Que profissões têm as pessoas que trabalham em casa? _____

_____ .

2. Que profissões têm as pessoas que trabalham com computadores? _____

_____ .

3. Que profissões têm as pessoas que trabalham nas artes? _____

_____ .

4. Que profissões têm as pessoas que trabalham com saúde? _____

_____ .

5. Que profissões têm as pessoas que trabalham com a justiça? _____

_____ .

6. Que profissões têm as pessoas que trabalham com comida?_____

_____ .

7. Que profissões têm as pessoas que trabalham com máquinas? _____

_____ .

8. Que profissões têm as pessoas que trabalham em pesquisa? _____

_____ .

B. Responda às perguntas usando os verbos em **-ar**.

1. Você **gosta** de música popular ou clássica? Você **dança** samba? _____

_____ .

2. Você **joga** futebol ou basquete? Você **pratica*** remo ou natação? Você **joga** xadrez? _____

_____ .

3. Que línguas você **fala**? Que línguas você **estuda**? _____

_____ .

4. Você **estuda** um instrumento? Você **toca** na banda ou na orquestra?

_____ .

5. Você **gosta** de comida chinesa? De comida italiana? _____

_____ .

6. Você **gosta** de sorvete? Você **gosta** de sorvete de chocolate ou maracujá? _____

_____ .

7. Onde você **trabalha**? Você **trabalha** hoje? _____

_____ .

8. Quem **trabalha** na Casa Branca? E no Palácio da Alvorada? _____

_____ .

*Para esportes em geral se diz **praticar**. Por exemplo:
   Que esporte você pratica? Eu pratico judô / remo.

C. Escreva três frases sobre o que você e seus amigos gostam de fazer.

_____ .

_____ .

_____ .

Gramática: Preposições com e sem

Eu tomo café puro.
Eu tomo café com leite.
Eu tomo cafezinho com açúcar.

Eu tomo água natural.
Eu tomo água com gelo.
Eu tomo água mineral sem gás.

Eu tomo chá verde puro.
Eu tomo chá preto com limão.
Eu tomo chá mate com adoçante.

Eu tomo suco de laranja.
Eu tomo suco com gelo.
Eu tomo suco sem açúcar.

Gramática: Conjunções Coordenadas ou . . . ou e nem . . . nem

Eu não tomo **nem** café **nem** leite. Eu só tomo chá.

Eu não jogo **nem** futebol **nem** tênis. Eu nado.

Eu não tomo **nem** café, **nem** chá; só leite com Nescau.

Eu compro **ou** chá preto **ou** chá mate.

Eu gosto **ou** de Guaraná Antártica **ou** de Coca Cola.

 **Perguntas**

1. Você toma café com açúcar ou com adoçante?
2. Você joga basquete ou voleibol?
3. Você toca guitarra ou violão?
4. Você fala árabe ou coreano?
5. Você é japonês ou russo?
6. Você estuda engenharia ou cálculo?
7. Você gosta de bossa nova ou MPB?
8. Você gosta de Coca Cola ou Pepsi?

 Diálogo: A Residência (2)

MARCOS: Eu moro em São Paulo. E você?

LAURO: Eu moro em São Paulo também. Você mora no centro?

MARCOS: Não, eu moro no bairro Jardim América. Qual é o seu endereço?

LAURO: Eu moro na Rua da Independência, número 235. E você?

MARCOS: Que coincidência! Eu também moro na Rua da Independência, número 175.

LAURO: Então somos vizinhos! Moramos no mesmo bairro e na mesma rua.

MARCOS: Você mora numa casa ou num apartamento?

LAURO: Eu moro numa casa. E você?

MARCOS: Eu moro num apartamento com meus pais.

LAURO: Vamos ao cinema? Qual é o seu telefone?

MARCOS: Vamos. Meu celular é 95-72-81-95. E o seu?

LAURO: Meu telefone é 31-72-45-36.* Até logo.

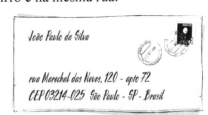

João Paulo da Silva

rua Marechal das Neves, 120 - apto 72
CEP 03214-025 São Paulo - SP - Brasil

*É comum dizer **meia** (dúzia) por **seis** em números grandes.

Perguntas

1. Onde Lauro mora? Onde você mora?
2. Marcos mora no centro da cidade? E você?
3. Qual é o endereço de Marcos? Em que bairro ele mora?
4. Quem é vizinho de Lauro?
5. Onde mora o presidente do Brasil? E de Portugal?
6. Quem mora com os pais? Com quem você mora?
7. Você mora numa casa ou num apartamento?
8. Qual é o seu número de celular?

Gramática: Contrações—com + Pronomes

com + eu = **comigo**	com + tu = **contigo***	com + nós = **conosco**

*Equivalente a **com você**; as duas formas são de uso comum para pessoas íntimas.

Você fala português **comigo**? Eu falo **contigo** sim.
Ele joga futebol **contigo**? Ele não joga **comigo**.
Você dança **comigo**? Eu não danço **contigo**.
Ele mora **conosco**? Ele mora **conosco** sim.

 Exercício

1. Seus amigos falam com você em que idoma? E sua família? _____
_____.

2. Seus amigos andam com você à biblioteca? _____
_____.

3. O professor / a professora fala com vocês em espanhol? _____
_____.

Gramática: A Gente

O uso de **a gente** é cada vez mais comum para substituir **nós** como sujeito ou objeto. **A gente** sempre usa a terceira pessoa singular do verbo.

Nós gostamos de viajar.   A gente gosta de viajar.
O presente é para nós.   O presente é para a gente.
Ela mora conosco.   Ela mora com a gente.

Exercício

Reescreva estas frases usando **nós** ou **a gente**:

1. A gente anda muito. _____.

2. Nós dançamos no fim de semana. _____.

3. Ela liga* para a gente todo dia. _____.

4. Os professores mandam um e-mail para a gente. _____.

5. O senhor / A senhora toma café com a gente? _____.

*Ligar aqui significa *telefonar*.

Lição 5

AVENTURAS AQUÁTICAS

• • • • • • • • • • • •

 Leitura: Férias em Itacaré

Que férias boas! Recomendo Itacaré, no litoral da Bahia, por uma semana. Este lugar é lindo, principalmente para quem gosta de natureza, caminhadas, surf, boa comida e hospitalidade. Itacaré é uma Área de Preservação Ambiental. Tem praias e trilhas na Mata Atlântica com cachoeiras de águas mornas!

Um negócio legal para quem gosta de aventuras é o rafting, ou tirolesa, no rio. Outra coisa é o recife de coral com águas cristalinas e peixes multicoloridos a poucos metros da praia. Os restaurantes também são ótimos. A comida é boa e não muito cara. Os albergues e pousadas são excelentes e você não gasta muito. As pessoas são muito simpáticas. Recomendo Itacaré para suas próximas férias. Vale a pena! Abraços!

 **Perguntas**

1. Onde é Itacaré?
2. O que é especial em Itacaré?
3. Que atividades de aventura você encontra lá?
4. Para quem a leitura recomenda uma viagem a Itacaré?
5. Onde a leitura recomenda ficar?
6. Você gosta de viajar a lugares como este?

Gramática: Estar (Presente do Indicativo)

1ª	estou	estamos
2ª/3ª	está	estão

Quem **está** na sala de aula? A professora e os alunos **estão** na sala de aula.

Onde você **está**? **Estou** na pousada.

Onde eles estão? **Estão** na praia.

Onde **estão** Conceição e Rosa? Elas **estão** com a gente.

 Exercício

A. Complete com a forma correta de **estar** mais a preposição e artigo, se necessario:

1. Paulo _____ restaurante.

2. Eles _____ Estados Unidos.

3. Vocês _____ Europa.

4. Eles não _____ França.

5. O presidente _____ Brasília.

6. Vocês não _____ Bahia.

7. O livro _____ mesa.

8. O dinheiro _____ banco.

B. Responda às perguntas usando frases completas:

1. Onde estão os estudantes? _____.

2. Quem está no Vaticano? _____.

3. Onde está o dinheiro? _____.

4. Onde estão os livros? _____.

5. Onde está a caneta? _____.

6. Onde estão os lápis? _____.

7. Quem está no banco? _____.

8. Quem está no hospital? _____.

C. Responda às perguntas usando o pronome adequado e o substantivo que segue entre parênteses. Por exemplo:

Onde está o carro? (a garagem)   Ele está na garagem.

1. Onde está o livro? (a pasta) _____.

2. Onde está o professor? (a sala de aula) _____.

3. Onde está a bicicleta? (a rua) _____.

4. Onde está o diretor? (o escritório) _____.

5. Onde estão os lápis? (a mesa) _____.

6. Onde estão Carlos e Ana? (a França) _____.

7. Onde está o Felipe? (o parque) _____.

8. Onde estão os cheques? (o armário) _____.

Diálogo: Na Piscina

Sílvio está na piscina. Sua amiga, Marlene, também está na piscina.

SÍLVIO: Oi, Marlene, que bom encontrar você aqui!

MARLENE: Oi, Sílvio, como você está?

SÍLVIO: Bem, e você?

MARLENE: Muito bem, obrigada.

SÍLVIO: Como está seu marido?

MARLENE: O Paulo está bem. Ele está na oficina.
     O nosso carro está com um problema no motor.

SÍLVIO: Oh! O meu também está na oficina. Não sei qual é o problema.

MARLENE: Que pena! Os dois carros estão na oficina.

SÍLVIO: Mas nós estamos muito bem!

MARLENE: Pois é, e estamos na piscina.

Perguntas

1. Onde estão Sílvio e Marlene?
2. Onde está o carro de Marlene?
3. Onde está o marido de Marlene?
4. Qual é o problema do carro de Marlene?

Gramática: Contrações—**de** + Demonstrativos

de + este = **deste**	de + esse = **desse**	de + aquele = **daquele**
de + esta = **desta**	de + essa = **dessa**	de + aquela = **daquela**
de + isto = **disto**	de + isso = **disso**	de + aquilo = **daquilo**

—Fátima, você gosta **daquela** casa?
—Eu não gosto **daquela**, eu gosto **desta** aqui.

—Chico, você gosta **daquele** carro vermelho?
—Não, eu gosto **desse** preto aí.

—Cida, você gosta **disto**?
—O que é?
—É o novo CD de Ivete Sangalo.

Gramática: Contrações—**em** + Demonstrativos

em + este = **neste**	em + esse = **nesse**	em + aquele = **naquele**
em + esta = **nesta**	em + essa = **nessa**	em + aquela = **naquela**
em + isto = **nisto**	em + isso = **nisso**	em + aquilo = **naquilo**

—O livro **nesta** mesa é meu. Onde está o seu?
—O meu está **nessa** mesa aí.

—Eu moro **nesta** casa aqui. Você sabe onde mora a Neusa?
—Neusa mora **naquela** casa vermelha.

—Onde estão os alunos das aulas de língua?
—Os alunos de português estão na sala 21 **neste** prédio e os de espanhol estão na sala 15 **naquele**.

—Você é bom **nisto**.
—Pois é, gosto muito de jogar xadrez.

Exercício

A. Responda às perguntas usando frases completas, fazendo contrações com as palavras que seguem entre parênteses.

1. Seus pais moram em que bairro? (este) _____.

2. Sua família mora em que cidade? (aquela) _____.

3. Seu professor trabalha em que universidade? (esta) _____.

4. Você gosta do clima de que cidade? (essa) _____.

5. Em que departamento você trabalha? (esse) _____.

6. Vocês gostam de que restaurante? (aquele) _____.

B. Escreva as contas por extenso. Por exemplo:

$2 \times 4 = 8$ Duas vezes quatro é igual a oito.

$9 \div 3 = 3$ Nove dividido por três é igual a três.

1. $130 \times 40 = 5.200$ _____.

2. $33 \times 66 = 2.178$ _____.

3. $70 \times 1.001 = 70.070$ _____.

4. $1.000.000 \div 4 = 250.000$ _____.

5. $1.999 \times 205 = 409.795$ _____.

6. $3.015 \times 10 = 30.150$ _____.

 Leitura: O Fim de Semana em Ilha Grande

Vou a Ilha Grande com amigos depois do Natal. Vamos de ônibus até Angra dos Reis e depois de barco à ilha. É muito legal lá. Vamos ficar num albergue perto da praia. Dormimos em redes.

Vamos andar pela Mata Atlântica nas trilhas. Na praia tem bons lugares para comer peixe. Sempre tem música à noite.

 Perguntas

1. Que atividades tem em Ilha Grande? Como viajam para lá?
2. Onde você vai nas férias?
3. Como você viaja? Onde você fica?
4. O que você gosta de fazer nas viagens?

Gramática: O Contraste entre Ser e Estar

Ser é usado para indicar característica ou condição permanente. Por exemplo:

O banco é no centro.

A Antártida é sempre fria.

O carro preto é de José.

Eles são estudantes.

A mesa é de fórmica.

Belém é no Pará.

Estar é usado para indicar localização no espaço ou condição temporária. Por exemplo:

O livro está na mesa.

A base científica está localizada no Polo Sul.

Ela está na escola.

O carro está na garagem.

Ele está em Lisboa.

Ele está na bolsa preta.

O Manuel é um homem calmo . . . mas hoje ele está nervoso.

Silvana é uma mulher elegante . . . mas hoje ela não está elegante.

Exercício

A. Complete as frases usando **ser** ou **estar**:

1. Nós _____ na aula de português e _____ estudantes.

2. Eles _____ japoneses e _____ no Brasil.

3. Ele _____ sempre tranquilo, mas hoje _____ nervoso.

4. Ela _____ bonita e _____ elegante também.

5. Pedro _____ médico e _____ no hospital.

6. Nós _____ bancários, mas não _____ no banco.

7. Carlos _____ casado e a esposa dele _____ no Brasil.

8. O copo _____ de plástico e _____ na mesa.

B. Complete as frases com **de, da(s), do(s), em, na(s)** *ou* **no(s)**. Atenção para as exceções. Por exemplo:

Ele é do Chile e está no Canadá.

1. Leon é ____ Rússia e está ____ Portugal.

2. Nós somos ____ México e estamos ____ Angola.

3. Eles são ____ Estados Unidos e estão ____ Guiné-Bissau.

4. Eu sou ___ Canadá e estou ___ Cabo Verde.

5. Eles são ___ Cuba e estão ___ Alemanha.

6. Liu é ___ China e está ___ Japão.

7. Eles são ___ Israel e estão ___ Índia.

8. Pierre é ___ França e está ___ Moçambique.

Gramática: Plurais

-a, -e, -i, -o *ou* -u

Às palavras terminadas em **-a, -e, -i, -o** *ou* **-u** se acrescenta **-s**.

casa—casas   livro—livros

a noite—as noites   o caju—os cajus

o abacaxi—os abacaxis

-r, -s *ou* -z

Às palavras terminadas em **-r, -s** *ou* **-z** se acrescenta **-es**.

a flor—as flores   a luz—as luzes

o país—os países

Note que algumas palavras que terminam em **-s** não mudam no plural. Por exemplo:

o lápis—os lápis   o oásis—os oásis

o ônibus—os ônibus   o tênis—os tênis

o atlas—os atlas   o fax—os fax

-m

O plural de palavras que terminam em **-m** é **-ns**.

o homem—os homens   a imagem—as imagens

um—uns   a nuvem—as nuvens

Exercício

Reescreva estas frases no plural:

1. O rapaz é cantor, e a garota toca piano. _____.

2. A flor é vermelha. _____.

3. Cantamos aquela música uma vez. _____.

4. O tênis roxo é bom, mas gosto mais do marrom. _____.

5. Uso o atlas para planejar a viagem. _____.

Lição 6

VIAJAR

● ● ● ● ●

 Leitura: Uma Viagem à Ilha de Marajó

Marajó é a maior ilha fluvial do mundo, maior do que o país da Suíça, com 50 mil km². * Fica na foz do Rio Amazonas entre os estados de Pará e Amapá. A ilha está rodeada por dois rios, os Rios Amazonas e Tocantins, e o Oceano Atlântico. A viagem à ilha é feita de barco saindo de Belém, a capital do Pará. São 80 km, e a viagem leva quase três horas. A cidade de Soure é considerada a capital da ilha. Soure tem duas linhas de ônibus e também tem lugares para alugar bicicletas ou um jipe. A região também tem a pororoca, uma grande onda produzida pelo encontro do Rio Amazonas com o Oceano Atlântico, que os surfistas adoram. Venha conhecer!

*Quilômetros quadrados.

 Perguntas

1. Onde é a ilha de Marajó?
2. Qual é o tamanho de Marajó?
3. Marajó fica a 100 km de Belém?
4. Quanto tempo leva a viagem?
5. Quantas linhas de ônibus tem em Soure?
6. O que é a pororoca?

Gramática: Ir e Dar (Presente do Indicativo)

	IR	DAR
1ª sing.	vou	dou
2ª/3ª sing.	vai	dá
1ª pl.	vamos	damos
2ª/3ª pl.	vão	dão

Nós **vamos** ao cinema.
Ela **vai** a São Paulo.
Vou para casa agora.
Eu **dou** aula de biologia.
Eles **dão** muito trabalho para nós.
O marido **dá** flores para a esposa.

 Exercício

A. Complete com **ir**:

1. Você _____ ao Brasil? Eu _____.

2. Ele _____ ao Brasil de avião.

3. Ele _____ ao jogo de futebol.

4. Eu _____ dormir no sofá. E você? Eu _____.

5. Meus colegas _____ trabalhar à noite.

B. Complete com **dar**:

1. Eu _____ meu número de telefone a vocês.

2. O senhor / A senhora _____ muitas festas? Eu _____.

3. Minha mãe _____ comida ao cachorro.

4. Seus professores _____ muitas provas? Eles _____.

 Diálogo: Os Amigos

Pedro e Carlos são colegas. Eles gostam de ir à praia, ao cinema e também ao restaurante. Pedro liga para Carlos.

PEDRO: Oi, Renato, aqui é o Pedro. O Carlos está?

RENATO: Está. Um momento.

CARLOS: Oi, Pedro, tudo bem?

PEDRO: Tudo ótimo. Vamos à praia?

CARLOS: Boa ideia! Como você vai lá?

PEDRO: Eu vou de carro. E você?

CARLOS: Eu vou de bicicleta. Para que praia nós vamos?

PEDRO: De qual você gosta mais?

CARLOS: Eu gosto muito do Posto 8 em Ipanema.

PEDRO: Ótimo. Eu também gosto. Vamos agora?

CARLOS: Vamos. Até já.

 ## Perguntas

1. Onde Pedro e Carlos vão?
2. Como eles vão à praia?
3. Carlos gosta de que praia?
4. Onde as pessoas vão no fim de semana aqui?
5. Como você chega ao supermercado? Ao cinema?
6. Qual é o transporte mais comum aqui? Na capital?

Gramática: Contrações—a + Artigos

a + o = **ao**	a + a = **à**
a + os = **aos**	a + as = **às**

A garota vai **à** praia a pé.

Elas vão **ao** supermercado de carro.

Eles vão **à** casa de Benedito.

Nós vamos **à** cidade de metrô.

Vou **a** Porto Rico de avião.

Denise vai **ao** Canadá e anda a cavalo lá.

Elas não vão **ao** clube.

Nós vamos **ao** cinema hoje.

As linhas aéreas TAM e TAP vão **ao** Brasil diariamente.

José vai **ao** parque de táxi.

Roberto Carlos vai **ao** Canecão de limusine.

 **Perguntas**

1. Como você vai ao trabalho?
2. Você vai para casa de trem?
3. Como os economistas vão a Angola?
4. Como o senhor / a senhora vai ao aeroporto?
5. Como você e seus amigos vão ao teatro?
6. Como os cientistas vão à Antártida?

 Diálogo: Pelo Telefone

KLÉBER: Você vai ao Brasil?
MILTON: Vou sim, vou assistir* ao carnaval em Salvador.
KLÉBER: Oh! Que coincidência! Eu também.
MILTON: Ótimo. Então vamos juntos.
KLÉBER: Como você vai?
MILTON: Vou de avião. Tem uma tarifa boa. E você?
KLÉBER: Ah! Que pena! Eu vou de navio. Vou a várias cidades do Nordeste para visitar as praias e os lugares históricos. Eu te ligo de lá.

*Com o verbo **assistir**, coloca-se a preposição **a** antes de um objeto.

 **Perguntas**

1. Por que estas pessoas vão a Salvador?
2. Vão juntos ou separados?
3. Por que um dos amigos vai de avião?
4. Como o outro amigo vai a Salvador?

 Leitura: Troca de E-mails sobre a Visita

Oi Marina. Chego amanhã de manhã na Rodoviária Tietê de ônibus leito às oito horas. Como chego ao seu escritório de metrô? Obrigada, Camila

É muito fácil e rápido. Você entra na linha azul que para na Rodoviária Tietê e vai na direção de Jabaquara. São sete estações até a estação Paraíso onde você troca para a linha verde. Na linha verde você vai na direção de Vila Madalena. São duas paradas até a estação Trianon-MASP. De lá você vai a pé um quarteirão na Avenida Paulista até a esquina com Alameda Casa Branca. Eu trabalho ali perto. De lá, me liga no celular, e eu te busco. Boa viagem! Marina (Veja página 66.)

Vou pegar o ônibus daqui a pouco. Acho* que chego na Paulista por volta das nove. Até amanhã. Camila

*__Achar__ aqui significa *pensar.*

 Perguntas

1. Camila mora numa cidade no interior do estado de São Paulo. Como ela vai chegar à cidade de São Paulo?
2. Onde ela vai em São Paulo?
3. Como ela vai encontrar Marina?
4. Quantas linhas de metrô ela vai tomar?
5. Onde ela troca de linha?
6. Como ela vai chegar à Alameda Casa Branca da estação Trianon-MASP?
7. Onde Marina trabalha?

Gramática: Pronomes de Objeto Indireto

1ª sing. / pl.	**me**	**nos**
2ª/3ª sing. / pl.	**lhe**	**lhes***

*A forma **lhe(s)** é geralmente uma forma escrita. Oralmente, omite-se **lhe(s)** ou se substitui por **a / para ele(s), ela(s), você(s)**. O pronome **te** substitui **lhe** (no singular) para pessoas íntimas.

Estes pronomes substituem frases preposicionais que começam com **a** ou **para**. É possível substituir ou o pronome de objeto indireto ou o pronome de objeto direto (Lição 19) mas não os dois na mesma frase. Por exemplo:

    Haroldo dá **o livro para mim**.   Haroldo **me** dá o livro.   Haroldo **o** dá para mim.
Coloca-se o pronome antes do verbo ou antes do verbo principal num verbo composto.

    Você vai **me** explicar isso.   Ângela está **nos** mandando as fotos.
O pronome indireto é usado com verbos como **dar, dizer, escrever, perguntar, responder, mandar, pedir, ensinar, mostrar, oferecer, entregar, comprar, telefonar**.

 Ele dá "tchau" **para nós**.   Você entrega o trabalho **para a**
Ele **nos** dá "tchau".   **professora**.
                                           Você **lhe** entrega o trabalho.

Você dá atenção **para mim**.   Telefono **a você** mais tarde.
Você **me** dá atenção.   Eu* **lhe / te** telefono mais tarde.

Célia dá o DVD **para**   Quem ensina português **a nós**?
   Rosa?   Os professores **lhes** ensinam português.
Célia **lhe** dá o DVD sim.

*Não se deve começar uma frase com pronomes oblíquos. Aqui começamos com o pronome pessoal **eu**.

Exercício

A. Complete as frases com o presente do indicativo de **dar** e depois responda às perguntas usando o pronome de objeto indireto. Por exemplo:
Você dá bom dia **aos colegas** no trabalho? Eu **lhes** dou bom dia, sim.

1. Você _____ muitos recibos para os clientes? (não): _____

   _____.

2. Eles _____ muitos presentes aos amigos? (sim): _____

   _____.

3. Ele _____ o recado ao secretário? _____

   _____.

4. A secretária _____ as mensagens à diretora?

   _____.

5. Vocês _____ muita atenção à família? _____

   _____.

6. Você _____ 100 dólares para mim? _____

   _____.

B. Responda às perguntas usando frases completas:

1. Você dá tempo ou dinheiro para as campanhas políticas? _____

   _____.

2. Você dá muitas festas para os amigos? _____

_____.

3. O chefe te dá muito trabalho? _____

_____.

4. Que tipo de música você dá para seus amigos? _____

_____.

5. Seus amigos dão uma carona *[transporte gratuito]* para vocês? _____

_____.

6. Quem dá remédio para os pacientes no hospital? _____

_____.

7. Você dá seu número de celular para seu médico? _____

_____.

Gramática: Plurais

-ão

Palavras terminadas em **-ão** têm três possíveis plurais: **-ões**, **-s** ou **-ães**.

A maioria destas palavras formam o plural em **-ões**.

a nação—as naç**ões**   a lição—as liç**ões**

o limão—os lim**ões**   o coração—os coraç**ões**

o furacão—os furac**ões**   o milhão—os milh**ões**

o campeão—campe**ões**   o balão—os bal**ões**

Algumas palavras acrescentam **-s**.

o irmão—os irmão**s**   o cidadão—os cidadão**s**

a mão—as mão**s**

Poucas palavras formam o plural em **-ães**. Esta frase inclui as palavras mais comuns:

Os **cães alemães** dos **capitães** comem **pães**. (cão, alemão, capitão, pão)

-l

Para palavras terminadas em **-l**, a forma do plural depende da vogal que precede.

-al: trocam o **l** por **is**

o animal—os anima**is**   o jornal—os jorna**is**

-el: trocam o **el** por **éis**

   o papel—os pap**éis**   o anel—os an**éis**

-il: trocam o **l** por **s**

   o barril—os barri**s**   o fuzil—os fuzi**s**

-el / -il (onde a sílaba tônica é a penúltima): trocam **el / il** por **eis**

   possível—possív**eis**   fácil—fác**eis**

-ol: trocam o **ol** por **óis**

   o sol—os s**óis**   o farol—os far**óis**

-ul: trocam o **l** por **is**

   o azul—os azu**is**

Exercício

Reescreva estas frases no plural. Preste atenção para o significado da frase.

1. A lição do meu irmão é difícil. _____.

2. Aquele automóvel lilás é alemão. _____.

3. O líder municipal toma a decisão e a opinião de meu pai não é importante.

   _____.

4. Minha irmã está no jardim.

   _____.

5. O pastor está no altar.

   _____.

6. A viagem de avião não é confortável.

   _____.

7. O cidadão ama sua cidade e seu país. _____

   _____.

Lição 7

O TEMPO

• • • • • •

 Leitura: O Clima

O clima de grande parte do Brasil é tropical. O significado cultural das estações (primavera, verão, outono e inverno) no Hemisfério Sul é importante: por exemplo, faz muito calor nas férias de Natal e Ano Novo. No inverno, faz frio e às vezes neva nas montanhas do sudeste e sul. No resto do país a temperatura raramente vai abaixo de 20°C (graus Celsius).

   A diferença entre a temporada das chuvas e a temporada da seca é mais importante do que a diferença de temperatura entre as estações. O inverno é seco e frio, o verão

é quente e úmido e no Norte chove todos os dias. Frequentemente as chuvas são acompanhadas de raios e trovoadas. O Brasil é campeão mundial de raios, com cerca de cinquenta milhões de descargas por ano!

 **Perguntas**

1. Qual é o fator mais importante no clima brasileiro?
2. Como é o tempo em janeiro no Brasil? Como é o mês de janeiro onde você estuda?
3. Que estação do ano é quente e úmido no Brasil? Como é o verão onde você mora?
4. Segundo a leitura, onde às vezes neva? Onde neva no seu país?
5. Qual é a temperatura mínima em grande parte do Brasil?
6. Quando faz frio / calor onde sua família mora?
7. De que o Brasil é campeão mundial?

Vocabulário: As Estações e os Meses

Estações			
verão	outono	inverno	primavera

Meses			
janeiro	abril	julho	outubro
fevereiro	maio	agosto	novembro
março	junho	setembro	dezembro

Alguns Feriados e Festas

Ano Novo	1º de janeiro
Festa de Iemanjá	2 de fevereiro (em Salvador)
Carnaval	fevereiro / março
Dia de Tiradentes*	21 de abril
Dia do Trabalho	1º de maio
Dia dos Namorados	12 de junho
Dias de São João, São Pedro e Santo Antônio (festas juninas)**	junho
Dia da Independência	7 de setembro (de 1822)
Dia de Nossa Senhora de Aparecida (Padroeira do Brasil)	12 de outubro
Dia da República	15 de novembro (de 1889)
Dia da Consciência Negra***	20 de novembro
Natal	25 de dezembro

*Joaquim José da Silva, o Tiradentes, morreu em 1792.
**Veja Lição 33.
***Mais de duzentos municípios comemoram a morte de Zumbi dos Palmares em 1695.

As datas se escrevem assim numa frase:

Pedro Álvares Cabral chegou ao Brasil **em** 22 **de** abril **de** 1500.

A independência do Brasil foi declarada **no dia** 7 **de** setembro **de** 1822.

Hoje é (dia) 20 de setembro.

"Parabéns" (Canção de Aniversário)

Parabéns para você

Nesta data querida

Muitas felicidades

Muitos anos de vida

 **Perguntas**

1. Qual é a data de hoje?
2. Qual é a data de amanhã?
3. Qual é a data de seu aniversário?
4. Qual é sua estação preferida?
5. Qual é o primeiro mês do ano?
6. Quando é o feriado nacional do Brasil? E do seu país?
7. Quando é o próximo feriado no país onde você estuda? É uma festa oficial ou cultural?

Vocabulário: Períodos de Tempo

A **semana** tem sete dias. O **mês** tem quatro semanas.

O **semestre** tem seis meses. O **trimestre** tem três meses.

O **ano** tem 365 dias. A **década** tem dez anos. O **século** tem cem anos.

Vocabulário: Os Dias da Semana

domingo

segunda-feira

terça-feira

quarta-feira

quinta-feira

sexta-feira

sábado

Expressões Relativas ao Presente

domingo passado ⇐ anteontem ⇐ ontem ⇐ HOJE ⇒ amanhã ⇒ depois de amanhã ⇒ próximo sábado

Vocabulário: O Clima e a Temperatura

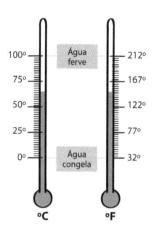

Para converter entre graus Celsius e graus Fahrenheit:

$$°C \times 1{,}8 + 32 = F$$
$$(°F - 32) \div 1{,}8 = C$$

Expressões para falar sobre o tempo e o clima usam o verbo **fazer** na terceira pessoa do singular (Lição 13), mais o substantivo (**sol, frio, calor, mau tempo, bom tempo**). É possível usar qualquer tempo verbal.

faz sol / fez sol / talvez faça sol / está fazendo sol, etc.

Os substantivos **chuva, neve** e **vento** não usam a construção com **fazer,** porque têm suas formas verbais **chover, nevar** e **ventar.** Os seguintes adjetivos são usados com o verbo **estar**:

| ensolarado | chuvoso | ventoso | nublado |

Leitura: O Tempo no Brasil em Outubro

1. Chuva em Rondônia
Áreas de instabilidade provocam chuva no oeste de Rondônia. A chuva é de fraca intensidade e a temperatura é de 22°C.

2. Sol no interior da Bahia
O domingo é de sol com poucas nuvens e não há previsão de chuva para hoje. O aeroporto marca 35°C de temperatura e 25% de umidade relativa.

3. Chuva em Foz do Iguaçu
O aeroporto em Foz do Iguaçu, oeste do Paraná, registra chuva com trovoadas. A chuva é de fraca intensidade e a temperatura é de 18°C.

4. Frio no Rio de Janeiro e em São Paulo
Uma frente fria está perto do litoral de São Paulo e do Rio de Janeiro. O céu continua nublado nesta manhã e a temperatura até agora está em 20°C. O aeroporto de Congonhas registra 18°C.

5. Calor e tempo seco em Uberlândia – MG [Minas Gerais]

A massa de ar quente e seco que cobre o estado de Minas proporciona uma tarde de sol forte e temperatura alta no Triângulo Mineiro. Agora faz 34°C em Uberaba e 32°C em Uberlândia. No aeroporto de Uberlândia a umidade relativa do ar é de apenas 28%.

6. Muito calor em Teresina – PI [Piauí]

A forte massa de ar seco e quente que cobre o Piauí determina uma tarde praticamente sem nuvens em Teresina. O sol brilha forte e são 39°C no aeroporto. A umidade relativa do ar está em torno de 23%.

Atividade

Escolha uma cidade do mundo lusófono e prepare um boletim meteorológico para ela, incluindo a temperatura e a umidade. O que influencia o clima lá? (Por exemplo, praia, montanhas, etc.) Como o clima é diferente em cada estação do ano?

Exercício

Responda às perguntas usando frases completas:

1. Quais são os dias da aula de português?

_____.

2. Quais são os dias do fim de semana?

_____.

3. Em que profissão as pessoas trabalham 6 dias por semana?

_____.

4. Em que profissão as pessoas trabalham no fim de semana?

_____.

5. Que dia/s você trabalha? _____.

6. Que dia a biblioteca municipal fecha? E os museus?

_____.

7. As piscinas fecham em que estação do ano?

_____.

8. As estações de esqui fecham em que estação?

_____.

Gramática: Futuro Imediato

O futuro imediato forma-se com o presente do verbo **ir** + **infinitivo do verbo principal**.

Vai fazer sol amanhã.   Eles **vão viajar** ao Brasil na próxima
Nós **vamos estudar** português.   segunda.
Ele **vai trabalhar** no banco.

Mas quando o verbo principal é **ir**, usa-se simplesmente o presente do indicativo.

Eu vou a Belém para estudar.   Vamos em junho, se Deus quiser.

 **Conversa**

1. Pergunte a dois colegas o que vão fazer hoje e amanhã.
2. Conte o que seus amigos vão fazer.

  Leitura: O Clima em Brasília

Brasília fica no Planalto Central e tem um clima muito diferente de grande parte do Brasil. É comum dizer que em Brasília existem apenas duas estações no ano: de seca e de chuva: a primeira de abril a meados de outubro, e a segunda de meados de outubro a março. O mês mais seco do ano é agosto e o mês mais frio é julho. No restante do ano, o clima é ameno e agradável, com temperatura média de 24°. Raramente a temperatura atinge 30° de máxima e 15° de mínima; a temperatura normal oscila entre 22° e 28°.

Para os brasilienses o clima da capital é um tópico para humor. Um/uma brasiliense:

• é confortável com umidade de 12%.
• acha normal o dia começar frio, às onze horas fazer um sol de rachar, às cinco da tarde cair um temporal e à noite fazer um calor sufocante, e a chuva começar e parar cinco vezes durante o dia.
• comemora a primeira chuva de setembro.
• classifica "montanha" de substantivo abstrato.

 Perguntas

1. Como é o clima na sua cidade? O clima da cidade é típico do seu país? Explique.
2. Como é seu clima perfeito?
3. Como o clima de Brasília é diferente do clima do resto do Brasil?

Atividade: Problema de Lógica

Numa tarde de sol e muito calor, Marly, Jéferson e Lídia vão tomar sorvete numa sorveteria que vende muitos sabores de frutas. Os sorvetes são muito gostosos. Manga, maracujá e coco são os melhores sabores. Com as dicas abaixo, você vai descobrir o nome de cada pessoa, o tipo de sorvete que ele ou ela vai tomar e o seu sabor.

1. Marly vai tomar um sundae. Qual é o sabor do sorvete?

2. Uma das pessoas vai tomar casquinha de sorvete de sabor manga. Quem é?

3. Lídia não vai tomar nem sorvete de manga nem sorvete de maracujá. O que ela vai tomar?

Lição 8

ENSINO E TECNOLOGIA
● ● ● ● ● ● ● ● ● ● ● ● ● ●

 Leitura: A Escola de Idiomas

Aprenda a falar uma nova língua! A Escola Viva (EV) de Línguas ensina inglês, fran-cês, espanhol e português para estrangeiros. A escola está localizada no quinto andar do Edifício Guarani. Inscri-ções abertas agora—as aulas começam em março.

Nossa escola tem:

- 20 salas de aula modernas e espaçosas
- quadros interativos (tipo Smart Board)
- ar condicionado em toda a escola
- 1 sala de informática com acesso gratuito à internet
- acesso Wi-Fi em toda a escola (traga seu notebook!)
- acessibilidade para pessoas com necessidades especiais

Temos aulas à tarde e à noite. Nossas classes são pequenas e nossos professores são especializados em usar tecnologia de ponta na sala de aula. Também temos cursos à distância. Consulte o nosso site.

 **Perguntas**

1. Quais são as línguas que a EV ensina? E sua escola?
2. Onde é a EV? Em que andar você estuda?
3. Onde os estudantes da EV estudam? E você?
4. Que tipo de computador você tem? Você joga videogames?
5. Que tecnologia os professores da EV usam para ensinar?
6. Onde você encontra mais informação sobre a EV?
7. Quando as aulas da EV vão começar? Quando começa o seu semestre?

T: térreo;
S: subsolo

Gramática: **Ter** (Presente do Indicativo)

| 1ª | tenho | temos |
| 2ª/3ª | tem | têm |

 Diálogo: Idade

GRAÇA: Terezinha, quantos anos você tem?
TEREZINHA: Eu tenho 30 anos, e você?
GRAÇA: Eu tenho 28 anos. Quando é seu aniversário?
TEREZINHA: É no dia 5 de maio. E o seu?
GRAÇA: O meu é no dia 15 de julho. Eu vou fazer 29 anos daqui a um mês.
BETO: Paulinho, qual é a sua idade?
PAULINHO: Eu tenho 23 anos, e você?
BETO: Ah! Hoje é meu aniversário. Eu tenho 21 anos. Meus pais vão me comprar um carro.
PAULINHO: Parabéns!

Gramática: **Vir** (Presente do Indicativo)

| 1ª | venho | vimos* |
| 2ª/3ª | vem | vêm |

***Vimos** é a forma correta, mas é muito comum ouvir *nós viemos* (forma incorreta). O uso de **a gente** permite evitar esta forma; por exemplo: *A gente vem.*

 Perguntas

1. Quantas aulas você tem hoje?
2. Sua família vem no fim de semana?
3. Você tem um carro?
4. Como você vem para a aula?
5. Seus amigos têm cartão de débito? Crédito?

 Diálogos: O Transporte

JUDITE: Como você vem à escola?
MOACYR: Eu venho de ônibus, e você?
JUDITE: Eu venho de metrô. Você vem aqui muitas vezes?

O Metrô do São Paulo

Estudantes
Mogi das Cruzes
Brás Cubas
Jundiapeba
Suzano
Poá
Ferraz de Vasconcelos
Antonio Gianetti Neto
Guaianazes
Calmon Viana
Itaquaquecetuba
Aracaré
Engº Manoel Feió
Itaim Paulista
São Miguel Paulista
José Bonifácio
Dom Bosco
Corinthians Itaquera
Corinthians-Itaquera
Artur Alvim
Patriarca
Guilhermina-Esperança
Vila Matilde
Penha
Carrão
Tatuapé
Belém
Bresser-Mooca
Comendador Ermelino
Engº Goulart
Tatuapé
Brás
São Bento
Brás
Pedro II
Sé
Liberdade
São Joaquim
Vergueiro
Paraíso
Ana Rosa
Chácara Klabin
Imigrantes
Alto do Ipiranga
Santa Cruz
Vila Mariana
Praça da Árvore
Saúde
São Judas
Conceição
Jabaquara
São Mateus
Sônia Maria
Santo André
Capuava
Guapituba
Mauá
Ribeirão Pires
Rio Grande da Serra
São Bernardo
Ferrazópolis
Piraporinha
Diadema
Mooca
Ipiranga
São Caetano
Tamanduateí
Utinga
Prefeito Saladino
Tucuruvi
Parada Inglesa
Jardim São Paulo
Santana
Carandiru
Portuguesa-Tietê
Armênia
Tiradentes
Luz
Júlio Prestes
Palmeiras-Barra Funda
Santa Cecília
Marechal Deodoro
República
Anhangabaú
Jundiaí
Várzea Paulista
Campo Limpo Paulista
Botujuru
Francisco Morato
Baltazar Fidélis
Franco da Rocha
Caieiras
Perus
Jaraguá
Vila Clarice
Piriruba
Piqueri
Lapa
Água Branca
Barra Funda
Domingos de Moraes
Imperatriz Leopoldina
Vila Lobos-Jaguaré
Cidade Universitária
Pinheiros
Hebraica-Rebouças
Cidade Jardim
Vila Olímpia
Berrini
Morumbi
Granja Julieta
Santo Amaro
Socorro
Jurubatuba
Autódromo
Giovanni Gronchi
Vila das Belezas
Campo Limpo
Capão Redondo
Largo Treze
Brigadeiro
Trianon-Masp
Consolação
Clínicas
Sumaré
Vila Madalena
Osasco
Comandante Sampaio
Quitaúna
General Miguel Costa
Carapicuíba
Santa Terezinha
Antônio João
Barueri
Jardim Belval
Jardim Silveira
Engº Cardoso
Sagrado Coração
Jandira
Itapevi
Santa Rita
Amador Bueno
Ambuitá
Cormurita
Casa
Osasco

MOACYR: Eu venho 3 vezes por semana, e você?

JUDITE: Eu venho dia sim, dia não.

MOACYR: Eu venho no fim de semana para estudar na biblioteca.

SÉRGIO: Quando Carlos vem de Portugal?

IARA: Ele vem na próxima sexta-feira.

SÉRGIO: Ele vem de avião?

IARA: Vem.

GLEIDE: Oi, Nara. Você vem à minha casa sábado?

NARA: Claro, quero falar com você sobre nossa viagem.

GLEIDE: Ótimo. A que horas você vem?

NARA: Tenho aula de espanhol e vou ao supermercado. Vou chegar depois das 4 horas.

GLEIDE: A Teresa vem às 3. Você pode vir mais cedo?

NARA: Ah! Que bom. Então eu vou tentar* chegar às 3 também.

GLEIDE: Você vem de carro ou de metrô?

NARA: Eu vou de carro, porque também vou levar meu computador para consertar.

GLEIDE: Qual é o problema?

NARA: Acho que tem um vírus.

GLEIDE: O Paulo e o João vêm também. Vão chegar às 5 horas. Eles podem olhar o problema de seu computador.

NARA: Pois é! O João é técnico, não é?

GLEIDE: Ele trabalha na IBM há seis anos e sempre me ajuda.

NARA: Ótimo! Então vamos nos encontrar no sábado e resolvo os dois problemas ao mesmo tempo: a viagem e o problema do computador.

GLEIDE: Então, até sábado. Um beijo.

NARA: Até. Beijinho.

*__Tentar__ significa _fazer o possível._

Gramática: Há e Tem, Há e Faz

Há e **tem**, no sentido de **existir**, são formas fixas (sem concordância de número).

    Há / Tem muitos estudantes na sala.   **Há / Tem** duas janelas nesta sala.

Há e **faz**, no sentido de **passado**, também são formas fixas (sem concordância de número).

    Eu trabalho aqui **há / faz** cinco anos.   **Há / Faz** cinco anos que eu trabalho aqui.

 **Exercício**

A. Responda às perguntas usando **há**, **faz** ou **tem** usando frases completas:

1. Vocês estudam português há / faz quanto tempo?

_____.

2. Há / Tem muitos falantes de português onde você estuda / mora / trabalha?

_____.

3. Há / Faz quantos anos você estuda nesta universidade?

_____.

4. Você toca um instrumento há / faz quanto tempo?

_____.

5. Há / Tem quantos alunos na sua universidade?

_____.

6. Há / Tem muitas pessoas na sua família?

_____.

7. Há / Tem carteiras ou mesas na sua sala de aula?

_____.

8. Há / Tem uma televisão na sua sala de aula?

_____.

B. Complete as frases com **vir** e **ir**:

1. Eu _____ ao escritório de metrô e _____ para casa de ônibus.
2. Nós _____ à biblioteca a pé e _____ à aula a pé também.
3. Vocês _____ aqui de carro e _____ ao restaurante de táxi.
4. Eles _____ à universidade de táxi e _____ para casa de metrô.
5. Elas _____ à cidade de carro e _____ à praia de carro também.
6. Nós _____ ao centro de metrô e _____ para casa de ônibus.

 Diálogos: A Localização

LUIZ: Pedro, onde você está?
PEDRO: Estou na PUC *[Pontifícia Universidade Católica]*.
LUIZ: Cadê* o João?
PEDRO: Ele está na FGV *[Fundação Getúlio Vargas]*.

***Cadê** usa-se para perguntar onde uma pessoa ou coisa está.

ELISA: Márcia, seu marido está em casa?

MÁRCIA: Não, ele está no escritório na Nova [*Universidade Nova de Lisboa*].

ELISA: Onde está o Sr. Antônio?

MÁRCIA: Ele está no Brasil.

ELISA: A esposa dele também está no Brasil?

MÁRCIA: Está. Ela tem um projeto lá. Os dois vão a Maputo no domingo antes de voltar para cá na outra semana.

 **Atividade**

Prepare um diálogo usando **vir** e **ir**. Por exemplo:

—Você vem estudar comigo mais tarde?

—Vão jantar fora ou em casa? [*etc.*]

Gramática: Advérbios de Tempo

PRINCÍPIO	MEIO	FIM
Antes	**← Durante →**	**Depois**

O número 2 vem **antes** do número 4; o número 6 vem **antes** do número 8.

O numero 4 vem **depois** do número 2; o número 6 vem **depois** do número 4.

A professora e os alunos falam outras línguas **antes** e **depois** da aula, mas **durante** a aula eles falam só português.

Quando **antes** e **depois** precedem um infinitivo não se usa artigo.

antes **da** aula / antes **do** trabalho; depois **da** aula / depois **do** trabalho

mas

antes **de** ir / antes **de** trabalhar; depois **de** ir / depois **de** trabalhar

 **Exercício**

A. Responda às perguntas usando **antes**, **durante** ou **depois**:

1. Você estuda antes ou depois da aula de português?

_____.

2. Você toma café antes ou durante a aula?

_____.

3. O que você bebe durante o dia?

_____.

4. Quando você escuta música?

_____.

5. Você usa o celular durante a aula? _____.

6. Quando você trabalha? _____.

7. Quando sua família tira férias? _____.

8. Quando você volta para casa? _____.

B. Responda às perguntas usando **princípio**, **meio** ou **fim**:

1. Quando você paga a conta de cartão de crédito?

_____.

2. Quando você vai a festas? _____.

3. Em que parte do ano você tira férias? _____.

4. Geralmente, você chega em que parte de uma festa? E seus amigos?

_____.

5. Que contas você paga no fim do mês?

_____.

Lição 9

QUANDO?

● ● ● ● ● ●

 Leitura: As Férias em Lisboa

Nas próximas férias visite Lisboa. Lisboa é uma cidade construída há mais de 2 mil anos em sete colinas à beira do Rio Tejo. Todos os bairros da cidade têm uma história e características próprias. O Chiado é o bairro dos poetas portugueses. É possível tomar uma bica—o que se chama *café espresso* no Brasil—com a escultura de Fernando Pessoa* na frente do café A Brasileira. Em Belém, visite o Mosteiro dos Jerónimos e a Torre de Belém, construída no século XVI pelo Rei Dom** Manuel I. São símbolos dos descobrimentos e das viagens à Índia. Quinhentos anos depois, tem o maior Oceanário da Europa no Parque das Nações.

A pé ou de eléctrico (ou *bonde* no Brasil), todos encontram muita história e beleza em Lisboa. Os museus de história e arte, dos azulejos e, dentro do metrô, um verdadeiro museu subterrâneo de arte contemporânea são imperdíveis. À noite, em restaurantes ou casas de fado, é possível ouvir a música tradicional portuguesa. A cidade tem uma vida social intensa, com excelentes bares e restaurantes. O clima de Portugal é ideal para uma visita em todas as estações do ano.

*Fernando Pessoa nasceu em 1888 e morreu em 1935. Ele é um dos grandes poetas da língua portuguesa. Pessoa viveu a maior parte da juventude na África do Sul e escreveu parte da obra em inglês. Alguns dos títulos mais famosos são *Mensagem, Ode Marítima* e "Autopsicografia".

**Designação para o rei de Portugal.

 **Perguntas**

1. Quantos anos tem a cidade de Lisboa? Quantos anos tem a capital do seu país?
2. Onde é possível tomar café com Fernando Pessoa? Quem é Pessoa?
3. Quais* são os dois símbolos dos descobrimentos?
4. O que tem no Parque das Nações?
5. Que música tradicional é cantada nos restaurantes da cidade?
6. Que tipo de transporte é possível usar numa visita a Lisboa? E na sua cidade?
7. Em que época do ano esta leitura recomenda visitar Lisboa?

*O plural de **qual.**

Vocabulário: A Hora

Que horas são?*

É uma (hora) **em ponto** (1h).

São duas (horas).

É uma e quinze (1h 15m).

É **meio**-dia.

É **meia**-noite.

São três (horas) e **meia**.

*Também se diz *Quantas horas são?*

São dez (minutos) para as oito (horas) *ou* **Faltam*** dez para as oito.

São vinte para as dez *ou* **Faltam*** vinte para as dez.

*h_ra   Aqui **falta** a letra *o* na palavra *hora.*
 d_a   Aqui **falta** a letra *i* na palavra *dia.*

Tem três cadeiras na sala e tem cinco pessoas. **Faltam** duas cadeiras.

Leitura: A Televisão

Jornal Nacional: Telejornal da Rede Globo de Televisão de maior audiência com uma média de 35 pontos no IBOPE.* Diariamente às 20:15 (duração 45 minutos).

Xica da Silva: Uma telenovela. A história da escrava que vira rainha no século XVIII. Atrevida e muito inteligente, Xica conquista o marido rico e poderoso, deixa de ser escrava e escandaliza a sociedade hipócrita de sua época. De segunda a sábado às 21:00 (duração 1 hora).

Roda-Viva: Programa de entrevista sério da TV Cultura. A transparência e o alto nível dos tópicos debatidos são o ponto forte. Toda segunda às 22:40 (duração 90 minutos).

*IBOPE é a sigla do **Instituto Brasileiro de Opinião Pública e Estatística**.

 ## Perguntas

1. A que horas a novela começa?
2. Quando acaba o *JN?*
3. Quanto tempo dura *Roda-Viva?*
4. Que dia a novela não passa?
5. É possível assistir aos três programas na segunda-feira?

 ## Diálogo: O Feriado

Amanhã é dia 25 de abril, Dia da Liberdade em Portugal. Esta data come-mora a Revolução dos Cravos de 1974, o fim da ditadura militar que durou mais de quarenta anos.

    Dois brasileiros trabalham em Lisboa. Marcos telefona para a casa do Pedro:

PEDRO: Alô!

MARCOS: Quem fala?

PEDRO: É o Pedro.

MARCOS: Oi, Pedro, é o Marcos. Vamos à praia amanhã?

PEDRO: Não, eu vou trabalhar.

MARCOS: Mas amanhã é feriado! Todo mundo tem folga.

PEDRO: Pois é, mas eu não. Não vou ao escritório, vou trabalhar em casa.

MARCOS: Eu vou a Cascais com minha esposa e a colega dela. Vamos do Cais do Sodré a Cascais no trem das sete e meia.* Está frio demais para nadar, então vamos andar até a Boca do Inferno** e depois vamos fazer compras nos antiquários.

PEDRO: Vou acabar um projeto para segunda. Que pena!

MARCOS: Vamos jantar lá num restaurante à beira-mar e voltar à noite. Da próxima vez você vai conosco. Boa sorte com o trabalho.

PEDRO: Obrigado. Bom passeio! Aproveite o dia lindo.

MARCOS: Vou aproveitar para nós dois. Adoro a primavera aqui!

*Cais do Sodré é uma estação. Para trem em Portugal se diz *comboio*.

**Boca do Inferno é uma majestosa caverna onde o mar bate dramaticamente nas rochas.

 Perguntas

1. Por que Marcos não trabalha dia 25 de abril?
2. Onde Marcos vai? Quem vai com ele?
3. Como vão a Cascais? A que horas você acha que vão?
4. Por que vão a Cascais? O que Pedro vai fazer?
5. Quando vão voltar a Lisboa?
6. Onde você vai almoçar *ou* jantar hoje?
7. Você vai viajar no fim de semana? Para onde você vai?
8. Onde sua família vai nas próximas férias?

 Diálogo: Um Almoço no Centro

GUSTAVO: A que horas você vai trabalhar?

ADRIANA: Geralmente eu entro às nove, mas hoje vou ao meio-dia e meia. Tenho uma reunião à uma e quinze.

GUSTAVO: Que horas são agora?

ADRIANA: Faltam vinte para o meio-dia.

GUSTAVO: Você tem tempo para almoçar?

ADRIANA: Tenho. Vou de metrô e depois ando ao escritório. O banco fica na rua da estação.

GUSTAVO: Gosto muito de um novo restaurante a quilo que tem nessa rua. Vamos?

Exercício

Faça três perguntas e respostas sobre este diálogo.

1. _____?
   _____.
2. _____?
   _____.
3. _____?
   _____.

Gramática: As Horas (1)

Meio-dia e meia-noite.

madrugada   0:00–6:00
manhã   6:00–12:00
a tarde   12:00–18:00
a noite   18:00–24:00

O avião parte às **oito e quinze da noite** *ou* **vinte horas e quinze minutos**.
O avião chega às **três e vinte da tarde** *ou* **quinze horas e vinte minutos**.
O trem parte às **nove e meia da manhã**.
O trem chega às **três da madrugada**.
A aula começa às **seis horas da tarde** *ou* **dezoito horas**.

O relógio do escritório marca 9 horas **em ponto**.

Neida chega às 8h 50m. Ela chega **cedo**.
Ela chega **adiantada**. O relógio da Neida está **adiantado**.

Iracema chega às 9h 10m. Ela chega **tarde**.
Ela chega **atrasada**. O relógio da Iracema está **atrasado**.

 Perguntas

1. O que significa "hora brasileira"? Você é pontual?
2. A hora do trabalho é diferente da hora social?

3. O relógio é importante na sua vida? É diferente em outros lugares que você conhece?
4. Você tem um relógio de pulso? Por quê?
5. Você usa um despertador?
6. Seu relógio está adiantado? Por quê?
7. Seu horário é fixo ou flexível?

Gramática: As Horas (2)

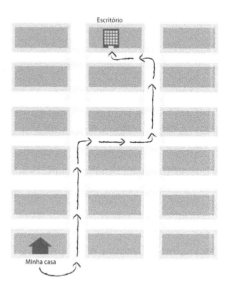

de madrugada	de manhã
de / à tarde	de / à noite

Eu fico em casa de manhã e trabalho à noite.
De manhã eu gosto de tomar café na cama.
Sexta de tarde o escritório fecha cedo.
Eu demoro quinze minutos de casa ao escritório *ou* Eu levo quinze minutos de minha casa ao trabalho.
O metrô leva trinta minutos para ir de Copacabana ao centro.
A aula começa às 6 horas e termina às 8 horas.
    A aula dura duas horas.
A viagem de Nova York ao Brasil dura nove horas e meia.
João trabalha das 9 às 5. Ele trabalha horário integral.
Jorge trabalha das 9 à 1. Ele trabalha meio expediente.
Os enfermeiros e os médicos trabalham da manhã até de madrugada. Dão plantão 24 horas.
Os cozinheiros trabalham de noite e de madrugada.
Os cantores e os músicos também trabalham de noite e de madrugada.
Os policiais trabalham de dia, de noite e de madrugada.

 Perguntas

1. A que horas você volta para casa hoje?
2. Quanto tempo você demora de casa à escola?
3. Quanto tempo você leva de casa ao trabalho? E seus pais / filhos?
4. Quanto tempo dura a aula de português?
5. Você chega atrasado/a ou adiantado/a ao trabalho? À aula de português?
6. Seu trabalho é de horário integral?
7. Você gosta da madrugada? Quem trabalha de madrugada?

Gramática: Todo(s) / Toda(s)

O plural usa o artigo ou um pronome demonstrativo antes do substantivo:
Todos os alunos falam inglês.
Todos estes alunos falam inglês.
Mas o artigo não se usa antes de um pronome:
Todos vocês falam inglês.
O singular indica uma condicão geral:
Todo triângulo tem três lados.
O plural dá ênfase na totalidade:
Todos os triângulos têm três lados.
Todo / Toda usado com o artigo significa *completo, inteiro.* **Todo / Toda** depois do
substantivo tem o mesmo significado.
Todo o colégio vai participar dos jogos *ou* **O colégio todo** vai participar dos jogos.
Toda a escola de samba organiza o Carnaval *ou* **A escola toda** organiza o
Carnaval.
O mundo todo precisa encontrar uma solução para aquecimento global. *(o mundo
inteiro)*
Todo mundo precisa encontrar uma solução para aquecimento global. *(todas as
pessoas)*
Eu tomo café **todo dia o dia todo**. *(todos os dias o dia inteiro)*

Gramática: Pronomes Indefinidos—Tudo e Nada

Tudo e **nada** não têm gênero ou número.

Tudo isso aqui é meu. **Tudo** aí é seu.	**Nada** aqui é seu. **Nada** aí é meu.
Gosto de **tudo**.	Não gosto de **nada**.
Tudo pela paz.	**Nada** pela violência.
Tudo aquilo é da companhia.	**Nada** aqui é da companhia.

 **Exercício**

Complete as frases com **todo(s), toda(s)** ou **tudo**, colocando o artigo quando necessário.

1. _____ médicos estudam anatomia.
2. Os jogadores são bons; _____ time joga muito bem.
3. Meus amigos _____ vão à festa.
4. Compro o jornal _____ dia.
5. _____ aqui é flor e _____ flores são rosas.

6. Trabalho o ano _____ neste novo projeto.

7. _____ mundo fala português no Brasil.

8. _____ bibliotecas têm muitos livros.

Gramática: Pronomes Indefinidos— Algum (alguns) / Alguma(s) e Nenhum / Nenhuma

Algum (alguns) / alguma(s) significa *um* ou *poucos*. **Nenhum / nenhuma** é sempre singular.

Algum gato é preto? Nenhum gato é preto *ou* Nenhum dos gatos é preto.

Você tem algum dicionário de português? Não, eu não tenho nenhum dicionário.

Você conhece algum médico bom? Conheço sim, conheço alguns ótimos.

Você tem alguma caneta azul? Não, eu não tenho nenhuma azul. Só tenho uma preta.

Algumas saias são brancas, algumas são pretas e algumas são branco e preto.

Exercício

A. Complete as frases com **algum (alguns)**, **alguma(s)** ou **nenhum / nenhuma**:

1. Sua família tem _____ amigos portugueses?

2. _____ loja aqui vende biquínis no inverno.

3. Você tem _____ plano de viajar a Portugal?

4. Minha cidade não está em _____ mapa.

5. _____ destes cadernos é meu, o meu está em casa.

6. _____ cidade portuguesa tem 10 milhões de habitantes.

7. Você fala _____ língua asiática?

8. _____ dos seus amigos falam português?

B. Complete as frases com **nenhum / nenhuma**, **todo(s) / toda(s)** ou **tudo**, colocando os artigos necessários:

1. _____ aqui é blusa, _____ blusas são brancas e _____ blusa é preta.

2. _____ aqui é cisne, _____ cisne é branco e _____ cisnes são pretos.

3. _____ flores são brancas e _____ flor
é roxa. _____ aqui é flor.

Gramática: Pronomes Indefinidos—Alguém e Ninguém

Estes pronomes usam-se só para pessoas, sempre no singular.

Alguém aqui é criança? Ninguém aqui é criança. Todos são adultos.

Alguém aqui se chama Edilson? Não, ninguém se chama Edilson.

Alguém trabalha domingo? Sim, algumas pessoas trabalham domingo.

Alguém aqui fala sueco? Ninguém fala sueco.

Exercício

Prepare 3 frases sobre seus colegas usando **ninguém**, **alguém** e **todo(s) / toda(s)**.

1. _____.

2. _____.

3. _____.

Lição 10

O GUARDA-ROUPA

• • • • • • • • • • •

 Leitura: A Moda Brasileira

Todo janeiro e julho São Paulo realiza o evento mais importante da moda na América Latina—a São Paulo Fashion Week. Atraídos pela beleza das modelos brasileiras, que são um sucesso no mercado internacional, os compradores chegam a São Paulo, onde encontram excelentes estilistas e uma indústria têxtil nacional. Não é mais só o biquíni, as sandálias e as Havaianas que vendem lá fora. O Brasil conquista o mercado internacional com a beleza dos desenhos e pela alta qualidade dos produtos; a moda é cada vez mais importante para a economia brasileira. As lojas internacionais gostam das cores tropicais, a riqueza de detalhes e as estampas inspiradas na natureza exuberante da moda brasileira. Todos estes elementos indicam que a marca *Made in Brazil* tem potencial para mais sucesso.

 **Perguntas**

1. Quando acontece a São Paulo Fashion Week?
2. Que tipo de produtos da moda o Brasil exporta?
3. Por que a moda brasileira tem mais fama agora?
4. Quem vai à semana da moda?
5. Quais são as características da roupa brasileira?
6. Alguém na aula tem um sapato ou roupa do Brasil?

Gramática: Verbos Regulares em -er (Presente do Indicativo)

Vender
1ª   vendo   vendemos
2ª/3ª   vende   vendem

A butique **vende** roupas da moda.
As lojas do shopping **vendem** roupa esporte e social.
Os brechós **vendem** roupa usada e antiga.

Exercício

A. Responda às perguntas em frases completas:

1. Você escreve trabalhos à mão ou no computador?

   _____.

2. Seus amigos recebem mais ligações ou mensagens no celular?

   _____.

3. Você aprende mais facilmente à noite ou de manhã?

   _____.

4. O livro custa R$ 18 e você paga com uma nota de R$ 20. Quanto troco você recebe? _____.

5. Onde você e seus amigos comem?

   _____.

6. Em que tipo de cidade você vive?

   _____.

7. As plantas morrem em que estação?

   _____.

B. Escreva três perguntas para seus colegas usando três verbos diferentes: **escrever,
receber, viver, entender, correr, conhecer** e **acontecer.**

1. _____.
2. _____.
3. _____.

Vocabulário: O Guarda-roupa

camisa   terno   gravata
R$ 86   R$ 220   R$ 24

botas   casaco   o suéter   luvas
R$ 58   R$ 145   R$ 68   R$ 45

paletó   calça   cinto   um par de sapatos
R$ 99   R$ 65   R$ 15   R$ 120

canga   o biquíni   o calção   sunga
R$ 15   R$ 38   R$ 20   R$ 12

camiseta   calça de moletom   um par de tênis
R$ 25   R$ 36   R$ 65

o cachecol   óculos   o guarda-chuva
R$ 18   R$ 15   R$ 8

vestido   blusa   saia   o tailleur
R$ 89   R$ 42   R$ 38   R$ 280

um par de meias   meia-calça   o boné   o chapéu
R$ 5   R$ 6   R$ 10   R$ 18

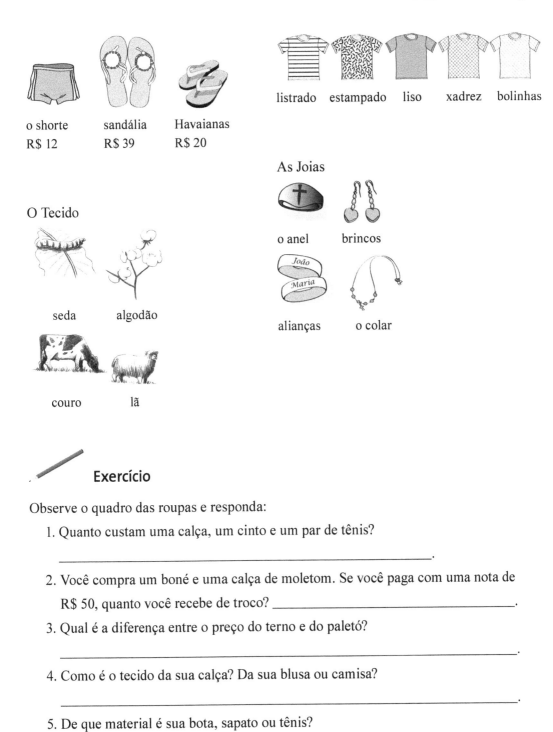

o shorte
R$ 12

sandália
R$ 39

Havaianas
R$ 20

listrado   estampado   liso   xadrez   bolinhas

O Tecido

seda   algodão

couro   lã

As Joias

o anel   brincos

alianças   o colar

Exercício

Observe o quadro das roupas e responda:

1. Quanto custam uma calça, um cinto e um par de tênis?

   _____.

2. Você compra um boné e uma calça de moletom. Se você paga com uma nota de R$ 50, quanto você recebe de troco? _____.

3. Qual é a diferença entre o preço do terno e do paletó?

   _____.

4. Como é o tecido da sua calça? Da sua blusa ou camisa?

   _____.

5. De que material é sua bota, sapato ou tênis?

   _____.

6. Onde você mora, os homens usam sunga ou calção para nadar? E as mulheres, usam biquíni ou fio dental?

   _____.

 **Atividade**

1. Quantos alunos calçam Havaianas? E tênis?
2. Algum aluno usa óculos? E lentes de contato?
3. Quantos alunos não têm calça jeans?
4. Tem mais alunos usando manga comprida ou manga curta?
5. Alguém tem saia ou vestido?

 Exercício

Usando os preços acima, calcule quanto custa uma roupa completa.

    1. Quanto custa uma roupa nova para o inverno? _____

    2. Quanto custa uma roupa nova para uma festa? _____

    3. Quanto custa uma roupa nova para uma entrevista? _____

 Diálogo: No Shopping

VENDEDORA: Boa tarde.

FREGUÊS: Boa tarde. Eu vou comprar um presente. Tem blusas de seda?

VENDEDORA: Que tamanho o senhor precisa?

FREGUÊS: Acho que ela é do seu tamanho.

VENDEDORA: Então, média. O senhor prefere manga curta ou manga comprida?

FREGUÊS: Manga curta, por favor. Ela usa muito vermelho.

VENDEDORA: Temos esta, cor de vinho. Ela veste muito bem.

FREGUÊS: É muito bonita. Acho que ela vai gostar. E tem em pequena? Vou comprar outra para minha irmã.

VENDEDORA: Temos uma pequena em azul claro.

FREGUÊS: Que bom. Vou levar as duas. Quanto fica?

VENDEDORA: As duas são R$ 240. Mais alguma coisa?

FREGUÊS: Só isso.

VENDEDORA: Pode pagar em três vezes. Aqui está a nota. É cartão de débito ou crédito?

FREGUÊS: Tem desconto à vista?*

VENDEDORA: Tem, 10 por cento.

FREGUÊS: Ótimo, então não vou usar o cartão.

VENDEDORA: Pois não. Vou embrulhar as duas para presente. Vamos receber umas saias lindas na semana que vem.

FREGUÊS: Que bom, vou voltar. Muito obrigado.

VENDEDORA: De nada. Às ordens.

*Uma compra **à vista** é feita com dinheiro. Uma compra **a prazo** é dividida em vários pagamentos, por exemplo em três vezes, um pagamento por mês.

 **Perguntas**

1. O que o freguês precisa fazer?
2. Como são as blusas que ele vai comprar e para quem são?
3. Quanto custam e como ele vai pagar?
4. Quanto vai custar com o desconto?
5. Ele só tem três notas de R$ 100. Quanto ele vai receber de troco?
6. Que mercadoria chega na semana que vem?
7. Onde você gosta de fazer compras?
8. A moda é importante na sua vida?
9. Onde você mora, o estilo é diferente de outros lugares?
10. Muitos países são famosos por sua moda. O que você acha da importância da moda na cultura e na economia de um país?

Gramática: **Outro(s) / Outra(s)**

Uma camisa é branca, **a outra** é listrada.
Uma saia é preta e **a outra** é estampada.
Um dia Marcos estuda francês, **outro** dia ele estuda português.

Vocabulário: O Dinheiro

Cédulas  Moedas

R$ 1,00	um real
R$ 2,00	dois reais
R$ 2,50	dois reais **e** cinquenta centavos
R$ 2.500,00	dois mil **e** quinhentos reais
R$ 545,50	quinhentos **e** quarenta **e** cinco reais **e** cinquenta centavos
R$ 2.320,70	dois mil, trezentos **e** vinte reais **e** setenta centavos.

 Diálogo: Na Loja

FREGUÊS: Por favor, quanto custa o tênis?
VENDEDOR: Ele custa R$ 60 reais.
FREGUÊS: Quanto custa aquele par de óculos dourados?
VENDEDOR: R$ 40.

FREGUÊS: E esse prateado?
VENDEDOR: O preço dele é R$ 48.
FREGUÊS: Oh! É mais caro. Eu quero aquele dourado.
VENDEDOR: Pois não.* Aqui está a nota.
FREGUÊS: Muito bem. Tenho o dinheiro trocado. Obrigado.
VENDEDOR: De nada. Às suas ordens.

*Coloquialmente, **pois não** significa *sim*.

Vocabulário: O Antônimo

O paletó é grande.   A blusa é pequena.

O salto é alto.   O salto é baixo.

A saia é curta.   A saia é comprida.

O cinto é estreito.   O cinto é largo.

O terno é caro.   A camisa é barata.

A roupa é nova.   A roupa é velha.

A camisa está limpa.   A camisa está suja.

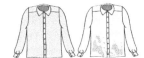

Gramática: O Grau Comparativo

Superioridade

A saia branca é **mais** comprida **do que** a saia preta.
A saia preta é **mais** curta **do que** a saia branca.

Igualdade

R$ 30

R$ 30
O cinto estreito é **tão** caro **quanto** o cinto largo.
O cinto estreito custa **tanto quanto** o cinto largo.

Inferioridade

R$ 15   R$ 55

A camiseta é **menos** cara **do que** a camisa.

Mas para comparar tamanho se usa **maior** e **menor**:
A blusa de bolinhas é **maior** do que a blusa branca.
A blusa branca é **menor** do que a blusa de bolinhas.

Usam-se as expressões *mais grande* e *mais pequeno* em Portugal mas não no Brasil.

   ## Exercício

Escreva comparações usando **maior, menor, caro, barato** etc.
1. Compare o chapéu e o boné. _____.
2. Compare a camiseta e a camisa. _____.

3. Compare duas gravatas. _____.
4. Compare as meias e a camisa. _____.
5. Compare o vestido e as havaianas. _____.
6. Compare duas blusas de moletom. _____.
7. Compare as botas e os tênis. _____.

 Diálogo: Fazendo Compras

JÚLIA: Ângela, preciso comprar um vestido para uma festa. Vamos olhar as vitrinas?
ÂNGELA: Vamos! Tem várias lojas novas no shopping. Eu estou sem dinheiro mas gosto de olhar.
JÚLIA: Ótimo. Vai ser bom. Você me ajuda a escolher. Gostaria de ter sua opinião.
ÂNGELA: Tem uma butique nova com coisas lindas. Quando vai ser a festa?
JÚLIA: Eu vou ao baile de formatura de minha prima no fim do mês.
ÂNGELA: Então precisa ser um vestido muito especial.
JÚLIA: Pois é. Vou com meu namorado e vamos dançar muito.

 Leitura: A Parada Gay

A Parada Orgulho GLBT, conhecida popularmente como Parada Gay, é uma manifestação que ocorre em várias cidades do Brasil. A parada mais famosa é a de São Paulo, realizada na Avenida Paulista. Começou em 1996 e é considerada uma das maiores manifestações deste tipo do mundo; mais de três milhões de pessoas participam do evento. Acontece no final de maio e é acompanhada por vários outros eventos (seminários, palestras, shows etc.).

Memorial da América Latina

Museu de Arte de São Paulo
(MASP)

Lição 11

A MESA

• • • • •

 Leitura: As Refeições

A culinária brasileira tem influências portuguesas, africanas e indígenas, com contribuições mais recentes dos imigrantes ao país, principalmente os italianos, árabes e japoneses. A comida é muito importante na vida social. Encontros entre amigos e parentes acontecem em volta da mesa. Visitas são oferecidas pelo menos um cafezinho e uma sobremesa.

O horário das refeições no Brasil depende da região, com o almoço ao meio-dia e o jantar às dezoito horas no interior, e o jantar mais tarde nos centros urbanos.

Menu Pratos principais	
Feijoada	R$ 45,00
Moqueca	R$ 55,00
Feijão tropeiro	R$ 35,00
Pato no tucupi	R$ 29,00
Carne Seca	R$ 25,00
Peixe com banana	R$ 38,00
Bobó de camarão	R$ 45,00
Espeto misto	R$ 25,00

Menu Sobremesas	
Mousse de maracujá	R$ 18,00
Pudim de leite	R$ 15,00
Bolo de chocolate	R$ 15,00
Arroz doce	R$ 9,00
Pavê de morango	R$ 18,00
Compota de figo	R$ 15,00

O café da manhã inclui o tradicional café com leite e pão. Queijo e frutas estão quase sempre presentes. O almoço e o jantar são refeições fartas e quentes. A refeição típica do interior pode incluir arroz, feijão e uma carne, acompanhados por salada, sopa, verduras, mandioca e banana. A expressão "bota mais água no feijão" ilustra a generosidade entre família e amigos na hora da refeição. A carne é fundamental, servida sempre com arroz e feijão (no Rio o feijão preto e no resto do país o feijão marrom). E depois do almoço e do jantar, cafezinho e sobremesa.

Perguntas

1. O que uma visita recebe? O que você serve para os amigos?
2. O que significa a expressão "bota mais água no feijão"?

3. Como é o café da manhã no Brasil? O que você come de manhã?

4. Quando os brasileiros tomam café com leite? E cafezinho?

5. A que horas é o jantar no Brasil? A que horas você janta?

6. Que tipo de feijão se come em geral no Brasil?

7. Quais são os elementos mais importantes de uma refeição brasileira? E para você?

Gramática: Verbos Regulares em -ir (Presente do Indicativo)

Abrir

1ª	abro	abrimos
2ª/3ª	abre	abrem

 **Exercício**

Responda às perguntas usando frases completas:

1. Você e seus amigos assistem a filmes clássicos? Documentários?

_____.

2. Quem decide onde você come?

_____.

3. Como você define a palavra "amigo"?

_____.

4. Você e seus amigos discutem filosofia ou política?

_____.

5. Com o que você abre a porta de um carro?

_____.

 Diálogo: A Alimentação

VANDA: Márcia, o que você come no café da manhã?

MÁRCIA: Geralmente eu como pão com geleia e queijo. Eu adoro queijo. E tomo café com leite ou leite com Nescau. E você?

VANDA: Eu como pão com mel e tomo suco de laranja ou suco de caju. Eu como mamão também. E o que você come no almoço?

MÁRCIA: Eu sou vegetariana, então eu como só arroz, feijão, legumes e massas. Eu tomo sopa no inverno; no verão eu como salada de legumes e de frutas.

o caju

VANDA: Eu adoro carne! Eu gosto muito de peixe também. Quando almoço em casa, eu como um bife ou um peito de frango com arroz, feijão e batatas fritas. Mas eu também como salada de alface e tomate.

MÁRCIA: Você come sobremesa?

VANDA: Eu adoro doce. Eu como goiabada com queijo, musse de maracujá ou doce de leite.

MÁRCIA: Eu adoro sorvete! Estou ficando com fome. Vamos à sorveteria na esquina? Estou com vontade de tomar sorvete, talvez de manga.

VANDA: Ótimo! Vou ver se tem sorvete de açaí. Adoro provar novos sabores.

 **Perguntas**

1. O que Márcia toma no café da manhã? E você?
2. Márcia é vegetariana. O que ela não vai comer?
3. Quem gosta de doce? Quais são as sobremesas típicas na sua casa?
4. O que você gosta de comer? A que horas sua família janta?
5. Que sabores de sorvete elas vão tomar? Qual é seu sabor preferido?

Vocabulário: As Refeições

O Café da Manhã

suco   o iogurte   o chá   pão   bolo

manteiga   o café com leite   queijo   geleia   o mel

O Almoço, o Jantar

o arroz   o peixe   a carne de vaca   feijão   verduras   batata

frango   a carne de porco   os legumes   mandioca

A Sobremesa   O Lanche

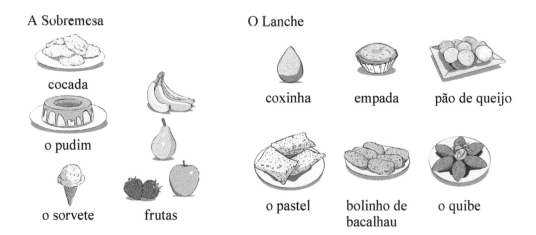

cocada

o pudim

o sorvete   frutas

coxinha   empada   pão de queijo

o pastel   bolinho de   o quibe
             bacalhau

A comida entre refeições é o lanche, uma comida leve e rápida. Às vezes é um refrigerante ou um suco, um sanduíche, x-burguer (cheeseburger) ou salgadinho. Os salga-
dinhos são comidos com as mãos em uma ou duas mordidas. Também servem-se como
aperitivos em casamentos, batizados ou aniversários.

Gramática: Verbos Irregulares em -er
(Primeira Pessoa do Singular no Presente do Indicativo)

conhecer   eu conheço*
descer   eu desço*
saber   eu sei
perder   eu perco

*Para verbos que terminam em **-cer,** o **c** do infinitivo muda para **ç** na primeira pessoa
do singular.

Exercício

Responda às perguntas usando frases completas:

1. Você sabe o sobrenome de seu ou sua colega? Você sabe a idade dele / dela?

   _____.

2. Você perde as chaves ou o celular facilmente? E seus amigos?

   _____.

3. Você conhece uma pessoa famosa? _____.

4. Você desce de escada ou de elevador se está no terceiro andar?

   _____.

5. Quando você tira férias? _____.

6. Como você agradece um presente? _____.

Gramática: Verbos Irregulares em -ir (Presente do Indicativo)

Estes verbos terminados em **-ir** são irregulares na primeira pessoa do singular:

conseguir	eu consigo
preferir	eu prefiro
refletir	eu reflito
vestir	eu visto
mentir	eu minto
servir	eu sirvo
conferir	eu confiro
repetir	eu repito
sentir	eu sinto
pedir*	eu peço
dirigir	eu dirijo
cobrir**	eu cubro
dormir	eu durmo
ouvir	eu ouço

*Os verbos compostos de **pedir** como **impedir, despedir** etc., conjugam-se da mesma maneira.

Os verbos compostos de **cobrir como **descobrir, recobrir** etc., conjugam-se da mesma maneira.

Na terceira pessoa do singular e plural, os seguintes verbos são irregulares:

subir	ele sobe	vocês sobem
sumir	ele some	vocês somem

Exercício

Escreva as respostas:

1. Você sente frio ou calor geralmente? _____.

2. Você serve café ou chá? _____.

3. Você prefere suco de laranja ou uva? _____.

4. Você veste calça jeans no trabalho? E gravata? _____.

5. Você consegue ler um livro sem óculos ou lentes? _____.

6. Você confere o dinheiro que recebe do caixa eletrônico?

_____.

 **Perguntas**

1. Você dirige um carro todo dia? E seus amigos?
2. A que horas você dorme? E seus amigos?
3. Que tipo de música você ouve?
4. Que tipo de comida você pede por telefone?
5. Você sobe de elevador ou de escada para ir ao segundo andar?
6. Vocês somem quando a festa não é boa?
7. Você cobre a cabeça no inverno?

Gramática: O Presente Contínuo do Indicativo

Eu **estou** fecha**ndo** a porta.   Você **está** bebe**ndo** café.

Nós **estamos** abri**ndo** o livro.   Eles **estão** estuda**ndo**.

O presente contínuo forma-se com o presente do indicativo do verbo **estar** + **o ge-rúndio** do verbo principal. Todos os gerúndios são regulares. Tire o **-r** do infinitivo e acrescente **-ndo**; por exemplo:

   fala~~r~~ + **ndo** = **falando**
   traze~~r~~ + **ndo** = **trazendo**
   i~~r~~ + **ndo** = **indo**

O presente contínuo usa-se para ações contínuas no momento presente.

   Estou pensando em ir ao Brasil no verão.   *Mas:*   Eu vou ao Brasil no verão.
   Estamos planejando a festa do sábado.   *Mas:*   Vamos dar uma festa no sábado.
   Ela **está trabalhando** no banco hoje.   *Mas:*   Ela trabalha no banco.

Exercício

A. Complete as frases segundo o exemplo, usando os verbes entre parênteses:

Ela **está ensinando** matemática e ele **está aprendendo** muito.

1. O diretor (explicar) _____ o plano e eles (entender) _____ tudo.

2. Nós (ganhar) _____ muito dinheiro e (gastar) _____ muito.

3. Zeca (estudar) _____ pouco e também (aprender) _____ pouco.

4. Os candidatos (pedir) _____ votos, e nós (decidir) _____ como vamos votar.

B. Responda às perguntas no **presente contínuo usando frases completas**:

1. O que você está planejando fazer nas férias?

   _____.

2. O que o professor / a professora está fazendo agora? Um / uma colega na classe?

   _____

   _____.

3. O que seus amigos estão fazendo agora?

   _____.

4. Como está o tempo hoje? _____.

5. Que ponto de gramática vocês estão aprendendo agora?

   _____.

6. Você está usando tênis? Que roupa seus colegas estão usando?

   _____.

7. Como seu semestre está indo? _____.

8. Que livros você está lendo por prazer?

   _____.

 ## Diálogo: No Restaurante

FREGUESA: Garçom, eu quero comer um filé.

GARÇOM: Como a senhora gosta do filé, mal passado ou bem passado?

FREGUESA: Eu gosto ao ponto.

GARÇOM: O que a senhora quer tomar?

FREGUESA: Me traz* um chope bem gelado e uma água
com gás, por favor.

*Coloquialmente, é comum usar o indicativo (aqui, *traz*)
para substituir o imperativo (*traga*). É incorreto, porém
muito comum, começar a frase com o pronome; por exemplo:

   Me traz *ou* **Me vê** um chope bem gelado.

Exercício

Complete o diálogo seguinte.

NA LANCHONETE

FREGUÊS: Estou com muita fome. Me vê um sanduíche de queijo e presunto.

GARÇOM: Um misto quente?

FREGUÊS: Isso mesmo.

GARÇOM: _____?

FREGUÊS: Uma guaraná e uma água mineral.

GARÇOM: Com gás?

FREGUÊS: _____.

 ## Leitura: O Encontro

Alfredo e Márcia estão no bar. Ele está tomando uma caipirinha e ela uma água tônica.
A amiga deles, Carolina, está entrando no bar com o namorado. Ela cumprimenta os
amigos e depois pergunta se vão ao concerto mais tarde. Os amigos respondem que
estão esperando um grupo grande porque é o aniversário de Alfredo. O bar está ficando
cheio e animado. Carolina e o namorado pedem dois chopes e decidem ficar com os
amigos.

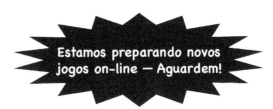

Estamos preparando novos
jogos on-line — Aguardem!

Leitura: Manchetes On-line

Cientistas estão
descobrindo novo uso
para a tecnologia.

**VOCÊ ESTÁ
PROCURANDO
TRABALHO?**

Exercício

NOSSA EMPRESA ESTÁ GANHANDO
ESPAÇO NO MERCADO.

Escreva três manchetes originais.

1. _____

2. _____

3. _____

Lição 12

VIDA DOMÉSTICA
• • • • • • • • • •

 Leitura: Televisão

A Rede Globo é a quarta rede de televisão do mundo. As telenovelas da Globo passam em mais de trinta países. São dubla-
das ou legendadas em espanhol, árabe e russo, entre outras línguas. Com personagens inesquecíveis, temas sociais e paisa-
gens espetaculares, as novelas refletem e projetam uma versão do Brasil contemporâneo.
A popularidade das novelas deve-se à qualidade da produção, dos atores e dos escritores. Uma telenovela típica dura de três a seis meses e passa de segunda a sábado.

A novela das 7 é leve e divertida. A maioria dos brasileiros assiste à novela das 8, que
trata de temas como doação de órgãos, preconceito racial, violência urbana e reforma
agrária. A Globo também tem programas de variedades, séries, jornalismo e esporte.
Mais de 90% da programação é nacional, produzida principalmente no estúdio do Rio
de Janeiro. Os brasileiros vivendo no exterior também podem assinar a Globo por sa-
télite. O sonho americano dos brasileiros nos Estados Unidos já foi tema da novela
América.

 Perguntas

1. Você prefere assistir a que tipo de programa? Você assiste à televisão em que língua?
2. Você conhece uma telenovela brasileira?
3. Qual é a diferença entre as novelas das 7 e as das 8?
4. Qual é a diferença entre as novelas americanas e as brasileiras?
5. Onde é o estúdio principal da Globo? Onde ficam os estúdios da TV americana?
6. Você ouve notícias pela televisão? Você tem uma TV no quarto?
7. Você assina tevê a cabo? Você assiste à televisão brasileira internacional?

 **Exercício**

A. Responda às perguntas usando **ligar** e **desligar**:

1. Você desliga o iPod quando estuda?

_____.

2. Onde você desliga o celular? _____.

3. Por quanto tempo você liga o forno de micro-ondas para fazer pipoca?

_____.

4. A que horas você desliga a televisão à noite? _____.

B. Complete o diálogo:

CLAUDETE: D. Maria, a senhora gosta de novelas?

D. MARIA: Claro! Eu prefiro as novelas das 7 horas.

CLAUDETE: _____?

D. MARIA: Porque é sempre uma novela divertida e muito alegre.

CLAUDETE: A senhora assiste à novela das 8 também?

D. MARIA: Não, _____.

CLAUDETE: A senhora assiste ao jornal?

D. MARIA: Assisto sim, porque _____.

Gramática: **Querer, Poder, Pôr** (Presente do Indicativo)

	QUERER	PODER	PÔR*
1ª sing.	quero	posso	ponho
2ª/3ª sing.	quer	pode	põe
1ª pl.	queremos	podemos	pomos
2ª/3ª pl.	querem	podem	põem

*Os verbos compostos de **pôr** comportam-se iguais: **impor, repor, supor** etc.

 **Exercício**

A. Responda às perguntas segundo o exemplo:

Você quer ir à praia amanhã? Quero, mas infelizmente não posso porque tenho que trabalhar.

1. Você quer comprar um carro? _____.

2. Você quer viajar no verão? _____.

3. Seus amigos querem aprender português? _____.

B. Responda às perguntas usando frases completas:

1. Que presente de aniversário você quer? _____.

2. Onde você põe as chaves à noite? _____.

3. Você pode falar português com sua família? Nós _____.

4. Que tipo de carne você põe em um sanduíche? _____.

5. Você pode votar na próxima eleição? _____.

 Leitura: A Família

Dr. Valter e Dra. Rosa são casados. Eles moram em São Paulo, no bairro Jardim América. Eles têm um apartamento muito bom, localizado perto de um parque muito bonito onde moram com os quatro filhos: dois meninos e duas meninas. Os meninos se chamam Romeu e Renato e as meninas se chamam Rosana e Rita. A filha mais velha, Rita, tem doze anos de idade; o filho mais velho, Romeu, tem dez anos de idade; Renato tem oito anos e Rita, a caçula, tem sete anos.

Sr. Alfredo é o pai da Dra. Rosa, e D. Maria é a mãe. Eles moram todos juntos.

Dr. Valter é um cirurgião. Ele trabalha em um hospital perto de casa. Dra. Rosa é professora de economia. Ela trabalha na PUC. Os filhos estudam em uma escola no mesmo bairro.

 Perguntas

1. Onde a família do Dr. Valter mora?
2. Quem é Dra. Rosa? Quem são Romeu e Rosana?
3. Quem é a caçula? O mais velho?
4. Qual é a idade de Renato?
5. Qual é a profissão do Dr. Valter?
6. Qual é a profissão da Dra. Rosa?
7. Quem são Sr. Alfredo e D. Maria?

Exercício

A. Complete as frases com **partir, dividir, discutir** ou **decidir** no presente do indicativo.

1. A diretora _____ tudo rapidamente.

2. Pedro e Izabel _____ as despesas da casa.

3. Eles _____ para a Europa amanhã.

4. Os irmãos sempre _____ sobre política.

5. Ela _____ o bolo para servir aos amigos.

6. O avião _____ para Angola às 2h 45m.

7. Eles _____ a conta do restaurante.

B. Complete com o verbo **assistir** no presente do indicativo.

1. Nós sempre _____ ao Jornal Nacional.

2. Carlos e Pedro _____ ao jogo da Copa.

3. Sr. Antônio sempre _____ ao programa do Jô Soares.

4. Ele _____ a programas científicos da TV Cultura.

C. Complete as frases com **descansar, economizar, combinar, alugar** ou **tirar** no presente do indicativo.

1. Eles _____ dinheiro do caixa eletrônico.

2. Nós sempre _____ no fim de semana.

3. Vocês _____ energia elétrica.

4. Nossos pais _____ muito.

5. Eu _____ dinheiro para comprar uma casa.

6. Meus amigos _____ carro no fim de semana.

7. Nós _____ a reunião para amanhã às 9.

8. Ele _____ parte do salário.

9. Os colegas _____ comemorar o sucesso do projeto.

10. Nós sempre _____ casa na praia.

11. Nós sempre _____ fotos dos filhos.

12. Ele _____ o cartão de crédito do bolso para pagar.

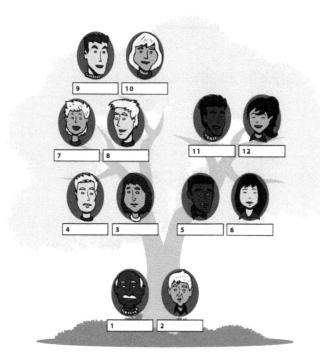

Vocabulário: A Família e os Parentescos

Sr. Alfredo (1) é casado com D. Maria (2). Ele é o **marido / esposo** dela. Ela é a **mulher / esposa** dele.

Eles têm uma **filha**, Rosa (3), e um **filho**, Marcos (5).

Rosa é casada com Valter (4). Eles têm quatro filhos. Valter é o **pai** de Rosana (7), Renato (8), Romeu (9) e Rita (10). Rosa é **a mãe**.

Marcos é casado com Lúcia (6). Eles têm um filho, Luís (11), e uma filha, Lourdes (12).

Sr. Alfredo é o **sogro** de Valter. D. Maria é a **sogra** dele. Lúcia é a **nora** do Sr. Alfredo e D. Maria. Valter é o **genro**.

Sr. Alfredo é o **avô*** de Rosana, Renato, Romeu, Rita, Luís e Lourdes. D. Maria é a **avó** deles.

Luís, Renato e Romeu são **netos** do Sr. Alfredo e D. Maria. Lourdes, Rosana e Rita são **netas**.

Rosa é **cunhada** de Lúcia. Marcos é **cunhado** de Valter.

Marcos é o **tio** de Renato e Lúcia é a **tia**.

Renato é **sobrinho** de Lúcia e Marcos. Rosa e Valter são **tios** de Luís e Lourdes.

Lourdes é **irmã** de Luís; Luís é **irmão** de Lourdes.

Romeu é **primo** de Luís e Lourdes. Lourdes é **prima** de Renato.

***Os avós** significa *o avô* e *a avó*.

Leitura: Nova Família

A família brasileira está evoluindo, principalmente nos grandes centros urbanos, porém ainda é possível observar algumas características. A definição de *família* é ampla, e a relação entre tios e primos e outros membros da família é muito importante. Os filhos geralmente moram em casa até o casamento. Na sociedade brasileira é comum viver a vida inteira na mesma cidade e se encontrar com a família todo domingo. Namorados são incorporados à família e padrinhos e afilhados têm uma relação muito especial.

 ## Perguntas

1. Você e seus avós moram na mesma cidade?
2. Seus pais / filhos moram com você?
3. Você conhece todos seus parentes?
4. Quantas vezes por mês / por ano seus parentes almoçam ou jantam juntos?
5. Você acha que vai viver a vida inteira na mesma cidade?
6. Como você e sua família mantêm* contato?

*Os verbos compostos de **ter** como **manter, reter, deter** etc., comportam-se da mesma maniera.

 ## Leitura: Outra Família

Meu nome é Gabriela, "Gabi", e meus pais são divorciados. Minha mãe, Kátia, mora com uma mulher agora. Elas têm um filho, Diego, meu meio-irmão. No ano passado meu pai, Gilberto, se casou com uma viúva que tem uma filha pequena, Fátima. Gosto muito da segunda esposa de meu pai e a filha dela é uma verdadeira irmã para mim. Moro na casa de meus avós paternos mas vou sempre para as casas de meus pais também. Todo mundo se dá muito bem.

 ## Projeto

Escreva dois parágrafos sobre sua família ou uma família famosa, incluindo todos os detalhes possíveis. Faça uma árvore genealógica de três gerações desta família.

🗣 Conversa

1. Um / uma colega tem quantos irmãos, e quais são as idades deles?

2. Quem é o/a filho/a mais velho/a na família? O/A mais novo/a?

3. Os avós dele / dela estão vivos?

4. Ele / ela tem sobrinhos? Quantos anos eles têm?

5. Quantos primos ele / ela tem?

6. Ele / ela tem cunhado/a(s)?

7. Tem gêmeos na família? É filho/a único/a? Quem é o/a caçula ou o/a mais velho/a?

Lição 13

RIO DE JANEIRO
• • • • • • • • • • •

 Leitura: Hotel Copacabana Palace

O Copacabana Palace é um famoso hotel de luxo na cidade do Rio de Janeiro, localizado no Posto 3 da praia de Copacabana. Foi construído para a grande Exposição do Centenário da Independência do Brasil em 1922* e tombado por seu valor histórico, artístico e cultural pelo Patrimônio Histórico Nacional. Como símbolo de tradição e história, o Copacabana Palace é um ponto de referência na cidade; é o local para o filme *Flying Down to Rio* de 1933, com Fred Astaire e Ginger Rogers, e o cenário para o conto de Clarice Lispector (1920–1977), "A Bela e a Fera ou A Ferida Grande Demais".

O hotel tem seis andares divididos em 222 apartamentos e suítes. Os quartos têm ar condicionado, TV a cabo e acesso gratuito à internet. A diária nos pacotes especiais inclui o café da manhã. Os primeiros dois andares são decorados com móveis originais dos anos 20. O hotel tem dois restaurantes, um spa e uma piscina.

*O Rio de Janeiro foi a capital do Brasil entre 1763 e 1960.

 **Perguntas**

1. Onde é o Hotel Copacabana Palace?
2. Quantos anos o hotel tem?
3. O Brasil comemora o aniversário de quantos anos de independência este ano?
4. Você conhece um hotel famoso em outra cidade? (The Plaza em Nova York, e.g.) Por que é famoso?

Diálogo: No Hotel

HÓSPEDE: Bom dia.

GERENTE: Bom dia. Como vai a senhora?

HÓSPEDE: Bem, obrigada. Eu quero um apartamento de casal.

GERENTE: A senhora tem uma reserva?

HÓSPEDE: Não tenho.

GERENTE: Um momento. A senhora quer um apartamento num andar mais alto ou mais baixo?

HÓSPEDE: Eu prefiro um andar mais alto e de frente para a praia.

GERENTE: Pois não, é um pouco mais caro mas a vista é linda. Apartamento nº 734, sétimo andar. Por favor, a senhora pode preencher esta ficha?

HÓSPEDE: Claro. Quanto é a diária?

GERENTE: É R$ 450. Posso ver seu passaporte?

HÓSPEDE: Aqui está.

GERENTE: Muito obrigada. Está tudo em ordem. Aqui está a chave eletrônica. O café da manhã é servido no restaurante das 6h 30 às 10h.

GERENTE *(para o carregador):* Por favor, leve as malas e acompanhe esta senhora ao apartamento.

 Perguntas

1. A hóspede tem uma reserva?
2. Que tipo de apartamento ela prefere? E você?
3. Quanto é a diária e o que inclui?
4. Qual é o documento que ela tem? Que documento você usa como identificação e onde você apresenta?
5. Quem acompanha a hóspede ao apartamento?
6. Você viaja com muita bagagem?
7. A hóspede vai tomar o café no quarto?

Gramática: **Fazer, Trazer, Dizer (Presente do Indicativo)**

	FAZER	TRAZER	DIZER
1ª sing.	faço	trago	digo
2ª/3ª sing.	faz	traz	diz
1ª pl.	fazemos	trazemos	dizemos
2ª/3ª pl.	fazem	trazem	dizem

Pedro **faz** café todas as manhãs.

Faço a mala uma semana antes de viajar.

Dinheiro não **traz** felicidade.

Eu **trago** presentes para todo mundo quando viajo.

A letra de "Samba de uma Nota Só" **diz**: "Fala fala e não **diz** nada . . . "

Sempre **digo** a verdade.

 ## Diálogo: O Fim de Semana

—Geralmente o que você faz no fim de semana?

—Normalmente eu me levanto tarde. Almoço com meus amigos e lavo roupa. À noite, eu vou ao cinema ou a um barzinho para escutar música. Eu gosto de ir às galerias de arte também. E o que você faz?

—Eu faço mais ou menos a mesma coisa. Geralmente eu e alguns amigos fazemos supermercado no sábado.

 ## Diálogo: Lembranças

—Quando você viaja você traz muitas lembranças?

—Eu trago só coisas típicas, artesanato e coisas simples, e tiro muitas fotos. E você traz muitos presentes para sua família?

—Eu trago lembrancinhas para minha família e sempre mando muitos postais. Também trago uma pedra de cada lugar que visito para minha coleção.

 ## Perguntas

1. Onde sua família faz compras de comida? E você?

2. Você faz crochê ou tricô? Faz aulas de música ou dança?

3. O que você diz a uma pessoa nova?

4. Você faz ginástica ou ioga? E seus / suas colegas?

5. Você traz comida para a aula? Um dicionário? Um iPod? Uma pasta?

6. Que tempo está fazendo hoje?

7. Que tipo de comida você faz em casa?

8. O que você faz todo dia?

 Diálogos: Pedidos

FREGUÊS: Garçom, traz um cafezinho, por favor.
GARÇOM: Pois não.
FREGUÊS: Traz a conta também.
GARÇOM: Está bem.

VERA: Joana, você me faz um favor?
JOANA: Faço com prazer. O que você precisa?
VERA: Você traz um litro de leite para casa?
JOANA: Claro. Você precisa de mais alguma coisa?
VERA: Não, só isso. Muito obrigada.

Gramática: Contrações—por + Artigos

por + a = **pela**	por + o = **pelo**
por + as = **pelas**	por + os = **pelos**

O ônibus passa **por** aqui? Não, ele passa lá **pela** avenida.
O ônibus passa **por** Copacabana? Não, passa **pelo** túnel.
Ele estuda **pela** manhã.
Pela tarde, ela atende muitos pacientes.
Vera sempre pergunta **pelo** Jovino.
Eu sempre pergunto **pelos** filhos dela.
Roberto Carlos viaja **pela** América Latina.
Madredeus viaja **por** Portugal e **pela** Europa toda.
Ela manda notícias **pela** internet / **pelo** correio e eu mando **por** fax / e-mail / telefone.

 Exercício

Complete as frases com **por** ou as contrações:

1. _____ manhã, Davi passa _____ escritório.

2. Vamos passar _____ supermercado para comprar bebidas.

3. Aquele ônibus vai direto, não passa _____ shopping.

4. D. Marina sempre pergunta _____ você.

5. Ele manda a resposta _____ fax e _____ e-mail.

6. Você mora _____ aqui?

7. Zeca vai passar _____ banco antes de vir aqui.

8. Os animais correm _____ campos e _____ florestas.

Gramática: Muito e Pouco

Muito e Pouco—Invariável (advérbio)

Ela é **muito** rica.
Eles são **muito** ricos.

As praias são **pouco** visitadas.
A praia é **pouco** visitada.

Muito e Pouco—Variável (adjetivo)

MUITO(S) / MUITA(S)
Ela bebe **muito** vinho.
Eles falam **muitas** línguas.

POUCO(S) / POUCA(S)
Ele toma **pouca** água.
Ela compra **poucos** livros.

INVARIÁVEL
Ela é **muito** preguiçosa.
A música é **pouco** conhecida.

VARIÁVEL
Ela tem **muita** preguiça.
Poucas pessoas conhecem a música.

Exercício

Complete as frases com a forma correta de **muito** ou **pouco** (variável ou invariável):

1. A pediatra tem _____ paciência.

2. Nós sempre pedimos _____ pizzas.

3. João compra _____ ações na Bovespa.*

4. Aquela atriz é _____ famosa.

5. As salas de aula são _____ bem equipadas.

6. Eles tomaram _____ caipirinhas na festa.

7. Os projetos das engenheiras são _____ criativos.

8. Os técnicos são _____ eficientes e responsáveis.

****Bovespa** é a sigla da Bolsa de Valores do Estado de São Paulo, onde as ações das maiores empresas do país são negociadas.

 **Perguntas**

1. Muitas pessoas falam português onde você mora?
2. Que brasileiros são muito conhecidos / pouco conhecidos nos Estados Unidos?
3. Seus amigos jogam muitos videogames?
4. Que pessoa famosa fala muito e diz pouco?

 Leitura: Rio de Janeiro

Conhecida como "Cidade Maravilhosa",* o Rio de Janeiro é a única cidade da América que foi capital de um país europeu: foi a capital do **Reino** de Portugal (1808–1821); também foi a capital do Brasil (1763–1960). A cidade é visitada anualmente por milhares de turistas **à procura** de seu carnaval, e o Pão de Açúcar e a estátua do Cristo Redentor no Corcovado são ícones que representam a cidade e o país. Alguns dos mais importantes escritores e artistas do país foram profundamente **marcados** pelo Rio de Janeiro, e suas **obras** contribuem para a fama internacional da cidade.

Mas se por um lado o mar e o samba fazem do Rio de Janeiro uma cidade bela e sensual, a violência urbana também faz parte do cotidiano carioca. A verdade é que a vida no Rio de Janeiro não é só beleza e festa: a geografia **singular** da cidade cria uma **inesperada** proximidade entre realidades sociais díspares. Os muitos morros (sinônimo de *favela*) da cidade **rodeiam** bairros **nobres** como Ipanema, Leblon e Gávea. A cidade não pode funcionar sem os trabalhadores que vivem nas favelas, ao mesmo tempo que a praia é um espaço democrático, aberto a todos. A disparidade social cria iniciativas muito diferentes: **hoje em dia** muitas pessoas ajudam nas favelas trabalhando em organizações não governamentais (ONGs) e a vida de seus **moradores** é mostrada a turistas em "favela tours."

O esporte e o turismo combinam bem no Rio. O estádio de futebol do Maracanã (o maior da América do Sul) é o local da partida final da Copa de 2014. A cidade também foi escolhida para sediar os Jogos Olímpicos de 2016. Outras indústrias importantes para a economia do Rio de Janeiro são a petrolífera, a farmacêutica, e as companhias de telecomunicações, televisão e cinema. A Petrobrás (a companhia nacional de petróleo) e a TV Globo têm **sede** no Rio.

Filmes *(Central do Brasil, Favela Rising, Cidade de Deus)*, músicas ("Garota de Ipanema" e "Corcovado") e telenovelas *(O Clone* e *América)* levam as imagens e o som do Rio e do Brasil para o **exterior**. Visitar o Rio de Janeiro é um excelente ponto de partida para quem quer entender os contrastes e a diversidade sociocultural brasileira; ela é **sem dúvida** uma cidade complexa pela maneira em que tradição, modernidade, beleza e violência interagem no **dia a dia**. A "Cidade Maravilhosa" é perfeitamente descrita na **letra** de outra música (por Fausto Fawcett e Fernanda Abreu) que diz: "Rio 40 graus / cidade maravilha / purgatório da beleza e do caos."

*Título de uma **marchinha** de carnaval composta por André Filho em 1935.

Exercício

A. Procure o sinônimo na segunda coluna para as palavras da leitura na primeira coluna. Depois leia o texto novamente com o novo vocabulário.

1. nobres _____	vida diária
2. moradores _____	atualmente
3. reino _____	trabalhos
4. sede _____	música
5. marchinha _____	centro administrativo
6. sem dúvida _____	certamente
7. dia a dia _____	palavras
8. obras _____	circulam
9. exterior _____	afetados
10. singular _____	única
11. marcados _____	surpreendente
12. inesperada _____	elegantes
13. letra _____	outros países
14. hoje em dia _____	império
15. à procura _____	tentando encontrar
16. rodeiam _____	residentes

B. Responda às perguntas usando frases completas:

1. Por quantos anos a cidade do Rio foi a capital de Portugal?

_____.

2. Onde ficam as favelas no Rio de Janeiro? Como é a geografia do Rio?

_____.

3. Onde se encontram os cariocas de todas as classes sociais?

_____.

4. O que significa ONG? _____.

5. O que significa "40 graus"? (Veja Lição 7.) _____.

Projeto

Faça pesquisa na internet:
1. Compare as duas músicas "Cidade Maravilhosa" e "Rio 40 Graus".
2. Apresente um dos lugares mais famosos do Rio.
3. Escreva um parágrafo sobre uma das pessoas ligadas ao Rio de Janeiro; por exemplo, Clarice Lispector, Machado de Assis, Carlos Drummond de Andrade, Vinicius de Moraes, Nélida Piñon, Hélio Oiticica, Nelson Rodrigues, Fernando Henrique Cardoso, Antônio Carlos Jobim, Heitor Villa-Lobos, Oscar Niemeyer, Carmen Miranda, Milton Nascimento, Roberto Marinho, D. Pedro II, Cássia Eller, Paulo Coelho, Chico Buarque, Paulo Lins, Fernanda Montenegro, Anderson Sá.
4. Identifique uma ONG no Rio e explique o que ela faz.
5. Procure um lugar para ficar em qualquer cidade do mundo luso-brasileiro—hotel, albergue etc. Explique sua escolha. Pense na localização, preço, transporte e o que inclui (por exemplo, a diária geralmente inclui um café da manhã generoso). Vai viajar sozinho/a? O que você vai fazer na cidade? Faça sua pesquisa em português, dando o link de cada site consultado.

 Composição

Os traficantes controlam o trabalho das ONGs e as visitas às favelas. Você quer visitar ou trabalhar numa favela? Explique sua resposta.

_____

_____

_____

_____

_____

_____

_____

_____

_____

_____

_____

Lição 14

O Mundo do Trabalho

• • • • • • • • • • • • • • •

 Leitura: O Escritório

Muitas empresas trabalham com layout aberto, com o mínimo de separação entre os funcionários, para facilitar o fluxo de informação. Outras empresas têm salas fechadas para os gerentes e principalmente para os diretores.

Alguns elementos importantes na organização do seu escritório são:

Uma entrada ampla, bem iluminada e confortável.
A mesa de recepção do lado de fora da sala para
receber os clientes.
Mesa, se possível, de forma arredondada para facilitar
a comunicação entre os funcionários.
Arquivos com gavetas ou portas, sempre organizados
e limpos.
Equipamentos eletrônicos num espaço central.

A imagem da sua empresa é fundamental no recrutamento de funcionários e como cartão de visita para os clientes. Com excelentes funcionários, um bom plano e muito trabalho, sua empresa vai fazer sucesso no mercado.

 **Perguntas**

1. Onde trabalham os diretores em muitas empresas?
2. Por que a mesa deve ser arredondada?
3. Que tipo de documentos são guardados num arquivo?
4. Que tipo de equipamento eletrônico encontra-se num escritório? Por que é importante colocar tudo num espaço central?
5. Que tipo de empresa tem um escritório assim?

6. Como é o espaço onde você trabalha?

7. Você gostaria de trabalhar neste escritório? Por quê?

 Projeto

1. Que tipo de negócios se faz no escritório da leitura? É uma empresa financeira? Uma ONG? Uma indústria? Explique sua resposta. _____

_____

_____

2. Descreva esta empresa em três frases completas. Como é o nome da firma, onde está localizada e qual é sua clientela? _____

_____

_____

_____

Gramática: Preposições de Posição

Estas preposições são usados com o verbo **estar**.

O lápis está **perto da** caneta. A caneta está **longe do** lápis.

A bola está **em cima da** caixa. O livro está **em baixo da** caixa.

A bola está **em cima da** caixa que está **em cima do** livro que está **em cima da** mesa.

Nova York está **acima da** linha do Equador. São Paulo está **abaixo da** linha do Equador.

A bola está **entre** o triângulo e o quadrado.

O vaso está **no meio (centro) da** mesa e as cadeiras estão **ao redor (em volta) da** mesa.

O menino está **ao lado da** menina. As duas meninas estão **frente a frente**.

O sol está **atrás do** muro. A árvore está **na frente do** muro.

A menina está **à direita do** menino. O menino está **à esquerda da** menina.

As meninas estão **juntas**. Os meninos estão **separados**.

O gato está **fora da** casa. Está lá fora.

O gato está **dentro da** casa. Está lá dentro.

Ele está **deitado**. Ela está **em pé**. A outra está **sentada**.

A canoa está **do lado de** cá do rio e a casa está **do lado de** lá.

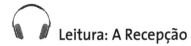

Leitura: A Recepção

O escritório da Dra. Adriana fica na Avenida Paulista, número 34, no quinto andar do Edifício Boa Vista. Sr. Lauro, o assistente dela, está sentado atrás da mesa para atender as pessoas que entram no escritório. O telefone está em cima da mesa ao lado esquerdo. O grampeador está no meio da mesa, atrás do bloco. Ao lado direito do bloco está uma lapiseira. O bloco está no meio da mesa e na frente do secretário. Tem uma caneta em cima do bloco. O computador está em cima da mesa no lado direito e o mouse está no lado esquerdo do teclado. No lado direito do computador está a impressora. A cesta de lixo e o cofre estão no chão perto da mesa, mas não aparecem no desenho. Atrás da mesa há duas cadeiras.

Na outra sala há uma janela com uma cortina. Contra a parede, perto da porta, há um arquivo com muitas gavetas. A última gaveta está aberta. Em cima do arquivo há vários livros e cadernos.

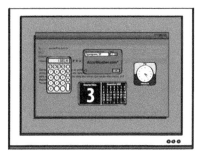

O Sr. Lauro está trabalhando no computador. Geralmente ele escreve cartas, relatórios e documentos com o computador, organiza o arquivo, manda fax para os clientes, lê e responde e-mail, faz cópias etc. O Sr. Lauro é muito eficiente e responsável.

Perguntas

1. De quem é este escritório? Como é o nome do assistente?
2. O que está em cima da mesa? O que está em cima da sua mesa?
3. Onde está a agenda do assistente? Você usa uma agenda eletrônica?
4. O que está perto do arquivo?
5. Onde está o grampeador? O relógio?
6. Onde está a impressora? Onde você imprime seus trabalhos e ensaios?
7. O que está na tela do computador?
8. Procure Igarapava na internet. Como está o tempo lá hoje?

Diálogos: Recados

EDNA: Quem fala?
SECRETÁRIA: É do Banco Poupança.

EDNA: Eu gostaria de falar com o Dr. Paulo.

SECRETÁRIA: Ele está numa reunião. A senhora quer deixar um recado?

EDNA: Por favor, peça a ele para ligar para Edna Ramos.

SECRETÁRIA: Pois não; qual é o seu número?

EDNA: É 32-24-44-98.

SECRETÁRIA: Pode repetir devagar?

EDNA: Claro, 3-2-2-4-4-4-9-8.

SECRETÁRIA: Muito obrigada.

SECRETÁRIA: Alô!

DR. REGINALDO: É do consultório da Dra. Bruna?

SECRETÁRIA: É, sim senhor.

DR. REGINALDO: Eu gostaria de falar com ela.

SECRETÁRIA: Quem gostaria? [*ou* Quem desejaria?]

DR. REGINALDO: É o Dr. Reginaldo.

SECRETÁRIA: Um momento, vou verificar se ela está. Oh! Ela acaba de sair. Quer deixar um recado?

DR. REGINALDO: Fale com ela para me ligar o mais rápido possível. É urgente.

SECRETÁRIA: Está bem. Vou dar o recado.

DR. REGINALDO: Muito obrigado.

SECRETÁRIA: De nada. Até logo.

 Exercício

Qual é o motivo da ligação de Dr. Reginaldo? Escreva um diálogo com um mínimo de oito linhas entre Dra. Bruna e Dr. Reginaldo quando ela retorna a ligação.

_____.

_____.

_____.

_____.

_____.

_____.

_____.

_____.

Vocabulário: A Praça

1. o caminhão
2. carro, o automóvel
3. bicicleta
4. a árvore
5. cachorro
6. gato
7. passarinho
8. galho da árvore
9. sacola

10. pedra
11. rã
12. pata
13. patinho
14. rio
15. o peixe
16. canoa
17. o pescador
18. o homem

19. a ponte
20. a nuvem
21. montanha
22. casa
23. a margem direita do rio
24. esquilo
25. coelho
26. grama

 Exercício

Usando o vocabulário acima, escreva cinco perguntas e respostas sobre as posições nesta figura.

1. _____?

_____.

2. _____ ?
   _____ .
3. _____ ?
   _____ .
4. _____ ?
   _____ .
5. _____ ?
   _____ .

 Diálogos: Pedindo Informação

Sr. Antônio está visitando a cidade pela primeira vez. Ele pede informação na recepção do hotel:
—Por favor, onde é o ponto de ônibus para o centro da cidade?
—É perto. O senhor sai do hotel e vira à esquerda. Depois anda dois quarteirões e vira à direita. O ponto do ônibus fica na frente do correio.
—Muito obrigado.

Carlos pergunta a uma moça:
—Por favor, onde é o Cine Rex?
—Você sai do hotel e vira à esquerda. Anda na Rua D. Pedro I até a Avenida Princesa Isabel. Depois vira à direita. O cinema está quase na esquina, do outro lado da rua.
—Muito obrigado.
—Às ordens.

Vocabulário: Um Mapa Urbano

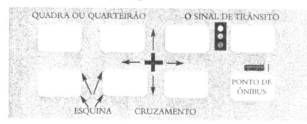

quadra	esquina	a estação do metrô
quarteirão	centro	estação rodoviária *[de*
rua	bairro	*ônibus]*
avenida	periferia	estação ferroviária *[de*
o sinal de trânsito	subúrbio	*trem]*
cruzamento	ponto de ônibus	porto

direto	saia*
depois	vire
em frente	continue
atrás	ande
no fim	atravesse
então	siga
quase	passe
até	vá

*O presente do indicativo ou o imperativo é usado para instruções; por exemplo, *Você sai* ou *Saia.*

 Atividade

Observe o mapa do centro da cidade. Você está no hotel. Agora responda às perguntas:

1. Onde é a agência de viagem?

_____

_____

_____.

2. Onde é o Banco do Brasil?

_____

_____

_____.

3. Onde é a farmácia?

_____.

4. Onde é a igreja?

_____.

5. Onde é o parque?

_____.

6. Onde é a escola?

_____.

7. Onde é o hospital?

_____.

8. Onde é o correio?

_____.

Diálogos: Viagens de Ônibus

No Guichê de Venda de Passagens na Rodoviária

TURISTA: Por favor, qual é o horário de ônibus para Petrópolis?
VENDEDOR: O ônibus para Petrópolis parte de hora em hora.
TURISTA: Ótimo. Então eu quero uma passagem para o ônibus das 10 horas.
VENDEDOR: Está lotado. Tem lugar no ônibus das 9 horas e das 11 horas.
TURISTA: Está bem. Então eu vou no das 11 horas.
VENDEDOR: A passagem custa R$ 30,00.
TURISTA: Tenho o dinheiro trocado. De onde sai o ônibus?
VENDEDOR: Ele parte da plataforma C. Boa viagem.
TURISTA: Obrigado.

No Ponto de Ônibus

TURISTA: Por favor, que ônibus devo tomar para ir a Ipanema?
CARIOCA: Onde você quer ir?
TURISTA: Ah! Quero ir à praia.
CARIOCA: Então pode pegar o 483.
TURISTA: Ele para neste ponto?
CARIOCA: Para sim. Está chegando agora.
TURISTA: Que bom. Muito obrigado.

 Atividade

Escreva um diálogo com um / uma colega para pedir informação sobre uma viagem de ônibus ou metrô.

 Leitura: Piadas

Salário Compatível

O funcionário reclama do baixo salário que recebe e resolve reclamar com o patrão:
  —Meu salário não está compatível com as minhas aptidões!
  —Eu sei, eu sei, responde o chefe. Mas não podemos deixar você morrer de fome.

O Executivo e a Máquina de Picotar Papéis

Um jovem executivo está saindo do escritório quando vê o presidente da empresa em frente à máquina de picotar papéis, com um documento na mão.

—Por favor, diz o presidente, isto é muito importante, e minha secretária não está. Você sabe como funciona esta máquina?

—Lógico! responde o jovem executivo. Ele liga a máquina, enfia o documento e aperta um botão.

—Excelente! Muito obrigado, agradece o presidente. Eu só preciso de uma cópia.

Lição 15

A VIDA NO INTERIOR

 Leitura: Nossa Casa

Nós construímos uma casa numa cidade pequena no interior de Minas Gerais. Nossa casa é muito boa e confortável, tem dois andares e seu estilo é colonial. As paredes são brancas e as portas e janelas são azuis. O muro separa a casa da rua e dos vizinhos. Na frente há um jardim pequeno com muitas flores e uma garagem para o carro.

No andar térreo pedimos para a arquiteta fazer uma sala grande, que é a sala de visita e a sala de jantar. Ao lado da sala de visita ela colocou o escritório de meu pai e minha mãe. Ao lado da sala de jantar está o lavabo. Meus pais quiseram uma cozinha muito grande e clara. Atrás da cozinha tem uma área de serviço com a máquina de lavar roupa, uma dispensa e o quarto e banheiro da empregada. No primeiro andar há uma sala com a televisão. Tem uma suíte e quatro quartos com banheiro no corredor. Eu ajudei a desenhar uma varanda ampla com espaço para redes e uma vista da praça, as fazendas de cana e o rio na distância. Atrás da casa coloquei uma churrasqueira, um pomar e uma horta de legumes. No ano passado começamos a criar galinhas no quintal, e eu ganhei um cachorro que também dorme lá.

 **Perguntas**

1. Quem desenhou a casa?
2. Quantos andares esta casa tem? E a sua?
3. Onde o escritório se encontra? E o lavabo?
4. O que há no segundo andar?
5. Onde a família pode colher laranjas e mangas e ovos? O que você acha que plantam na horta?

6. Quem trabalha na cozinha e na área de serviço?
7. Usando a informação da leitura, o que você acha que a família fez no último fim de semana?
8. Que parte da casa o narrador / a narredora planejou?

Vocabulário: A Casa; O Apartamento

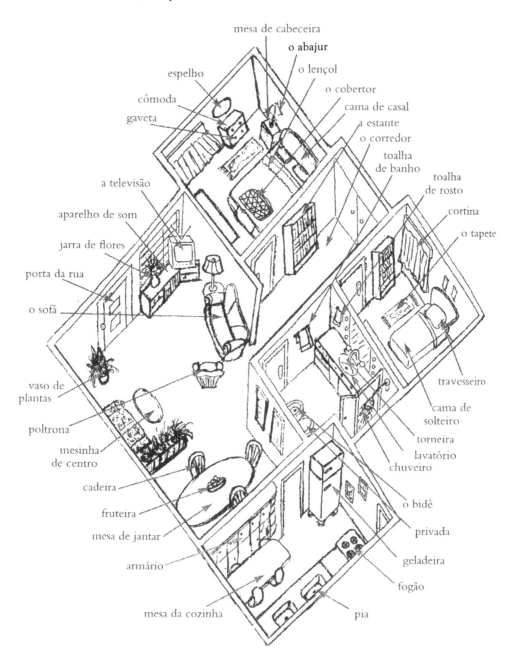

mesa de cabeceira
o abajur
espelho
o lençol
cômoda
o cobertor
gaveta
cama de casal
a estante
o corredor
toalha de banho
toalha de rosto
a televisão
cortina
aparelho de som
o tapete
jarra de flores
porta da rua
o sofá
vaso de plantas
travesseiro
poltrona
cama de solteiro
mesinha de centro
torneira
lavatório
chuveiro
cadeira
fruteira
o bidê
mesa de jantar
privada
armário
geladeira
fogão
mesa da cozinha
pia

 **Projeto**

Faça a planta da casa descrita na leitura incluindo todos os espaços mencionados. Coloque a mobília necessária.

Exercício

Responda às perguntas usando frases completas:

1. Quantos cômodos há na casa da figura na página 123? E na sua casa ou apartamento?

   _____.

2. Quantos quartos tem nesta casa? E na sua casa ou apartamento?

   _____.

3. Como é sua cozinha? _____.

4. Onde está a televisão na sua casa? _____.

5. O que você coloca nas estantes? _____.

6. O que esta casa tem que sua casa não tem? E vice-versa?

   _____.

Gramática: Os Gêneros Irregulares

o rei	a rainha	o príncipe	a princesa
o imperador	a imperatriz	o embaixador	a embaixatriz

Algumas palavras que terminam em **-a** são masculinas:

o chá	o mapa	o sofá	o clima
o dia	o planeta	o cometa	o fantasma

Palavras terminadas em **-ama, -ema** e **-oma** são de origem grega; todas são masculinas:

o quilograma	o cinema	o tema	o aroma
o programa	o estratagema	o telefonema	
o problema	o poema	o diploma	
o dilema	o sistema	o idioma	

 **Exercício**

Complete os espaços usando os artigos **o, os, a, as**:

1. _____ campeão   3. _____ autores   5. _____ meninas

2. _____ problema   4. _____ patas   6. _____ pai

7. ____ país	12. ____ espanhola	17. ____ paciente
8. ____ rainha	13. ____ lições	18. ____ telefonema
9. ____ sistemas	14. ____ alemães	19. ____ irmãs
10. ____ cinema	15. ____ programa	20. ____ marido
11. ____ português	16. ____ príncipe	

Composição

Descreva a sala ou o quarto onde você mora num parágrafo usando as preposições de posição.

_____

_____

_____

_____

_____

_____

_____

_____

Gramática: O Pretérito Perfeito (Passado) do Indicativo—Verbos Regulares

	ESTUDAR	COMER	ABRIR
1ª sing.	estud+**ei**	com+**i**	abr+**i**
2ª/3ª sing.	estud+**ou**	com+**eu**	abr+**iu**
1ª pl.	estud+**amos**	com+**emos**	abr+**imos**
2ª/3ª pl.	estud+**aram**	com+**eram**	abr+**iram**

O pretérito perfeito indica ações ou estados terminados no passado. A ênfase é na definição temporal. Advérbios de tempo frequentemente indicam o uso do pretérito perfeito. O pretérito perfeito contrasta com o pretérito imperfeito (Lição 22), que é o tempo da narração e descrição.

Ontem, Carlos e os filhos **trabalharam** o dia todo.

Já escrevemos duas recomendações.

Na semana passada, eles **assistiram** a muitas aulas.

Ele **abriu** a porta **depois**.

No ano passado, Professora Leyla **publicou** outro livro.

Viajei a Goa **duas vezes**.

Os verbos terminados em **-gar** colocam **u** e os verbos terminados em **-car** mudam para **qu** na primeira pessoa do singular para manter a pronúncia. Por exemplo:

chegar   cheguei

tocar   toquei

Os verbos terminados em **-çar** perdem a cedilha na primeira pessoa singular. Por exemplo:

começar   comecei

Exercício

A. Complete as frases no pretérito perfeito usando o verbo indicado entre parentêses:

1. No domingo, nós (comer) _____ feijoada.

2. O coro (repetir) _____ a música três vezes.

3. Eu (entregar) _____ o projeto na semana passada.

4. Os preços das ações (descer) _____ muito.

5. Eles (partir)_____ ontem para Roma.

6. Você (escutar) _____ a notícia no rádio?

7. Eu (coçar) _____ a cabeça porque estava perplexo/a.

B. Responda às perguntas usando frases completas:

1. Para quem você ligou ontem?

_____.

2. Você e seus colegas gostaram de algum filme do ano passado?

_____.

3. Com quantos anos você aprendeu a dirigir? A nadar?

_____.

4. O que você comeu antes da aula?

_____.

5. Que dia você nasceu?

_____.

6. Qual foi o último livro que você leu?

_____.

7. Onde você e seus amigos comeram recentemente? Quem pagou a conta?

_____.

8. Você ficou em casa nas férias?

_____.

C. Escreva três frases elaboradas sobre coisas que você completou recentemente.

1. _____.

2. _____.

3. _____.

Gramática: Tempos Comparados

PRESENTE	FUTURO	PRESENTE CONTÍNUO	PRETÉRITO PERFEITO (PASSADO)
Eu tomo muita água.	Eu vou tomar água.	Estou tomando água.	Eu tomei água.
Eu sempre como frutas.	Vou comer a banana.	Estou comendo a banana.	Eu comi a banana.
Eu abro a porta.	Eu vou abrir a porta.	Eu estou abrindo a porta.	Eu abri a porta.

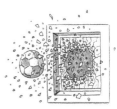

 ## Leitura: As Teixeiras

Era natural que as Teixeiras não gostassem quando essa bola partiu uma vidraça. Nós todos sentimos que acontecera algo terrível. Alguns meninos correram; outros ficaram a certa distância da janela, olhando, trêmulos, mas apesar de tudo dispostos a enfrentar a catástrofe.  Apareceu logo uma das Teixeiras, e gritou várias descomposturas. Ficamos todos imóveis, calados, ouvindo, sucumbidos. Ela apanhou a bola e sumiu para dentro de casa. Voltou logo depois e, em nossa frente, executou o castigo terrível: com um grande canivete preto furou a bola, depois cortou-a em duas metades e jogou-a à rua.

Rubem Braga, "A Vingança de uma Teixeira,"
200 Crônicas Escolhidas

 ## Exercício

A. Escreva as respostas:

1. Quem e como partiu a vidraça?

_____.

2. Como os meninos reagiram?

_____.

3. O que aconteceu quando uma das Teixeiras saiu da casa pela primeira vez?

_____.

4. O que aconteceu quando ela saiu da segunda vez?

_____.

5. O que você acha que aconteceu depois?

_____.

B. Identifique todos os verbos da leitura no pretérito perfeito e dê o infintivo de cada um.

_____ _____   _____ _____

_____ _____   _____ _____

_____ _____   _____ _____

_____ _____   _____ _____

_____ _____   _____ _____

_____ _____   _____ _____

_____ _____   _____ _____

Composição

Conte a história em suas palavras, do ponto de vista das Teixeiras, usando o pretérito perfeito.

_____

_____

_____

_____

_____

_____

_____

_____.

Leitura: Manchetes de Jornal

Walter Salles dirigiu Diários de Motocicleta
Carnaval do Rio: Beija-flor ganhou de novo
Governo Lula decidiu quebrar patente de remédio anti-AIDS
A universidade implementou o Sistema de Cotas

Brasil liderou emigração lusófona para os EUA
  Pará já perdeu 19% de suas florestas
  Obama ganhou

 Exercício

Escreva três manchetes de jornal à base de contos de fadas, usando algumas das palavras seguintes:

bruxa	o gigante	sapato de cristal
três porquinhos	lobo mau	madrasta
os sete anões	o pé de feijão	princesa

Aqui estão alguns exemplos:

A Bela Adormecida dormiu cem anos.   O Lobo comeu Chapeuzinho.

1. _____.

2. _____.

3. _____.

Leitura: Convite de Casamento

Mariana Uchida Yamasaki	Lourdes Gomes Nasser
Seiki da Silva Yamasaki	Gilberto Damiani Nasser

Convidam para o casamento de seus filhos

Miriko e Mário José

a realizar-se às dezoito horas do dia doze de setembro de dois mil e dez
na Igreja Nossa Senhora do Carmo, Avenida Brasil
(esquina da rua Colômbia), São Paulo, SP

 Perguntas

Você recebeu este convite.

1. Quando aconteceu o casamento?

_____.

2. Quem convidou você para o casamento?

_____.

3. Em que igreja os noivos realizaram o casamento?

_____.

Leitura: Cana-de-açúcar

 A cana-de-açúcar é a principal matéria-prima para a fabricação de açúcar e álcool (cachaça e etanol). É uma das culturas agrícolas mais importantes do mundo tropical e uma importante fonte de renda e desenvolvimento. O interior paulista é o principal produtor mundial de cana-de-açúcar. O mercado brasileiro despertou o interesse de diversos países, principalmente pelo baixo custo de produção de açúcar e álcool. Este último é cada vez mais importado por nações tentando reduzir a emissão de poluentes na atmosfera e a dependência de combustíveis fósseis. Alguns problemas que acompanham o cultivo intensivo da cana são os salários baixos da mão de obra, a concentração de terras em fazendas grandes e a queimada dos campos antes da colheita. Por outro lado, a eficiência das usinas mais modernas permite a comercialização de crédito de carbono.

O Brasil é autossuficente em petróleo e hoje exporta tecnologia de ponta na área de exploração em alto-mar. Resultado de pesquisa intensiva no começo do século XXI, as grandes fábricas de carros lançaram uma tecnologia revolucionária: os carros dotados de motor bicombustível (ou flex), fabricados para usar gasolina ou álcool.

 Perguntas

1. Quais são os produtos principais da cana-de-açúcar?
2. Por que o Brasil é um líder na produção de álcool?
3. Em que região do Brasil planta-se mais cana?
4. Quais são alguns problemas do cultivo intensivo da cana?
5. O que significa *tecnologia de ponta*?
6. Que nova tecnologia os cientistas inventaram para os motores?
7. Quais são outros tipos de energia?

Lição 16

SALADAS DE FRUTAS E VERDURAS

• • • • • • • • •

 Leitura: Feira Livre

 Minha geladeira estava vazia e eu estava com fome. Decidi ir à feira livre que tem no meu bairro toda quarta-feira. Levei um carrinho de feira e R$ 50 no bolso para trazer frutas, verduras e legumes. Escolhi alface, salsinha e couve. Dispensei um maço de brócolis porque não estava bonito. Aproveitei algumas promoções:

Compra dois, leva três.

Três por 5,00.

Comprei mandioca (aipim), pepino, chuchu, quiabo e cenoura. Escolhi beterraba. Os tomates estavam horrorosos. Parei em todas as barracas, aprendi a pechinchar e conversei com os vizinhos.

Voltei para casa com um carrinho cheio e ainda com troco. Guardei tudo na cozinha, coloquei as bananas e as laranjas na fruteira. Lavei, cortei, cozinhei e temperei as verduras. Fiquei muito contente. Foi a melhor salada que comi na minha vida.

 Perguntas

1. Por que ele / ela foi fazer compras?
2. O que significa "três por 5,00"? Que outro tipo de oferta você conhece?
3. O que ele / ela deixou de comprar e por quê?

4. Quando / Onde você pode pechinchar? Você já negociou o preço de alguma coisa?

5. O que ele / ela colocou na salada?

6. O que se usa para temperar uma salada?

7. Que verduras você come cruas? Cozidas?

8. Como é que a feira livre é diferente do supermercado?

Vocabulário: Frutas e Verduras

Frutas

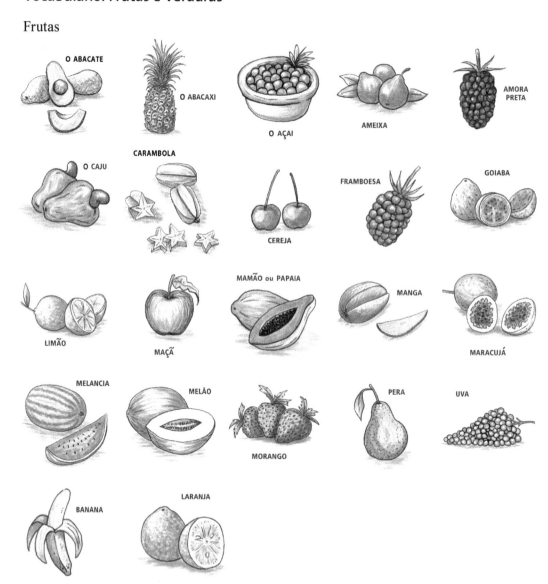

Legumes e Verduras

ABÓBORA

A ALFACE

BATATA

BERINJELA

OS BRÓCOLIS

CENOURA

O CHUCHU

COGUMELO

A COUVE

MANDIOCA

MILHO

PEPINO

PIMENTÃO

QUIABO

O TOMATE

A VAGEM

Temperos

ALHO

O AZEITE

CEBOLA

CEBOLINHA

COENTRO

LOURO

MANJERICÃO

ORÉGANO

PIMENTA

PIMENTA DO REINO

O SAL

SALSA

O VINAGRE

 Projeto

Experimente uma fruta ou verdura que você não conhece e escreva sobre a experiência.

_____

_____

_____

_____

_____.

 Perguntas

1. A melancia tem muitas sementes pretas e brancas. Que outras frutas têm sementes que se come?
2. Em que tipo de comida se usa manjericão e orégano?
3. Você come alho e cebola crus ou cozidos?
4. Em que receita você usa muitos legumes e verduras? De que tempero você gosta?

Gramática: Ser e Ir, Estar, Ter, Vir (Pretérito Perfeito do Indicativo)

	SER, IR	ESTAR	TER	VIR
1ª sing.	fui	estive	tive	vim
2ª/3ª sing.	foi	esteve	teve	veio
1ª pl.	fomos	estivemos	tivemos	viemos
2ª/3ª pl.	foram	estiveram	tiveram	vieram

 Leitura: As Compras

Ontem, Maria comprou muitas coisas para a casa. Primeiro, foi à feira onde comprou frutas e legumes. Depois comprou pão e leite na padaria perto de casa. Ela pagou tudo em dinheiro. Em seguida, ela foi ao supermercado onde comprou arroz, feijão, açúcar, carne, frango, batata, manteiga e óleo de milho e pagou com o cartão de crédito. Ela mandou entregar as compras em casa porque não foi de carro.

As compras chegaram muito tarde, então ela decidiu encomendar uma pizza. O entregador chegou ao mesmo tempo que o marido. Jantaram na frente da televisão e conversaram sobre o dia.

 Perguntas

1. O que Maria comprou na feira? Tem uma feira onde você mora?
2. O que ela comprou no supermercado? O que você comprou recentemente no supermercado?
3. Como ela pagou a conta no supermercado? Você paga com cartão de crédito ou débito?
4. Por que ela encomendou o jantar? Que tipo de comida você encomendou recentemente?

 Diálogo: Peça de Teatro

CELSO: Ontem eu fui assistir a uma peça muito interessante. Foi escrita por Oduvaldo Vianna Filho e Ferreira Gullar em 1965.

ROGÉRIO: Qual é o nome da peça?

CELSO: Chama-se *Se Correr o Bicho Pega, Se Ficar o Bicho Come.*

ROGÉRIO: Que nome extravagante!

CELSO: Não é engraçado? Mas é muito real. Muitas situações são difíceis de resolver, não têm solução. É um impasse! Então, "se correr o bicho pega, se ficar o bicho come".

ROGÉRIO: A peça é uma comédia?

CELSO: Sim, é muito divertida!

ROGÉRIO: Qual é o teatro que está apresentando a peça?

CELSO: É o Teatro Castro Alves. Você tem que comprar o ingresso com antecedência. O teatro fica lotado todas as noites.

 Exercício

Complete as frases usando o verbo indicado no pretérito perfeito.

Ir

1. Ontem elas _____ jantar no restaurante chinês.
2. No mês passado, nós _____ ao teatro duas vezes.
3. Você _____ ao supermercado sábado passado.
4. No ano passado, eu _____ às montanhas uma vez por mês.
5. O Sr. João _____ ao Rio encontrar a família.

Ser

1. Nós _____ colegas de trabalho.
2. Você _____ assistente do chefe.

3. O Sr. Pedro _____ presidente do Flamengo.

4. Meu irmão _____ campeão de tênis no ano passado.

5. Eles _____ casados muitos anos.

Estar

1. Vocês _____ no Brasil no ano passado?

2. Eu _____ com o João ontem no clube.

3. Ele _____ na Bahia no verão passado.

4. Nós _____ no parque, perto da sua casa.

5. A minha vizinha _____ muito doente.

Ter

1. Nós _____ uma grande surpresa ontem.

2. Eles _____ muito trabalho este mês.

3. Eu _____ muita dor de cabeça ontem.

4. Você _____ um bom fim de semana?

5. Ontem à noite ele _____ um acidente na estrada.

Vir

1. Eu _____ ontem de Portugal.

2. O dinheiro_____ pelo Banco do Brasil.

3. Eles _____ da Europa de navio.

4. Nós _____ da fazenda domingo.

5. Os livros _____ pelo correio.

 Diálogo: Na Feira

Hoje é sexta feira. D. Teresa e D. Maria José, a empregada dela, vão à feira. Elas vão direto à banca do Sr. Pedro que vende frutas.

D. TERESA: Oi, Seu Pedro, tudo bem?

SR. PEDRO: Tudo bem. Olhe as frutas, como estão bonitas!

D. TERESA: Realmente. Quanto custa a banana?

SR. PEDRO: O preço está ótimo. Só R$ 4,50 o quilo.

D. TERESA: Está barato. Eu quero um quilo de banana-maçã.

D. MARIA JOSÉ: Preciso de laranjas para fazer suco.

D. TERESA: Eu também. Quase esqueci. Quanto custa a laranja?

SR. PEDRO: A laranja lima está ótima. São dez por R$ 5.

D. TERESA: Eu quero dez. E o abacaxi?

SALADAS DE FRUTAS E VERDURAS 137

S**R**. P**EDRO**: Custa R$ 3 mas se a senhora levar dois, eu faço um desconto.

D. T**ERESA**: Está bem. Eu quero dois abacaxis e uma caixa de morangos. Quanto deu?

S**R**. P**EDRO**: Vamos ver: Os morangos são orgânicos; custam R$ 6. Então R$ 4,50 da banana, mais R$ 5 da laranja, mais R$ 5 do abacaxi, são R$ 20,50. Eu faço por R$ 20.

D. T**ERESA**: Os morangos são mais caros mas são muito mais gostosos, e é muito melhor para o meio-ambiente. Gosto de comprar orgânico, quando possível. O senhor tem troco? Só tenho uma nota de R$ 50.

S**R**. P**EDRO**: Tudo bem. Aqui está o seu troco, R$ 30.

D. M**ARIA** J**OSÉ**: Vamos ver o que mais vamos comprar.

Elas continuam andando e olhando as frutas. Param em outra banca e olham as papaias.

D. T**ERESA**: Bom dia. Como está a papaia?

V**ENDEDORA**: A papaia tem três *B*: Boa, Bonita e Barata. Aproveite o preço, R$ 3 o quilo.

D. T**ERESA**: Quero uma bem madura. Maria José, você sabe escolher. Por favor, escolha para mim.

D. M**ARIA** J**OSÉ**: Estas duas parecem muito boas.

D. T**ERESA**: Vou levar duas. Quanto lhe devo?

V**ENDEDORA**: Vamos ver: é um pouco mais de 2 kg: R$ 6,35.

D. T**ERESA**: Que bom! Tenho trocado.

V**ENDEDORA**: Obrigada. Até a próxima semana.

D. Teresa e D. Maria José colocam as sacolas no carrinho de feira e voltam para casa.

 **Perguntas**

1. Você viu um filme recentemente?
2. Você veio a pé hoje?
3. Você teve tempo de tomar café hoje?
4. Quem já foi ao Brasil? A Portugal?
5. Você foi a outra aula hoje?
6. Quem esteve doente na semana passada?
7. Você foi aluno universitário no ano passado?

FEIJOADA E CHURRASCO

 Leitura: O Almoço de Domingo

 Sr. Romeu e D. Solange são casados e têm uma família grande. Eles têm dois filhos e ambos são casados e também têm filhos. Todos os domingos, eles se encontram para almoçar juntos. E sempre vêm os tios, primos, namorados e alguns amigos. É uma grande festa!

No domingo passado prepararam uma feijoada e serviram muitas caipirinhas e cerveja. Para as crianças compraram guaraná e suco de maracujá ou de laranja. Todo mundo preparou um prato e ajudou a cozinhar. Sempre tem muita comida: salada, arroz, feijão e duas sobremesas: um pudim de leite condensado e uma salada de frutas com sorvete.

Os homens ajudaram a arrumar a cozinha no final da refeição. Assim ninguém ficou sobrecarregado e todos se divertiram. As crianças brincaram, escutaram música, dançaram e jogaram bola. À tarde os adultos dormiram uma sesta nas redes da varanda. A família também assistiu a um jogo de futebol na televisão. À  noite, esquentaram os restos da comida do almoço. Às vezes fazem sanduíches ou uma sopa antes de todo mundo voltar para casa.

O almoço do domingo é uma grande tradição. A família grande sempre tem muito para contar: política, religião, economia, doença, namoro. Tudo é assunto para conversar e fofocar. E no domingo seguinte, com certeza, vão ter muitas novidades para animar a conversa.

 **Perguntas**

1. O que a família do Sr. Romeu faz aos domingos? E sua família?
2. Como as crianças se divertiram?
3. O que serviram no domingo passado? Tem um prato tradicional na sua casa?
4. Que sobremesa prepararam? Qual é sua sobremesa preferida?
5. Quem arrumou a cozinha?
6. Esta tradição é mais comum nas cidades do interior. Por que você acha?

 ## Diálogo: Receita de Caipirinha

MARCELO: Você me ensina a fazer caipirinha?
FERNANDO: É muito fácil. Você precisa de três a cinco limões, açúcar e cachaça.
MARCELO: Cachaça e aguardente são a mesma coisa?
FERNANDO: São, cachaça é uma palavra mais popular.
MARCELO: Então, como se faz a caipirinha?
FERNANDO: Você corta os limões em quatro pedaços e coloca num copo com açúcar. Aí você espreme os limões, até tirar todo o caldo. O açúcar deve ficar com gosto de limão. Depois você coloca a cachaça e, por último, o gelo.
MARCELO: Mas você não falou a quantidade dos ingredientes.
FERNANDO: Depende. Se você gosta de uma caipirinha mais doce, coloca mais açúcar; se você prefere uma bebida mais forte, coloca mais cachaça. É bom experimentar e colocar os ingredientes aos poucos.
MARCELO: É uma boa ideia adicionar a cachaça aos poucos. A caipirinha é uma bebida forte. Uma vez, meu amigo me serviu e não me avisou. Eu tomei várias caipirinhas, e no dia seguinte fiquei com uma ressaca horrível, com dor de cabeça e enjoo.

 Perguntas

1. Quais são os ingredientes para uma caipirinha?
2. Como se usa o limão?
3. Você já tomou caipirinha? Que tipo de bebida você prefere?
4. O que aconteceu quando Marcelo tomou muita cachaça?

Leitura: O Prato Mais Conhecido do Brasil

Receita de Feijoada (para 10 pessoas)

INGREDIENTES
1 quilo de feijão preto
1 quilo de linguiça defumada
1/2 quilo de lombo de porco defumado
1/2 quilo de carne seca cortada em cubos
Alho e cebola picados, a gosto
Orelha, pé e rabo de porco salgados *(opcional)*
Uma folha de louro, sal e pimenta, a gosto

MODO DE PREPARAR
Na véspera, colocar as carnes salgadas de molho na água, trocando a água várias vezes. Deixar o feijão de molho na água durante três horas.

Pôr o feijão numa panela grande com muita água, depois as carnes e os temperos. Cozinhar tudo junto em fogo médio. Experimentar para saber se o tempero está bom ou se precisa pôr mais sal ou pimenta. Geralmente as carnes secas já têm sal, por isto é bom esperar cozinhar um pouco, para depois colocar mais sal.

Deixar cozinhar até tudo ficar macio.

Servir com arroz, couve picadinha, farinha de mandioca ou farofa, rodelas de laranja, molho vinagrete e pimenta malagueta.

Gramática: Verbos Reflexivos

Eu **me** levanto	Nós **nos** levantamos
Você **se** levanta	Vocês **se** levantam
Ele / Ela **se** levanta	Eles / Elas **se** levantam

Alguns verbos são considerados reflexivos:

deitar-se*	esquecer-se (de)	divertir-se
levantar-se	lembrar-se (de)	formar-se (em)
casar-se (com)	chamar-se	sentir-se
divorciar-se (de)	despedir-se	vestir-se

*Colocar o pronome reflexivo depois do verbo (com um hífen) é uma forma escrita mais formal; por exemplo:

Ela forma-se em história no ano que vem.   Divirto-me com meus filhos.

Muitos verbos reflexivos são usados coloquialmente sem o pronome reflexivo; por exemplo:

Eu me esqueci de comprar laranjas.   Eu esqueci de comprar laranjas.

O mesmo verbo pode existir como reflexivo ou não com significados diferentes.

sentir-se: Vou à farmácia porque não **me sinto** bem.

sentir: **Sinto** muito frio no inverno.

O reflexivo também é usado para expressar reciprocidade quando duas ou mais pessoas estão agindo. Por exemplo:

Eles votaram em candidatos diferentes e os dois votos **se cancelaram**.

 ## Leitura: A Vida Diária

1. Nós acordamos geralmente às 6 horas.
2. Eu* me levanto às 6 e meu marido se levanta às 6h 15.
3. Tomo banho e me visto, e depois ele toma banho e faz a barba.**
4. Nossos filhos se vestem e tomam café às 6h 45.
5. Eu acabo de me arrumar e me despeço de minha família. (mulher)
6. Vou à estação de metrô às 7. (mulher)
7. Eu levo as crianças à escola às 7h 15 e depois vou ao escritório. (marido de carro)
8. Minha mãe busca as crianças na escola à 1. Ficam com ela à tarde e depois ela as traz para casa.

9. Eu saio do trabalho às 6 e volto para casa de metrô onde chego às 7. (mulher)

10. Eu tenho uma reunião que acaba tarde e só chego em casa às 8. (homem)

11. Gostamos de jantar juntos em casa e depois de assistir ao jornal nacional e à novela.

12. Todo mundo arruma a cozinha.

13. Eu e as crianças nos deitamos às 10.

14. Meu marido fica na televisão e só se deita depois das 11.

*Colocamos o pronome pessoal **eu** porque não se deve começar uma frase com pronomes reflexivos.

Existem os verbos reflexivos **banhar-se e **barbear-se,** mas estas expressões idiomáticas são mais comuns:

tomar banho *por* banhar-se: Prefiro **tomar banho** antes do jantar.

fazer barba *por* barbear-se: Alguns homens **fazem a barba** duas vezes por dia.

 **Perguntas**

1. Como seus amigos se divertem no fim de semana?

2. Como vocês se despedem do professor / da professora depois da aula?

3. Que artista de cinema se casou ou se divorciou recentemente?

4. Há quantos anos você se formou no colégio?

5. Como se chama sua mãe? Seu pai?

6. Você se levantou a que horas hoje? A que horas você geralmente se deita?

7. Seus colegas se lembram de seu aniversário?

 Composição

Escreva um parágrafo sobre o dia normal de um cozinheiro de restaurante ou de um / uma estudante. Use pelo menos três verbos reflexivos e três não reflexivos.

_____

_____

_____

_____

_____

_____

_____

_____

 **Perguntas**

1. Você e sua família se telefonam todo dia?
2. No Brasil, as pessoas se beijam quantas vezes quando se encontram? Em outras culturas é igual?
3. O que você e seus amigos se encontram para fazer?
4. Onde os países se encontram para resolver problemas internacionais?

 Leitura: A Churrascaria

O churrasco nasceu entre os peões de estâncias no Rio Grande do Sul. A carne assada no espeto dentro de uma fogueira no chão sofreu influência dos imigrantes italianos, que acrescentaram carne de porco, cabra e aves ao tradicional churrasco de carne de boi. O sistema de servir tudo simultaneamente deu origem ao rodízio que todos conhecem hoje.

A churrascaria Fogo de Chão transformou uma comida simples num conceito sofisticado quando abriu seu primeiro local em Porto Alegre. Depois de abrir mais restaurantes no Brasil, decidiram levar a Fogo de Chão aos Estados Unidos. Outras churrascarias abriram em comunidades de muita imigração brasileira, mas a Fogo de Chão optou por outro modelo: inaugurou o primeiro restaurante da empresa nos Estados Unidos em Dallas, em 1997. O autêntico churrasco gaúcho conquistou os americanos, e agora existem muitas churrascarias nos Estados Unidos.

 Exercício

A. Escreva o infinitivo dos onze verbos na leitura que estão no pretérito perfeito.

1. _____   7. _____

2. _____   8. _____

3. _____   9. _____

4. _____   10. _____

5. _____   11. _____

6. _____

B. Faça um resumo da leitura em três frases originais.

_____

_____

_____

_____

_____

_____ .

Lição 18

A HISTÓRIA DA LÍNGUA PORTUGUESA

• • • • • • •

 Leitura: Influências Linguísticas

A língua portuguesa sofreu muitas influências através dos séculos, e palavras que são usadas todos os dias revelam sua origem global. Uma grande infusão de palavras veio com os muçulmanos, cuja dominação da península ibérica durou cerca de quinhentos anos, começando em 711. A expansão portuguesa, a qual começou com as navegações de Vasco da Gama no século XV, produziu novos contatos com línguas e culturas na África, Ásia e nas Américas.

Cada país onde se fala português tem vocabulário, expressões e usos próprios. Aqui vamos considerar a língua como ela é falada no Brasil. As cerca de mil línguas indígenas no Brasil em 1500 tiveram um impacto enorme. O contato entre os portugueses e as nações indígenas foi importante, como se vê ainda hoje em nomes dos lugares e da flora e fauna. Quando o Rio de Janeiro se tornou a capital de Portugal em 1808, a aristocracia da corte de D. João VI trouxe muita influência francesa em vestuário, comida e comportamento. A escravidão acrescentou novo vocabulário de várias línguas africanas, principalmente nas áreas de música, comida e religião.

Várias ondas de imigração—primeiro da Europa, depois do Japão e também do Oriente Médio—fizeram suas contribuições. Hoje a grande influência linguística é do inglês, nos campos de negócios, informática e música. Os imigrantes do mundo inteiro acrescentam um tempero, um sabor e um ritmo novo à língua e cultura brasileiras.

Segue uma lista de algumas palavras importadas, agrupadas por língua de origem:

ÁRABE

alfândega
algodão
azulejo
garrafa
oxalá
o xarope

LÍNGUAS ASIÁTICAS (JAPONÊS, MANDARIM, MALAIALA ETC.)
o caqui
carambola
o chá
jangada
a sacanagem

LÍNGUAS INDÍGENAS (NAHUATL, GUARANI, TUPI ETC.)
o abacaxi
o chocolate
o jabuti
o jaguar
pipoca
o tomate

LÍNGUAS AFRICANAS (NAGÔ, IORUBA, QUIMBUNDO ETC.)
o/a caçula
o moleque
quiabo
quilombo
o orixá
o samba

LÍNGUAS EUROPEIAS (FRANCÊS, ITALIANO, ALEMÃO ETC.)
a boate
o chapéu
o chope
encrenca
lasanha
o menu
o sutiã
tchau

INGLÊS
o cauboi
clicar
o flat
o futebol
o outdoor
o self-service
o shopping
o time
o xampu
xerocar

 **Perguntas**

1. Qual foi a primeira influência na língua portuguesa, e quanto tempo durou?
2. Quais são os países africanos e asiáticos onde se fala português hoje?
3. Quando Vasco da Gama fez as viagens à Índia?
4. Quais são algumas das línguas indígenas que contribuíram para o vocabulário português?

5. A língua portuguesa contribuiu muitas palavras para as línguas de contato no século XVI. Você conhece alguma das seguintes palavras em outra língua?

o balde	copo
botão	janela
camisa	mesa
a chave	pão

6. Há quantos anos os primeiros imigrantes japoneses chegaram ao Brasil?

7. Você conhece outra palavra de língua inglesa que se usa em português? E alguma palavra portuguesa que entrou na língua inglesa?

Pesquisa

A. Procure num mapa as rotas de Vasco da Gama, Fernão de Magalhães, Pedro Álvares Cabral ou Fernão Mendes Pinto para ver as áreas de contato linguístico e cultural nos séculos XV–XVII. Escreva um resumo de uma das viagens.

_____

_____

_____

_____

_____

_____

_____.

B. Escolha duas palavras de línguas diferentes da lista acima (ou outra que você conhece) e procure sua etimologia. Use as palavras em frases originais.

1. _____.

2. _____.

Gramática: Poder, Pôr, Querer, Fazer (Pretérito Perfeito do Indicativo)

	PODER*	PÔR	QUERER*	FAZER
1ª sing.	pude	pus	quis	fiz
2ª/3ª sing.	pôde	pôs	quis	fez
1ª pl.	pudemos	pusemos	quisemos	fizemos
2ª/3ª pl.	puderam	puseram	quiseram	fizeram

*No pretérito perfeito o significado de **poder** é _conseguir_. **Querer** também significa _tentar_.

 **Diálogos**

—Como você aprendeu tanto sobre Moçambique?

—Eu sempre quis estudar lá, e no ano passado ganhei uma bolsa de estudos e finalmente pude passar seis meses fazendo pesquisa na Universidade de São Lourenço.

MAMÃE: Pedrinho, você já fez o exercício de casa?

PEDRINHO: Já fiz tudo, mamãe!

MAMÃE: Você já fez a composição também?

PEDRINHO: Fiz tudo direitinho, como a senhora mandou.

MAMÃE: Muito bem, agora você pode ir brincar.

PATROA: Já mandou o e-mail para o Sr. José?

SECRETÁRIA: Mandei, sim senhora.

PATROA: E pôs os preços das mercadorias?

SECRETÁRIA: Pus, sim senhora.

PATROA: E fez o relatório da minha última viagem?

SECRETÁRIA: Já fiz e pus em cima da sua mesa.

PATROA: Muito obrigada.

 Exercício

A. Complete com o pretérito perfeito de **poder, pôr, querer** ou **fazer**.

1. Ontem eu _____ pôr o carro na garagem, mas não _____.

2. Nós não _____ ir ao cinema ontem porque não _____ o projeto a tempo.

3. Ela não _____ o dinheiro na conta, porque _____ muitas coisas no escritório e não _____ passar pelo banco.

4. No ano passado eu não _____ estudar por falta de dinheiro.

5. Ontem eu não _____ ir à praia porque choveu.

6. Eu sempre _____ ir ao Japão. Não fui, mas no ano passado eu _____ uma viagem a Havaí.

7. Ela _____ quatro cópias do contrato e depois _____ tudo no correio.

8. Eles não _____ aceitar o convite para jantar.

B. Responda às perguntas usando frases completas:

1. Quando você fez compras no supermercado?

_____.

2. Você fez alguma viagem recentemente?

_____.

3. Onde você pôs o celular antes da aula?

_____.

4. O que você quis fazer ontem e não pôde?

_____.

5. Você pôs fotos na internet recentemente?

_____.

Gramática: Pronomes Relativos

O pronome relativo substitui o substantivo. Tem a função de transformar duas frases em uma. Por exemplo:

Paulo Coelho escreve muitos livros. *O Alquimista* é o livro mais famoso dele.

Paulo Coelho, **cujo** livro mais famoso é *O Alquimista*, escreve muitos livros.

Marta vive num condomínio chamado 4 Praias. O condomínio é perto do mar.

Marta vive num condomínio chamado 4 Praias **que** é perto do mar.

Que

Que é usado com pessoas e coisas.

O aluno **que** me telefonou está doente.

A casa **que** ele comprou é moderna.

A reunião de **que** eu falei é amanhã.

O/A Qual (Os / As Quais)

O/A qual (os / as quais) concorda em gênero e número com o antecedente. É mais formal; geralmente se usa depois de uma preposição.

A reunião **da qual** lhes falei é amanhã.

As companhias para **as quais** eu mandei meu currículo pagam bem.

Cujo(s) / Cuja(s)

Cujo(s) / cuja(s) indica posse; concorda em gênero e número com o substantivo que o segue.

Eu vi os tucanos **cujos** bicos são amarelos ontem.

A banda, **cujo** CD vendeu muito bem, vai dar um show aqui no ano que vem.

Onde

Onde refere-se a lugar.

O apartamento onde o ator mora é enorme.

A cidade de onde ele vem é pequena.

Como

Como indica maneira, modo. É uma forma escrita; oralmente se usa **que**.

A maneira **como** ele me tratou foi incrível.

O jeito **como** ela fala me irrita.

Quem

Quem tem dois usos: com antecedente, só depois de preposições **de, com, para, por** ou **sobre**; e sem antecedente.

O patrão **para quem** eu trabalho é generoso.

Eu aprecio **quem** reconhece seus erros.

O Que

O que, em geral, ocorre sem antecedente.

Ela guarda **o que** lhe dou.

Fez **o que** lhe pediram.

 Exercício

A. Complete as frases usando **que, quem** e **onde**.

1. O jovem de _____ comprei o carro é gaúcho.

2. Meu amigo _____ saiu ontem só voltou hoje à tarde.

3. A casa _____ moro é muito pequena.

4. O livro de _____ lhe falei é sobre a vida do nordestino.

B. Complete as frases com **o qual** (etc.) e **cujo** (etc.).

1. Os artistas _____ obras foram escolhidas vão fazer uma exposição aqui.

2. As casas, _____ vimos ontem, foram vendidas.

3. O funcionário, sobre _____ falamos ontem, pediu demissão.

4. Minha prima, _____ tia é a irmã de minha mãe, vem amanhã.

5. O filme, _____ nós assistimos ontem, ganhou um prêmio.

6. O artigo, _____ fala sobre educação, saiu no jornal.

C. Completar com um pronome relativo (e uma preposição, se necessário).

1. Ela é a pessoa _____ me ajudou ontem.

2. A casa _____ moramos agora é maior do que a outra.

3. A pessoa _____ falei ontem está aqui agora.

4. Ceará, _____ capital é Fortaleza, tem muito turismo.

5. O filme, _____ falamos ontem, vai passar amanhã.

D. Reescreva as duas frases em uma.

1. Elis Regina era uma cantora de MPB. Maria Rita é a filha dela.

   Elis Regina, _____.

2. Ela mora na Ilha do Araújo. A ilha fica perto de Paraty.

   A Ilha do Araújo _____.

3. O chefe é muito popular. Eu trabalho com ele.

   O chefe _____.

4. A médica atende em dois hospitais. Ela é cardiologista.

   A médica _____.

Vocabulário: Os Antônimos

ADJETIVOS

rápido	devagar	certo	errado
macio / mole	duro	corajoso	covarde
pesado	leve	forte	fraco
molhado	seco	cheio	vazio
grosso	fino	gordo	magro
claro	escuro	esperto	bobo

SUBSTANTIVOS		ADJETIVOS	
antipatia	simpatia	antipático	simpático
alegria	tristeza	alegre	triste
preguiça	trabalho	preguiçoso	trabalhador
riqueza	pobreza / carência	rico	pobre / carente
barulho	silêncio	barulhento	silencioso
felicidade	a infelicidade	feliz	infeliz
inteligência	a burrice	inteligente	burro
doença	a saúde	doente	saudável / são-sã

Provérbios

A galinha da vizinha é sempre mais gorda.

Água mole em pedra dura / tanto bate até que fura.

Duas coisas que não combinam—inteligência e cabelo.

Devagar e sempre.

De graça até ônibus errado.

Projeto

A. Escreva um anúncio para um novo filme de *Homem Aranha, Harry Potter, Shrek*
ou outro semelhante usando os substantivos e adjetivos que você conhece.

_____

_____

_____.

B. Escreva um parágrafo original com seis adjetivos. Apague os adjetivos e peça para
seus colegas sugerirem novos adjetivos sem saber o contexto. Leia o novo texto cô-
mico em voz alta. _____

_____

_____

_____

_____.

C. Usando a lista das palavras no fim da primeira
leitura desta lição, e usando uma de cada grupo
linguístico, complete o quebra-cabeca.

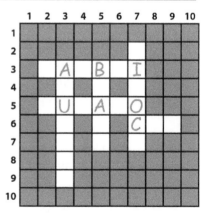

 Leitura: Museu da Língua Portuguesa

Dentro da Estação da Luz, no centro de São Paulo,
há um museu interativo sobre a língua portuguesa.
O museu tem exposições sobre as origens, a história
e a evolução do português. A riqueza do idioma é
ilustrada com objetos, vídeos, sons e imagens.

O museu funciona das 10 às 18 horas de terça-feira a domingo. A entrada custa R$ 4
com desconto de 50% para estudantes; é gratuita para menores de dez anos e professores do ensino público.

Lição 19

COMIDA!

• • • • • •

 Leitura: No Restaurante

Paulo e Renato foram almoçar juntos num restaurante na Avenida Atlântica. Eles se sentaram numa mesa na frente, para olhar o mar. O garçom deu o cardápio para eles, serviu o couvert (pão, manteiga, azeitonas e picles).

GARÇOM: O senhor já escolheu?

PAULO: Primeiro, eu quero uma caipirinha. Renato, o que você vai tomar?

RENATO: Eu quero um chope.

PAULO: E para comer eu quero um filé com legumes e batata frita.

GARÇOM: Como o senhor gosta do filé: bem passado, mal passado ou ao ponto?

PAULO: Eu prefiro ao ponto.

RENATO: Eu quero uma moqueca de peixe.

GARÇOM: Pois não.

Quando eles terminaram de comer, o garçom tirou os pratos.

GARÇOM: Os senhores querem sobremesa?

PAULO: Não, obrigado. Nós queremos um cafezinho.

O garçom serviu o café. Depois que tomaram o café, pediram a conta.

RENATO: A gorjeta já está incluída?

GARÇOM: Sim, senhor.

RENATO: Muito bem. Aqui está o dinheiro da conta e sua gorjeta. O serviço é muito bom e a comida é ótima! E o preço também é bem razoável.

GARÇOM: Muito obrigado. Boa tarde, senhor.

PAULO: Eu também gostei muito. Vou recomendar seu restaurante para meus amigos.

GARÇOM *(sorridente):* Muito obrigado.

🗣️ Perguntas

1. Onde Paulo e Renato foram almoçar?
2. Por que eles se sentaram numa mesa na frente?
3. O que está incluído no couvert deste restaurante?
4. O que eles beberam?
5. O que Paulo comeu?
6. Como ele gosta do filé? E você?
7. O restaurante é caro?
8. A gorjeta está incluída na conta?
9. Você acha que o garçom vai receber uma boa gorjeta?
10. A gorjeta nos restaurantes brasileiros é 10% sobre o valor. E nos Estados Unidos, é mais ou menos?

Vocabulário: Os Alimentos

O ALIMENTO	ADJETIVOS DE TEMPERATURA	VERBOS DE TEMPERATURA
o leite, o café	quente	esquentar
almoço, o jantar	morno	amornar
a água, Coca-Cola	frio	esfriar
o sorvete, comida no congelador	gelado, congelado	gelar, congelar

Diálogos: Na Cozinha da Casa

CARLINHOS: Mamãe, o leite está frio. Bota no fogo e amorna um pouco.
MÃE: Claro, meu filho. Já, já.

CÍNTIA: João, vou tirar comida do congelador. O que você quer jantar, peixe ou carne?
JOÃO: Que tipo de carne?
CÍNTIA: Bife a milanesa.
JOÃO: Uhm! Meu favorito. É isso aí.

Diálogo: No Restaurante Ipanema

GARÇOM: O que deseja beber?
MARTA: Coca-Cola Zero. Sem gelo.
GARÇOM: Quer um pedacinho de limão?
MARTA: Quero, sim.

TIPOS DE COZIMENTO	ALIMENTO
frito	ovo, a omelete, batata frita
grelhado	o bife, frango
assado	a carne, carneiro
a vapor	os legumes
cozido	o arroz, feijão

Diálogo: Restaurante do Banco do Brasil

Complete o diálogo:

—Com quantos ovos você faz uma boa omelete?

—A omelete leva _____ ovos para fazer.

—Eu adoro omelete de queijo, mas a de tomate e ervas também é muito boa aqui no restaurante do Banco do Brasil. Vou pedir acompanhada de torradas Petrópolis.

—Torradas Petrópolis? Há anos que não como isso. Vou querer também. São deliciosas com café expresso. Você vai tomar café também?

_____, sim mas primeiro quero uma água mineral _____ gás.

Vocabulário: Gostos

SABOR	ALIMENTO
salgado	o sal
doce	o açúcar
ácido	limão
amargo	o café
apimentado	pimenta
temperado	alho, cebola, salsa
azedo	o iogurte

Exercício

1. O açúcar brasileiro é refinado e usado com alguma abundância em doces e tortas. Os americanos quase sempre acham as sobremesas brasileiras muito _____.

2. Cada vez mais as pessoas bebem café sem açúcar. Não é meu caso. Eu acho muito _____.

3. A comida mexicana leva muita salsa, alho e coentro além das _____. Os brasileiros não estão acostumados a tanto tempero.

Vocabulário: Pedidos no Restaurante

PEDINDO UM FILÉ
mal passado
bem passado
ao ponto / médio

PEDINDO UM MACARRÃO
/ UMA MASSA
com molho branco (Alfredo)
com molho de tomate (a
    bolonhesa com carne moída)

Gramática: A Expressão **Estar com** e Seus Desejos

Eu **estou com** fome, por isto (isso) vou comer um sanduíche.
Ele **está com** sede, por isto vai tomar muita água.

Ela **está com** sono, por isto vai dormir cedo.
As senhoras **estão com** frio, por isto vão tomar chá.
O menino **está com** calor, por isto vai tomar banho.
Ele está **com pressa**, por isto vai tomar um táxi.

Atividade: A Mesa Posta

Numere no desenho os seguintes utensílios usados para comer:

1. prato de sobremesa
2. garfo
3. guardanapo
4. prato
5. faca
6. prato de sopa

7. a colher de sobremesa
8. o cálice de vinho
9. copo de água
10. xícara de café
11. o pires

Gramática: Verbos Irregulares no Presente e Pretérito Perfeito do Indicativo—Ver, Ler, Dar

	Presente			Pretérito Perfeito		
	VER	LER	DAR	VER	LER	DAR
1ª sing.	vejo	leio	dou	vi	li	dei
2ª/3ª sing.	vê	lê	dá	viu	leu	deu
1ª pl.	vemos	lemos	damos	vimos	lemos	demos
2ª/3ª pl.	veem	leem	dão	viram	leram	deram

Diálogo: O Que Você Gosta de Ler?

Glória e Juliano estudam na mesma universidade. Eles estudam literatura brasileira.
Eles tiveram um intervalo grande e ficaram conversando no pátio.

GLÓRIA: Juliano, você lê algum jornal ou revista?

JULIANO: Quando tenho tempo eu leio o *Jornal do Brasil*. Eu leio também a revista *Veja*. Esta eu leio toda semana porque assinei por dois anos. Você também lê a *Veja*?

GLÓRIA: Eu leio a revista *Isto É*, que é mais independente. Eu gosto muito da revista *Casa e Decoração* também. Agora, o que eu leio diariamente é o jornal *Folha de São Paulo*.

JULIANO: Quais são as seções que você lê?

GLÓRIA: Ah! Eu leio o editorial, as notícias internacionais, a parte de arte e a seção de economia. E você, o que gosta de ler?

JULIANO: Eu também leio o editorial, o caderno de economia, arte e esportes. Eu adoro esportes. Mas normalmente eu assisto ao jornal na televisão ou eu vejo as notícias na internet. A propósito, quantas vezes por dia você lê seu e-mail ?

GLÓRIA: Mais de dez! Perdi a conta! E fico triste se não tenho muitas mensagens.

JULIANO: Eu também. As pessoas leem menos livros por causa da maldita internet e da TV. Você gosta de ler livros?

GLÓRIA: Eu adoro romances e biografias também. Estou lendo agora uma biografia escrita sobre o Francisco Chateaubriand pelo Fernando de Morais, um jornalista que dominava todos os meios de comunicação na década de 60. Estou gostando demais! Quais são os autores que você lê mais?

JULIANO: Ah! Eu gosto muito de Jorge Amado e Paulo Coelho. O que você acha de Paulo Coelho?

GLÓRIA: A mim pessoalmente não me diz muito. Vende bem no mundo inteiro. *O Alquimista* nunca sai da lista dos mais lidos. Deve ser bom. Você já leu, Juliano?

JULIANO: Já, e gostei muito.

GLÓRIA: A conversa está boa, mas tenho que ir à biblioteca para fazer uma pesquisa. Foi bom descobrir esse nosso gosto por leituras. Quero continuar esta conversa outro dia, tá?

JULIANO: Eu também adorei este papinho. Vamos nos encontrar amanhã no intervalo do almoço?

GLÓRIA: Combinado! Então nos encontramos na lanchonete ao meio-dia.

JULIANO: Tá falado. Até amanhã.

Os Livros Mais Lidos em Maio 2008

FICÇÃO
O Silêncio dos Amantes
Lya Luft—Record
Quando meu filho tão querido sumiu, . . . entendi que nossa cumplicidade só existia na minha imaginação. Essa foi a sua verdadeira morte: nossa relação tão especial era mentira. A boa vida familiar era falsa.

1808
Laurentino Gomes—Planeta

O Segredo
Rhonda Byrne—Ediouro

A Menina que Roubava Livros
Markus Zusak—Intrínseca

Comer, Rezar, Amar
Elizabeth Gilbert—Objetiva

O Monge e o Executivo
James Hunter—Sextante

O Caçador de Pipas
Khaled Hosseini—Nova Fronteira

NÃO FICÇÃO
Uma Breve História do Mundo
Geoffrey Blainey—Fundamento

AUTOAJUDA E ESOTERISMO
Casais Inteligentes Enriquecem Juntos
Gustavo Cerbasi—Gente

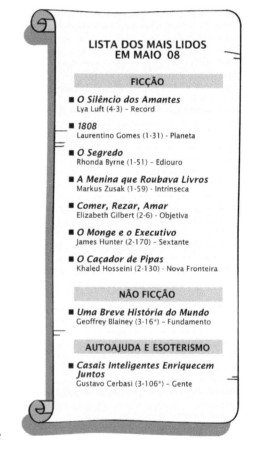

LISTA DOS MAIS LIDOS
EM MAIO 08

FICÇÃO

- *O Silêncio dos Amantes*
  Lya Luft (4-3) – Record

- *1808*
  Laurentino Gomes (1-31) - Planeta

- *O Segredo*
  Rhonda Byrne (1-51) - Ediouro

- *A Menina que Roubava Livros*
  Markus Zusak (1-59) - Intrínseca

- *Comer, Rezar, Amar*
  Elizabeth Gilbert (2-6) - Objetiva

- *O Monge e o Executivo*
  James Hunter (2-170) – Sextante

- *O Caçador de Pipas*
  Khaled Hosseini (2-130) - Nova Fronteira

NÃO FICÇÃO

- *Uma Breve História do Mundo*
  Geoffrey Blainey (3-16*) – Fundamento

AUTOAJUDA E ESOTERISMO

- *Casais Inteligentes Enriquecem Juntos*
  Gustavo Cerbasi (3-106*) - Gente

 **Atividade**

1. Explique o significado de cada categoria de livros na figura.
2. Agora, escrevam juntos uma resenha de duas linhas sobre três livros que vocês conhecem bem, um de cada categoria acima.

 **Exercício**

Complete as frases com o verbo e o tempo indicado:

Ver: Presente

1. Eu sempre _____ Márcia na hora do lanche.

2. Nós _____ o restaurante da janela do nosso escritório.

3. Eles _____ se o restaurante está muito cheio antes de descer.

4. Ela nunca _____ o cardápio. Já conhecem todos os pratos.

5. Meus pais _____ os anúncios de novos iogurtes e logo querem comprar.

Ver: Pretérito Perfeito

1. Eles _____ a receita do vatapá na internet.

2. Nós _____ o barzinho de sucos e sanduíches, mas ainda não comemos lá.

3. Eu _____ o garçom escorregar e jogar água num freguês.

4. Elas _____ *O Fantasma da Ópera* ontem.

5. Eles ainda não _____ *Os Miseráveis*.

Ler: Presente

1. Sr. Carlos _____ o *Jornal do Brasil* todas as manhãs.

2. Nós _____ o seu relatório sobre energia solar.

3. Eles _____ as notícias sobre esporte.

4. Eu sempre _____ as notícias sobre ciências.

5. Elas _____ as revistas sobre casa e moda.

Ler: Pretérito Perfeito

1. Eles _____ o relatório sobre o novo modelo de carro.

2. Ele nunca _____ Shakespeare.

3. Nós _____ as cartas de nossos filhos.

4. O advogado _____ todo o processo em três dias.

5. Eu _____ o romance *O Guarani* em um dia.

Gramática: Os Pronomes Pessoais

Pronomes substituem os nomes. São menores e evitam repetição. Os pronomes **o(s) / a(s)** concordam com os nomes que substituem em gênero e número. Os pronomes

lhe(s) só concordam em número. A posição dos pronomes nas frases é entre o sujeito e o verbo. Se o verbo estiver no infinitivo, a regra é a seguinte: tire o **-r** final, coloque um hífen e mais a letra **l** antes do pronome—**lo(s)/ la(s)** e acento (assim conserva a sílaba tônica como a final). Verbos terminados em **-er** e **-or** ganham acento circunflexo; os terminados em **-ar** ganham acento agudo. Observe os acentos:

Vou **vender as casas**.   Vou **vendê-las**.

Vou **pôr meu carro** à venda.   Vou **pô-lo** à venda.

Vou **amar você** por toda a vida.   Vou **amá-lo** por toda a vida.

Quero **partir o bolo** com vocês.   Quero parti-**lo** com vocês.

Como objeto direto, os pronomes pessoais podem ser usados para pessoas ou coisas.

Marta, você **viu o Marcelo**?

Eu **o vi** ontem. / **Vi ele** ontem. / **Vi**, sim.*

Célio, você encontrou a Isabela ontem?

Sim, eu **a encontrei** na praia.   / **Encontrei ela** na praia. / **Encontrei**, não te disse?*

*O português falado no Brasil apresenta duas tendências. A primeira é usar o mesmo pronome para as duas funções, sujeito e objeto. A segunda é omitir totalmente o pronome.

Diálogos

—Adriana, você vê seu namorado todo dia?

—Sim, eu o vejo todo dia no trabalho.

—Você vê seu tio todo dia?

—Sim, eu o vejo também no escritório.

—Você vê sua prima todo dia?

—Sim, eu a vejo no escritório. Nós trabalhamos todos juntos na companhia de meu avô.

—Mamãe, a senhora já leu o jornal?

—Sim, eu o li depois do café.

—Onde ele está? Eu não o encontro!

—Eu o deixei em cima do sofá, na sala de visitas.

—Mas ele não está aqui!

—Acho que seu pai o levou para o escritório.

—Você leu a notícia sobre as eleições?

—Sim, eu a li. A apuração está terminando. O partido do governo está perdendo.

—Ah! Que bom. Eu o detesto.

—Júlia, onde estão os seus filhos?

—Eu os levei para casa da mamãe. Por quê?

—Porque eu não os vi na sala.

—Eu os levei para lá porque assim podemos trabalhar no projeto.

Os Pronomes no Português do Brasil

SUJEITO	OBJETO DIRETO	OBJETO INDIRETO	+ *COM*	DEPOIS DE OUTRAS PREPOSIÇÕES
eu	me	me	comigo	mim
você (tu)	te, você, o/a	te, lhe	com você, contigo	você
ele / ela	ele / ela, o/a	lhe	com ele / ela	ele / ela
nós (a gente)	nos	nos	conosco	nós
vocês	vocês, os / as	lhes	com vocês	vocês
eles / elas	eles / elas	lhes	com eles / elas	eles / elas

Ela **me** viu no teatro.

Ele **te** telefonou?

Ele **nos** conhece desde criança.

Você vai **conosco** a Portugal?

Ele deu uma rosa **para mim** e outra para a Bete.

Vou ao teatro **com você**. Convidei o Cássio para ir **conosco**.

 Exercício

A. Complete as frases com os pronomes **o(s) / a(s)**:

1. Paulo, você encontrou o Carlos?

   Sim, eu _____ encontrei na semana passada.

2. Você comprou os livros de português?

   Sim, eu _____ comprei na livraria perto de meu escritório.

3. Quando você conheceu o Renato? _____.

B. Complete as frases como no exemplo:

Eu quero vender o carro. Eu quero vendê-lo.

1. Eles vão chamar a Márcia. Eles vão _____.

2. Nós podemos encontrar o Paulo hoje. Nós podemos _____.

3. Vou encontrar meus filhos. Vou _____.

4. Eles vão esperar as namoradas. Eles vão _____.

5. Eles vão discutir o programa hoje. Eles vão _____.

C. Complete as frases com os verbos indicados, no tempo de acordo com a palavra chave:

Ler (lendo)

1. Geralmente eu _____ o jornal de manhã.

2. Ontem eu _____ o jornal no metrô.

3. Amanhã eu _____ o jornal no ônibus.

4. Agora ela _____ o relatório da companhia.

5. Ontem ele _____ um artigo muito interessante sobre ecologia.

Ver (vendo)

1. Ela sempre _____ filmes na televisão.

2. Ontem ela _____ um filme horrível.

3. Amanhã ela _____ um balé moderno.

4. Eu sempre _____ as novelas na televisão.

5. Agora eu _____ um capítulo muito divertido.

Dar (dando)

1. Ontem eu _____ muitos telefonemas para meus clientes.

2. Neste momento eu _____ muita atenção a meu filho.

3. No próximo mês eu _____ muitos presentes a meus filhos.

4. No ano passado eu não _____ presentes a ninguém.

5. Amanhã o diretor _____ um jantar para os clientes.

6. Ela nunca me _____ nada e eu já _____ muitos presente para ela.

Lição 20

IDA À PRAIA

• • • • • • • • •

 Leitura: Lanche na Praia

Soraia e Paula são irmãs. Elas têm uma amiga que se chama Cristina. Elas sempre vão à praia juntas. Elas adoram a praia de Ipanema. Agora elas estão chegando na praia.

CRISTINA: Vocês trouxeram bronzeador? Eu esqueci o meu.

PAULA: Não tem problema. Você pode usar o meu. Eu sempre trago bronzeador e filtro solar também. Se você precisar, pode usá-lo.

CRISTINA: Muito obrigada.

SORAIA: Você trouxe lanche?

CRISTINA: Não. Eu adoro comer um sanduíche de frango com milho que eles vendem aqui na praia e tomar um mate gelado.

SORAIA: É, mas é muito caro. Nós estamos fazendo toda economia possível. Queremos comprar um carro novo.

CRISTINA: O que vocês trouxeram para comer?

SORAIA: Nós trouxemos sanduíche misto, bolinho de bacalhau, mamão e banana. Para beber trouxemos vitamina de frutas.

CRISTINA: Que exagero. Vocês vão engordar!

SORAIA: É, mas nós trouxemos tudo isto pensando em dividir com você.

CRISTINA: Ah! Que bom! Vocês são uns amores. Muito obrigada. Amanhã eu vou trazer o lanche. Combinado?

SORAIA: Boa ideia. Combinado. Então vamos nadar e depois vamos comer.

 **Perguntas**

1. Quem é Cristina?
2. Onde se passa a cena?
3. Quem esqueceu o bronzeador?
4. O que Soraia e Paula levaram para comer na praia?
5. Por que Soraia e Paula estão economizando dinheiro?
6. Qual é a diferença entre bronzeador e filtro solar?
7. Você usa filtro solar diariamente? Por quê? Qual é a melhor marca?

Gramática: Verbos Irregulares no Presente e Pretérito Perfeito do Indicativo—Saber, Trazer, Dizer

	Presente			Pretérito Perfeito		
	SABER	TRAZER	DIZER	SABER	TRAZER	DIZER
1ª sing.	sei	trago	digo	} soube	} trouxe	} disse
2ª/3ª sing.	sabe	traz	diz			
1ª pl.	sabemos	trazemos	dizemos	soubemos	trouxemos	dissemos
2ª/3ª pl.	sabem	trazem	dizem	souberam	trouxeram	disseram

Leitura: No Táxi

PASSAGEIRO: O senhor está livre?

MOTORISTA: Sim, pode entrar.

PASSAGEIRO: Eu quero ir à praia de Ipanema.

MOTORISTA: O senhor prefere passar pela Avenida Atlântica ou pela Avenida Nossa Senhora de Copacabana?

PASSAGEIRO: Vamos pela Avenida Atlântica. Quero ver as praias. É muito mais agradável.

MOTORISTA: Realmente. Há muito tráfego na Nossa Senhora de Copacabana e há muitos ônibus também.

Eles andam um pouco.

MOTORISTA: Onde o senhor quer ficar?

PASSAGEIRO: Eu quero ir ao Bar Garota de Ipanema. Eu adoro as músicas de Vinícius de Moraes.

MOTORISTA: Eu também. Estamos quase chegando. O bar é ali, naquela esquina.

PASSAGEIRO: Quanto é a corrida?

Motorista: São R$ 18.

Passageiro: Aqui estão R$ 20. Pode ficar com o troco.

Motorista: Obrigado. Boa noite. Aproveite.

 **Perguntas**

1. Onde o passageiro quer ir?

2. Por que eles não vão passar pela Avenida Nossa Senhora de Copacabana?

3. Por que o passageiro quer ir ao Bar Garota de Ipanema?

Cante Conosco: "Garota de Ipanema"
Vinícius de Moraes e Tom Jobim

Olha que coisa mais linda
Mais cheia de graça
É ela menina
Que vem e que passa
Num doce balanço, a caminho do mar

Moça do corpo dourado
Do sol de Ipanema
O seu balançado é mais que um poema
É a coisa mais linda que eu já vi passar

Ah! Por que estou tão sozinho
Ah! Por que tudo é tão triste
Ah! A beleza que existe
A beleza que não é só minha
Que também passa sozinha

Ah! Se ela soubesse
Que quando ela passa
O mundo sorrindo se enche de graça
E fica mais lindo
Por causa do amor

 **Perguntas**

1. Onde vai a garota de Ipanema?
2. O que acontece com o mundo quando ela passa?
3. Por que o mundo fica mais lindo?

 Exercício

A. Complete as frases com o verbo indicado no pretérito perfeito:

Trazer

1. Ontem eles _____ um amigo para jantar conosco no Vinícius.

2. A secretária _____ café para os clientes.

3. Eu _____ meu filho para conhecer a praia de Ipanema e fazer surfe no Arpoador.

4. O casal _____ o filho para brincar no parque.

5. Marta e Ana _____ um livro sobre a pesca na Ilha das Cagarras para minha filha.

Dizer

1. Ontem eles _____ que vão ver a exposição de artesanato no Banco do Brasil.

2. A secretária _____ que não vem trabalhar amanhã.

3. Nós _____ ao diretor que queremos aprender português.

4. Eles _____ ao chefe deles que comprar ações de companhias de petróleo é um bom negócio.

5. O chefe _____ que vai pensar seriamente em fazê-lo.

Saber

1. Ele não _____ responder às perguntas do turista.

2. Nós não _____ dar direções precisas de como chegar no centro da cidade de ônibus.

3. Eu _____ que você foi promovida a gerente daquele hotel quatro estrelas.

4. Eles não _____ responder às perguntas do teste de motorista internacional. Os símbolos não são os mesmos?

5. Eu não _____ da morte do cantor por overdose.

B. Complete as frases com o verbo indicado, usando o tempo de acordo com a palavra chave:

Saber

1. Ontem eu não _____ explicar a causa do acidente.

2. Amanhã eles _____ o resultado do concurso de fantasias do carnaval.

3. Agora, depois de ler os jornais, você _____ como agem os terroristas.

4. Só ontem nós _____ que você esteve na praia e se apaixonou pela garota de Ipanema.

5. Ouvi dizer que vocês já _____ cantar a música em português.

Trazer

1. Você sempre _____ muito material para a escola?

2. Ouvi dizer que ontem você _____ dois dicionários.

3. Amanhã você _____ aquelas revistas sobre turismo que me prometeu?

4. Ontem ele _____ o cachorro para a escola. Imagine o sucesso!

5. E amanhã? O que será que ele _____?

Gramática: Uso dos Advérbios

Forma-se advérbios na língua portuguesa acrescentando-se o sufixo **-mente** a adjetivos no feminino (quando possuírem gênero).

rápido → rapida → rapidamente

infeliz → infelizmente

Ela resolveu tudo com inteligência. Resolveu tudo **inteligentemente**.

O técnico explicou tudo com paciência. Ele explicou tudo **pacientemente**.

Ela guardou tudo com cuidado. Ela guardou tudo **cuidadosamente**.

A mãe falou com bondade. A mãe falou **bondosamente**.

Ele falou com fluência. Ele falou **fluentemente**.

Ela abraçou o filho com carinho. Ela abraçou o filho **carinhosamente**.

O professor foi injusto ao culpar o aluno. O aluno foi culpado **injustamente**.

Ela falou com naturalidade. Ela falou **naturalmente**.

Ambas as formas, ou seja a forma que também funciona como adjetivo e a forma em **-mente**, podem ser usadas:

José concorda **fácil**. José concorda **facilmente**.

Ele cantou **triste**. Ele cantou **tristemente**.

Paulo chegou **alegre**. Paulo chegou **alegremente**.

Ela volta **breve**. Ela volta **brevemente**.

Ele andou **rápido**. Ele andou **rapidamente**.

Ele perguntou **calmo**. Ele perguntou **calmamente**.

José falou **nervoso**. José falou **nervosamente**.

Ela chegou **agitada**. Ela chegou **agitadamente**.

Ele respondeu **delicado**. Ele respondeu **delicadamente**.

Exercício

Descreva as situações mostradas no desenho, usando alguns dos advérbios menciona-dos acima.

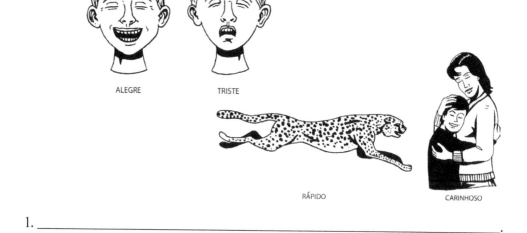

ALEGRE   TRISTE

RÁPIDO

CARINHOSO

1. _____.

2. _____.

3. _____.

Outros Advérbios

Nós falamos português muito **bem**.

Ana fala japonês muito **mal**.

Ela não está **bem**, parece que está doente.

Você está muito **bem** com este vestido vermelho.

Ele passa **mal** no inverno, porque tem asma.

Ele trabalhou **bastante** hoje.

Aquela mulher fala **demais**. *(exagerado)*

Marta estuda **muito**.

Carlos trabalha **pouco**, por isto ganha **pouco** também.

João ganha **bastante** dinheiro, mas gasta **demais**.

Gramática: O Bem e o Bom, o Mal e o Mau

Fumar é **bom,** mas não faz **bem.**

É **mau** fazer o **mal** a quem nos quer **bem.**

É **bom** fazer o **bem** a quem nos quer **mal.**

	Variável (Adjetivo)		Invariável (Advérbio)
MASCULINO	FEMININO	PLURAL (MASC., FEM.)	NÃO TEM PLURAL, NEM GÊNERO
bom	boa	bons, boas	bem
mau	má	maus, más	mal

Ele é um homem **bom**. Eles são homens **bons**.

Ele é um homem **mau**. Eles são **maus**. Elas são **más**.

Ele fala francês **mal**. Elas falam francês **bem**. Ele escuta **bem**. Elas escutam **mal**.

Gramática: Expressões Craseadas com Função de Advérbio

A menina chora **à toa**. *(sem razão)*

Ele teve um problema **à toa**. *(sem importância)*

Ela sentou-se **à vontade** naquele confortável sofá.

O médico chegou **às pressas** no hospital. *(muito rápido)*

À tarde, todos foram tomar um chope.

À noite, Paulo encontrou a namorada no parque.

A secretária tem tudo **à mão** para o diretor. *(pronto, perto)*

Vocabulário: Expressões Que Se Referem à Passagem do Tempo

Pedro trabalha e estuda **diariamente**.

Marta recebe o salário **semanalmente**.

José recebe **quinzenalmente**.

Nós recebemos **mensalmente**.

O balanço da companhia é **bimensal**.

A avaliação é **trimestral** e **semestral**.

O balanço da firma é **semestral** e **anual**.

Exercício

A. Transforme as palavras em advérbios, com a terminação **-mente:**

1. forte _____
2. longo_____
3. frio _____
4. correto _____
5. errado _____

B. Faça frases, transformando as expressões em advérbios:

1. em breve: _____.
2. em geral: _____.
3. com certeza: _____.
4. com muita fluência: _____.
5. com carinho: _____.
6. com naturalidade: _____.
7. com rapidez: _____.

C. Complete as frases com os advérbios:

1. Ela não faz o trabalho _____.
2. Umas pessoas comem _____ e outras comem _____.
3. Umas pessoas falam português _____ e outras falam _____.
4. Ele explicou o projeto muito _____.
5. Ela foi ao médico, porque não está _____.
6. Alice joga tênis _____, mas hoje jogou muito _____.
7. Célia está no hospital, porque está passando _____.
8. A sua vizinha reclama _____.
9. O diretor não tirou _____ dinheiro do banco.

D. Complete as frases com as expressões adequadas. Use a mesma expressão mais de uma vez, se necessário:

às pressas	diariamente	à vontade
à mão	à toa	

1. _____, os alunos foram estudar na biblioteca.
2. Ele foi ao banco _____ porque está sem dinheiro.
3. As crianças ficam _____ quando vão brincar no parque.
4. Ele é muito organizado, ele tem tudo _____.

5. Ela não fica _____ quando encontra o ex-marido.

6. Ela é fraca, ela se cansa _____.

7. Ele fica nervoso por uma coisa _____.

E. Responda às perguntas:

1. Você recebe salário semanalmente? _____.

2. Você paga a escola mensalmente? _____.

3. Você estuda diariamente? _____.

Gramática: Uso da Crase

Usa-se crase antes de palavra feminina com verbos regidos pela preposição **a**.

a + as = às   Obedeço **a** + **as** leis = Obedeço **às** leis.

Eles foram **à** cidade.   Mário foi **à** Bahia ontem.

Ela foi **às** reuniões.   Apresentei-me **à** secretária da firma.

O avião chegou **às** 14 horas.

Usa-se crase também nas expressões **à direita, à esquerda, à toa, à vontade, às claras, às pressas, à tarde, à noite, às vezes** etc.

Exercício

A. Use a crase quando necessário:

Márcia foi a praia ontem com seus colegas de escola. Eles saíram as 8 horas a pé. Primeiro eles foram a praia de Copacabana, mas como tinha muita gente lá, eles foram direto a praia da Barra, que é mais tranquila. A praia de Copacabana é muito movimentada por causa dos turistas que ficam nos hotéis. O dia estava lindo. A tarde eles foram a casa de uma colega escutar música. A sala da casa onde escutaram música tem um sistema de som excelente. As 5 horas eles foram a pizzaria e depois, as 8 horas, foram ao teatro. No dia seguinte foram convidados a ir ao clube Itanhangá para andar a cavalo. Belo passeio!

B. Use **a, à, as** ou **às:**

1. Ela vai _____ escola _____ 10 horas.

2. Eles vão _____ cidade _____ pé?

3. Não, eles vão _____ fazenda de bicicleta.

4. Carlos foi _____ pressas chamar o médico.

5. Ela falou tudo _____ claras com ele.

6. Ela nunca vai _____ reuniões.

7. _____ meninas foram _____ praia.

8. Pedro vai _____ São Paulo.

O CORPO HUMANO

• • • • • • • • • • •

 Leitura: No Consultório Médico

MÉDICO: O que o senhor está sentindo?

PACIENTE: Acho que estou muito doente. Estou sentindo muito enjoo de manhã e às vezes fico tonto também. Estou com uma dor no lado esquerdo perto do fígado.

MÉDICO: Há quanto tempo o senhor está sentindo isto?

PACIENTE: Há três semanas.

MÉDICO: O senhor teve febre?

PACIENTE: Não sei se tive febre, eu não pus o termômetro para verificar.

MÉDICO: Vamos fazer uns exames e saber o que está acontecendo. Vou colher o material para fazer exame de sangue e urina. Pode ser um problema de esgotamento nervoso. O senhor está passando por algum problema emocional?

PACIENTE: Ah! Doutor, estou numa fase muito difícil. Fui dispensado do meu trabalho há três meses e não encontrei outro emprego até hoje. Estou com muitas dívidas e não sei o que fazer.

MÉDICO: Fique calmo e tente não se preocupar. Vou examiná-lo e ver como está a saúde em geral . . . A pressão está normal. Tudo parece bem. Vou lhe receitar uns comprimidos para o enjoo. O senhor deve tomar em jejum, antes do café da manhã. Também vou lhe receitar um analgésico para tomar quando sentir dor. Acho que o senhor precisa relaxar, por isto vou lhe dar um tranquilizante também. Tome um comprimido antes de se deitar.

PACIENTE: Obrigado, doutor. Preciso mesmo relaxar para encontrar trabalho.

MÉDICO: Isto mesmo. Cuide da saúde primeiro, e depois vai ser mais fácil resolver os outros problemas. Agora temos que esperar os resultados dos exames para saber realmente o que está acontecendo. Quando eu receber os resultados vamos conversar novamente.

PACIENTE: Muito obrigado. Vou aguardar ansiosamente. Até logo.
MÉDICO: Até logo. Fique tranquilo.

 **Perguntas**

1. Quais são os sintomas do paciente?
2. Quais são os exames que vão ser feitos?
3. O que está acontecendo com o paciente?
4. Quando você toma analgésicos?
5. Quem toma tranquilizantes?
6. Você tem problemas de saúde?

Vocabulário: O Corpo Humano e os Cinco Sentidos

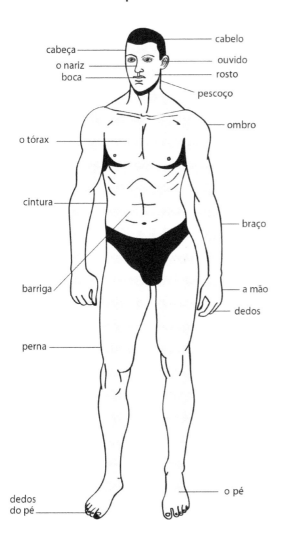

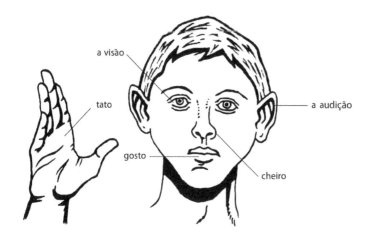

Diálogo: Aparência

MARCOS: Thomas, não se pode negar que o Nicolas é seu filho. Tem as tuas bochechas e é moreninho que nem você.

THOMAS: É, parece que sim. Ele é moreninho mesmo, mas não nessa roupa de urso. Essa roupa é só para proteger do frio.

MARCOS: Ah, é? E eu que pensei que você fosse o papai urso.

Vocabulário: Os Cabelos e os Olhos

OS CABELOS SÃO	OS OLHOS SÃO
pretos	negros
castanhos	castanhos
louros	verdes
ruivos	azuis
grisalhos	cinza azulados
brancos	

 ## Exercício

A. Responda às perguntas em frases completas:

1. Com quem você se parece?

_____.

2. Seu primo se parece com o pai dele?

_____.

3. Sua amiga se parece com a mãe dela?

_____.

4. Nicolas se parece com o pai? _____.

5. Irmãs gêmeas em geral se parecem? _____.

6. O seu nariz se parece com o do seu pai ou da sua mãe?

_____.

7. Os olhos de sua irmã se parecem com os da mãe?

_____.

8. Qual é a cor de seus olhos? E de seus cabelos?

_____.

9. Qual é a cor dos cabelos de sua mãe? E de sua avó?

_____.

10. O seu pai usa bigode? Ele usa barba?

_____.

11. Você tem cabelo curto ou comprido? _____.

12. Você é alto ou baixo? _____.

B. Responda às perguntas como no exemplo:

—Como você é?

—Eu sou alto, magro e louro. Tenho cabelos compridos, olhos verdes, nariz pequeno, mãos e pés grandes. Eu tomo muita cerveja, por isto tenho a barriga grande.

1. Como você é? _____

_____

_____.

2. Como é sua mãe? _____

_____

_____.

3. Como é seu pai? _____

_____

_____.

4. Como é seu irmão ou sua irmã (ou primo/a, amigo/a, esposo/a, noivo/a, namorado/a)?

_____

_____

_____.

Diálogos: Sintomas

FLOR: D. Maria, o que é que a senhora tem? Está com uma cara de dor.

D. MARIA: Ah! Flor, estou sempre com dor nas costas. Estou com dor na coluna vertebral e até fazendo fisioterapia.

FLOR: Esse inverno rigoroso não ajuda nada. Eu estou com um pouco de dor de garganta e até já fiz gargarejo.

D. MARIA: Está com febre? Está com tosse? Quer uma colher de xarope?

FLOR: Mais tarde, agora não.

Inventem um nome para essas duas pessoas:

—Ontem eu tive muita dor de cabeça.

—Você está gripada? Seus olhos estão vermelhos.

—Acho que sim, porque estou com dor de garganta também.

—Você tem febre?

—Ontem eu tive, mas hoje não.

—Eu tenho uma aspirina. Você quer tomar uma?

—Não, obrigada. Já tomei dois comprimidos de Melhoral hoje.

Pedrinho está com dor de barriga e diarreia. Ele comeu o que não devia. Disse que estava com fome e se encheu de chocolate.

Gramática: Aumentativos e Diminutivos

Aumentativos são usados para mostrar um tamanho maior (**carrão**), uma pessoa de qualidades excepcionais (**paizão, mãezona**) ou algo disforme ou exagerado (**queixão**). Os aumentativos são formados acrescentando-se o sufixo **-ão** a palavras que terminam em vogal **o**, que cai; **-ona** às palavras que terminam em **-a**, que cai; e **-zão / -zona** a palavras que terminam em consoantes ou ditongos. Às vezes há troca do gênero feminino para o masculino, o que dá mais ênfase à ideia.

uma mulher   **um** mulherão

a vida   **um** vidão

Aumentativos de nomes próprios, tais como **Carlão** e **Marcão**, são comuns em times de basquete ou vôlei, onde os jogadores são altos.

Alguns aumentativos sofreram mudança semântica e tornaram-se parte do vocabulário cotidiano:

salão*: cômodo espaçoso, lugar para festas como **salão de baile**

palavrão: insulto ou expressão de raiva. Não devem ser usadas na presença de pessoas mais velhas. (Por exemplo: Seu merda! / Merda! *ou* Seu porra! / Porra!—

ambas as palavras se referem a fezes; acompanhadas de *seu* são dirigidas a pessoas.)

orelhão: telefone público em forma de orelha

cartão: postal, de crédito

*Há troca de gênero para enfatizar. **Sala** é feminino mas recebe **-ão**, que é um sufixo masculino. A troca de gênero é comum no aumentativo.

Diminutivos são usados para mostrar um tamanho menor (sal**inha**) ou para demonstrar ternura (o dent**inho** da m**inha** net**inha**) ou sarcasmo (pov**inho**, mulher**zinha**). Os diminutivos são formados acrescentando-se o sufixo **-inho/a** a palavras terminadas em vogais e **-zinho/a** a palavras terminadas em consoantes, ditongos e vogais nasais. Algumas palavras de mais de duas sílabas tendem a fazer o diminutivo em **-zinho/a** (por exemplo: cidade**zinha**, arvore**zinha**). Outras seguem a regra geral (por exemplo: biscoit**inho**, cadern**inho**). O que fazer? Preste atenção aos usos ou consulte um falante da língua.

Observe alguns exemplos:

NORMAL	AUMENTATIVO	DIMINUTIVO
gato	gatão	gatinho
livro	livrão	livrinho
bonito	bonitão	bonitinho
bom	bonzão*	bonzinho
vida	o vidão	vidinha
beijo	beijão	beijinho
marido	maridão	maridinho
amor	amorzão	amorzinho
bem	benzão*	benzinho
pai	paizão	paizinho
mãe	mãezona	mãezinha
mão	mãozona	mãozinha
olho	olhão	olhinho
dedo	dedão	dedinho
queixo	queixão	queixinho
pé	pezão	pezinho
nariz	narigão**	narizinho
barriga	barrigão	barriguinha

*Palavras terminadas em **-m** trocam a consoante nasal para **-n** e ganham um **z** antes de **-ão**.

Nariz tem uma mudança fonética onde cai o **z** e acrescenta-se **g** antes de **-ão**.

 **Exercício**

Escreva as seguintes frases usando o diminutivo das palavras em negrito, como no exemplo:

Pedro ganhou um **gato**. Pedro ganhou um gatinho.

1. A mãe abraçou o **filho**. _____.

2. O **nariz** do cachorro está sempre frio.

_____.

3. A **mão** dela era bonita. _____.

4. O **menino** é filho único. _____.

5. Os **olhos** da menina são azuis. _____.

6. Aquele **povo** sofre muito. _____.

7. Aquela **gente** é mal educada. _____.

Diálogo: A Consulta Médica

FLÁVIA: Quando você vai ao médico?

RAQUEL: Não sei, vou olhar minha agenda. Ah! Minha consulta é amanhã às 3 horas da tarde. Vou falar com minha secretária.

FLÁVIA: Eu também vou ao médico, mas a minha hora é depois de amanhã. Minha consulta é na parte da manhã.

RAQUEL: Qual é a especialidade de seu médico?

FLÁVIA: Ele é clínico geral. E o seu?

RAQUEL: O meu é ginecologista. Acho que estou grávida. Estou muito feliz!

FLÁVIA: Parabéns! É seu primeiro filho?

RAQUEL: Não, é o segundo. Tenho uma menina. Agora espero ter um menino.

FLÁVIA: Felicidades para você e o bebê.

RAQUEL: Muito obrigada. Boa sorte para você.

Diálogo: O Susto na Escola

FRANCISCA: Glória, sabe o que aconteceu?

GLÓRIA: Não, o que foi?

FRANCISCA: O Frederico caiu e quebrou a perna, coitado! Ele foi à escola ontem e eu levei o maior susto quando o vi. Ele está andando de muletas. Fiquei com tanta pena! Você sabe que eu gosto muito dele.

GLÓRIA: Como foi que aconteceu?

FRANCISCA: Ele subiu na escada para trocar uma lâmpada, perdeu o equilíbrio e caiu. Por sorte o irmão dele estava perto e o levou imediatamente ao hospital.

GLÓRIA: Ele ficou de repouso?

FRANCISCA: Não sei, mas provavelmente ele ficou uns dias em casa sem andar, não é?

GLÓRIA: Felizmente o pior já passou e você pode vê-lo na escola.

FRANCISCA: Graças a Deus. Agora estou mais tranquila.

Diálogo: Meu Tipo Ideal

Ontem, Alexandre e Bárbara conversaram muito tempo na escola. Cada um falou sobre os seus interesses.

ALEXANDRE: Bárbara, qual é a característica que você acha mais importante no homem? Qual é o seu tipo ideal?

BÁRBARA: Ah! A primeira qualidade para mim é ter personalidade. Gostar de música e praia também é bom, pois me fará companhia.

ALEXANDRE: E as qualidades físicas são importantes para você?

BÁRBARA: Claro, mas o importante é que não fume. O cheiro é insuportável. E você? Qual é o seu tipo ideal de garota?

ALEXANDRE: Eu também acho muito importante ter personalidade e ser boa companheira. Gosto de mulheres que dançam—a salsa, por exemplo. Gosto de sair para dançar com uma menina.

BÁRBARA: Você tem razão. Afinidade é muito importante! E você já encontrou a sua garota ideal?

ALEXANDRE: Já, namoro a Maura há três anos. Somos meio gamados* um pelo outro. E você?

BÁRBARA: Na semana passada conheci um gatinho** joia. Mas ainda não sei muito sobre ele. Toca piano e estuda português.

ALEXANDRE: Muito bem. Quem sabe saímos os quatro para dançar um dia desses?

BÁRBARA: Vamos sim, tem uma discoteca legal aqui perto da universidade que toca bastante música brasileira e latina.

*Gamado significa *apaixonado*.

**Gatinho, gato significam um jovem atraente a exemplo de gatinha, gata para as moças. Gatão é para um homem mais velho.

 **Perguntas**

1. Quais são as qualidades que Bárbara aprecia num homem?
2. De que ela não gosta? Por quê?
3. Como é a garota ideal de Alexandre?
4. O que ele gosta de fazer?
5. Quem já encontrou a pessoa ideal?
6. Você tem um tipo ideal?

Diálogo: As Gêmeas

Luizinha e Roseli são filhas de Janete. Elas nasceram no mesmo dia; elas são gêmeas. Elas estão discutindo no jardim.

Roseli: Eu sou mais alta do que você!

Luizinha: Não, eu sou mais alta! Vem cá, vamos medir.

Roseli: Eu não preciso medir! Sei que sou mais alta do que você!

Luizinha: Vamos perguntar a mamãe. Mamãe, quem é mais alta?

Janete: Não sei, vamos medir. Vem cá, Roseli. Fica ao lado de Luizinha. Assim. Ah! Vocês são exatamente do mesmo tamanho. Nem mais alta, nem mais baixa.

Roseli: Mas eu nasci primeiro, por isto sou mais velha do que você.

Janete: Muito bem. Agora vocês vão parar de discutir e vão estudar. Hoje vamos jantar num restaurante.

Roseli: Oba! Eu quero comer pizza de atum.

Luizinha: Ah! Eu quero comer pizza de salaminho, e vou tomar suco de laranja.

Gramática: Os Graus de Comparação dos Adjetivos

A Superioridade

Célia é mais alta do que Marta.   Célia é mais velha do que Marta.

A Inferioridade

Marta é menos alta do que Célia.   Marta é menos alegre do que Célia.

A Igualdade

Luizinha é tão alta quanto Roseli.   Luizinha é tão alegre quanto Roseli.
Luizinha é tão nova quanto Roseli.

O Superlativo

O superlativo estabelece um tipo especial de comparação, pois destaca-se como sendo o superior a todos ou inferior. As formas abaixo são exceções e devem ser memorizadas.

grande	o maior de	bom	o melhor de
pequeno	o menor de	mau	o pior de

O Brasil é **o maior de** todos os países da América do Sul.
Qual é o **menor** país da América do Sul?
Qual foi o **pior** filme do ano?
Qual é a **melhor** cidade para se viver nos Estados Unidos?

o mais + adjetivo   **o menos** + adjetivo (*caro, atraente, querido* etc.)
Rolls Royce é o **mais** caro de todos os carros.

ADJETIVOS IRREGULARES	COMPARATIVO
bom (bons) / boa(s)	melhor(es)
mau(s) / má(s)	pior(es)
grande(s)	maior(es)
pequeno/a(s)	menor(es)

 ## Exercício

A. Complete as frases usando o grau comparativo de superioridade com as palavras em negrito:

1. **bonito**: Este carro é _____ aquele.

2. **velho**: João parece _____ José.

3. **fácil**: Português é _____ chinês.

4. **confortável**: A casa dele é _____ a minha.

5. **alto**: Meu marido é _____ eu.

B. Use o comparativo de inferioridade com as palavras em negrito:

1. **trabalhador**: Mário é _____ João.

2. **estreita**: Esta rua ficou _____ aquela depois da obra.

3. **interessante**: Este filme foi _____ o de ontem.

4. **tranquila**: A cidade grande é _____ a pequena.

5. **nervosa**: Ângela fica _____ que Mirtes quando tem prova.

C. Use o grau comparativo de igualdade com as palavras em negrito:

1. **interessante**: Este livro é _____ aquele.

2. **inteligente**: Pedro é _____ José.

3. **alto**: Carlos é _____ Francisco.

4. **quente**: No Brasil, dezembro é _____ janeiro.

5. **frio**: Na Europa, janeiro é _____ dezembro.

D. Complete as frases com os superlativos dos adjetivos abaixo:

Este livro é **melhor** do que aquele.

Esta sala é **maior** do que aquela.

1. **boa**: Viajar na classe executiva é _____ do que na econômica.

2. **mau**: Alguns programas cômicos são _____ do que os de aventuras na selva.

3. **grande**: Dicionários são _____ do que livros.

4. **pequeno**: João é _____ do que Renato.

5. **bom**: Chocolate é _____ do que coco.

6. **mau**: O assassino é _____ do que o delinquente.

E. Complete as frases com o respectivo superlativo:

1. **pequeno**: O México é _____ todos os países da América do Norte.

2. **grande**: A China é _____ todos os países.

3. **grande**: O deserto do Saara é _____ todos os desertos.

4. **pequeno**: O Principado de Mônaco é _____ todos os países

5. **grande**: O Oceano Pacífico é _____ todos os oceanos.

6. **grande**: O Rio Amazonas é _____ todos os rios.

Lição 22

HISTÓRIAS ANTIGAS
● ● ● ● ● ● ● ● ● ● ● ● ●

 Leitura: O Canto dos Inteligentes

Ora, aonde já se viu uma ideia dessa?

Ideia do meu pai. Misto de louco, audacioso, rude e bem-humorado, ele inventava umas histórias com as quais me provava que era o mais forte, o melhor. Obrigava-me a competir e dava-me uma ilusão pequena de que eu poderia ganhar, para depois se declarar vencedor absoluto, deixando-me entre frustrada e risonha.

A brincadeira era a seguinte: morávamos no 11º andar num edifício em Copacabana, e logicamente **nos utilizávamos do** elevador. Ao entrar no elevador, **disputávamos** o canto do lado esquerdo do fundo, porque aquele era o canto dos inteligentes. A briga física consistia em **dar bundada** de lado e **estender** os braços para **deslocar** o oponente e tomar posse absoluta do canto e **decretar-se** vencedor. Como tínhamos bastante tempo até o 11º andar, empurrávamos um ao outro entre violência e risadas, indiferente aos **ruídos** produzidos pelo elevador Schindler que se **sacudia** todo. Quando minha mãe estava conosco **reclamava** do barulho e da inconveniência, pois a brincadeira levada a sério **beirava** o perigo. De nada adiantava. A luta pelo canto dos inteligentes prosseguiu por muitos anos.

Bom mesmo era quando havia outras pessoas: eu e meu pai tentávamos nos situar perto do canto dos inteligentes, cuja posse seria bastante **disputada** assim que as pessoas saltassem. Além disso, olhávamos com pena os pacatos cidadãos que **selavam sua sorte** de coitados ao **acomodar-se** nos outros cantos do elevador. Meu pai trocava olhares comigo indicando essas pessoas, que às vezes sorriam amáveis para nós, sem saber que já tinham sido avaliadas como burras e acomodadas.

Havia vezes que a disputa era tão **acirrada** que o elevador batia contra a parede e uma fumaça branca de **cal** entrava pela abertura. Aí parávamos para olhar e **tomar fôlego**. O verdadeiro perigo contudo era esquecer-se e entregar o canto ao adversário.

Até hoje quando entro num elevador, **tomo posse** sem disputa do canto dos inteligentes. Afinal, depois de tantos anos que meu pai se foi, eu venci em número, pois não me lembro de ter havido um decreto de interrupção. Mas qual é a graça agora, sem briga e risadas e o perigo do elevador se sacudindo todo?

Já encontrei muita gente com medo de elevador. Eu os olho com **desdém.** Eles não sabem o que estão perdendo ao se utilizarem de um transporte nobre. Desconhecem que elevadores carregam um canto mágico de sabedoria e força destinado ao melhor dos melhores—o canto dos inteligentes.

Marta Almeida, 2002

Vocabulário da Leitura

utilizar-se de: fazer uso de

disputar: brigar

dar bundada: empurrar para os lados com a bunda

estender: abrir

deslocar: empurrar

decretar: dizer

ruídos: barulhos

sacudir: mover-se rapidamente de um lado para outro

reclamar: dizer que está errado

beirar: chegar perto de

selar sua sorte: decidir

acomodar-se: parar, desistir

burras: sem inteligência

acirrada: disputada

tomar fôlego: respirar

a cal: pó branco de cálcio usado em construção

tomar posse: ganhar

o desdém: desprezo

 **Perguntas**

1. Como era o pai da autora?
2. Onde moravam?
3. Por que se utilizavam do elevador com frequência?
4. Onde era o canto dos inteligentes?
5. Que parte do corpo era usada para tirar o oponente do canto dos inteligentes?
6. Quem reclamava da brincadeira?
7. Por que a brincadeira era perigosa?
8. Quem venceu a disputa?
9. O que a fez vencer a disputa?
10. Por que a autora acha que os elevadores são um transporte nobre?

 Composição

Fazem parte de nossa história pessoal não só a aparência mas também os traços de personalidade que herdamos de nossos pais. Conte em dois parágrafos uma história sua e de seu pai, sua mãe ou um dos seus irmãos.

_____

_____

_____

_____

_____

_____

_____ .

_____

_____

_____

_____

_____

_____ .

Gramática: Pretérito Imperfeito do Indicativo

Verbos Regulares

	MORAR	VENDER	DIVIDIR
1ª sing.	morava	vendia	dividia
2ª/3ª sing.	morava	vendia	dividia
1ª pl.	morávamos	vendíamos	dividíamos
2ª/3ª pl.	moravam	vendiam	dividiam

Verbos Irregulares

	SER	TER	PÔR	VIR
1ª sing.	era	tinha	punha	vinha
2ª/3ª sing.	era	tinha	punha	vinha
1ª pl.	éramos	tínhamos	púnhamos	vínhamos
2ª/3ª pl.	eram	tinham	punham	vinham

O imperfeito utiliza-se nos casos seguintes:

A descrição de um estado ou condição no passado cujo início e fim não são indicados; sabemos somente que a condição existiu num ponto do passado:

> **Era** uma vez uma menina que se **chamava** Chapeuzinho Vermelho. Ela **morava** numa floresta onde **vivia** um Lobo Mau.

Uma condição mental ou emocional no passado:

> Eu **estava** muito nervosa e cansada ontem depois do acidente.
>
> O quartos **estavam** escuros e a casa sombria.

Uma ação habitual que se deu no passado, como a prática de um esporte na infância ou a preferência de um tipo de comida ou música, sem limitação de tempo expressa.

> Quando eu **era** pequena, **nadava** todo dia, **tomava** muito leite e **gostava** do grupo Menudo.

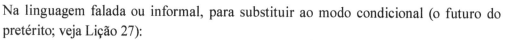

Uma ação que aconteceu no mesmo tempo que uma outra no passado (uma mais longa e outra curta):

> Quando cheguei em casa, ela **estava** fazendo o trabalho de casa (*ou* **fazia** o trabalho de casa).
>
> Enquanto eu **telefonava**, ele foi e voltou rápido do supermercado.

Na linguagem falada ou informal, para substituir ao modo condicional (o futuro do pretérito; veja Lição 27):

> Eu **queria** dar um presente a ela.
>
> Ela **devia** estar aqui.
>
> Você **podia** me dar um copo d'água?

Para expressar uma intenção no passado:

> Eu **ia** ao cinema mas desisti, pois tinha muito o que fazer.
>
> Eu **queria** um brinco novo e então fui à joalheria.

Exercício

Volte à leitura do início da lição e copie os verbos que estão no imperfeito:

_____ _____ _____

_____ _____ _____

_____ _____ _____

_____ _____ _____

_____ _____ _____

_____ _____ _____

_____ _____ _____

_____

Diálogo: Uma Pessoa Que Eu Conhecia

RUI: Quem é aquela garota com quem você estava batendo papo?

ALFREDO: Por que esse interesse? Achou ela bonita, é?

RUI: É, ela é bonitinha, mas não é isso. Acho que a conheço.

ALFREDO: Ah, é? De onde?

RUI: Se não me engano, nós estudávamos na mesma escola quando éramos do segundo ciclo.

ALFREDO: Você morava aqui em Belo Horizonte mesmo?

RUI: Não, morava em Juiz de Fora e vinha para Belo Horizonte nos fins de semana. Ela não se chama Paula?

ALFREDO: É isso mesmo.

RUI: O irmão da Paula e eu jogávamos no mesmo time de futebol.

ALFREDO: Faz muito tempo que você não a vê?

RUI: Faz mais de cinco anos, mas ela não mudou muito.

ALFREDO: Então eu vou te dar o telefone dela para vocês se reencontrarem.

RUI: É isso. Quero saber dela e do Ronaldo, o irmão dela.

ALFREDO: Não é o Ronaldinho, é?

RUI: Claro que não, seu bobo. Nem o Ronaldinho nem o Ronaldão.

 Atividade: Era uma Vez . . .

Numere essas ilustrações de acordo com o nome das histórias.

1. Os Três Porquinhos
2. Branca de Neve e os Sete Anões
3. Chapeuzinho Vermelho
4. Cinderela

Agora escrevam cinco fatos em ordem cronológica sobre duas dessas histórias, usando o imperfeito. Você pode usar esses verbos ou outros: **morar, viver, ser, ir, ter, trabalhar, estar, fazer.** Por exemplo, sobre Cinderela:

A Cinderela **morava** com a madrasta e as filhas dela.

Ela **trabalhava** o dia inteiro sem tempo para descansar.

Leitura: A Terra e o Povo

Depois do Tratado de Tordesilhas dividindo as terras ainda "não-conhecidas" entre a Espanha e Portugal, o navegador português Pedro Álvares Cabral chegou ao Brasil em 1500. No século XVI os franceses tentaram estabelecer colônias, a chamada França Antártica no Rio de Janeiro, e no Maranhão. Várias outras campanhas e disputas territoriais com a França e a Inglaterra continuaram até o século XIX. No século XVII os holandeses conseguiram se estabelecer em Pernambuco por mais de vinte anos, até 1654, quando foram expulsos pelos portugueses.

Única colônia de Portugal nas Américas, o Brasil também chegou a ser capital desse reino, entre 1808 e 1821, com a chegada da corte de D. João VI, rei de Portugal, ao Rio de Janeiro. Foi império depois da independência em 1822, governado por dois imperadores numa monarquia até 1889, quando foi declarada a república. Hoje, o Brasil é uma das maiores democracias do mundo.

A República Federativa do Brasil ocupa quase a metade da América do Sul e faz fronteira com todos os países do continente menos o Chile e o Equador. Tem quase a metade da população do continente; é o quinto país do mundo em área e população, e o único nas Américas de língua portuguesa. Os seus vinte e seis estados são divididos política e geograficamente em cinco regiões: Centro-Oeste, Norte, Nordeste, Sudeste e Sul. O país compõe-se de seis biomas: amazônia, caatinga, pantanal, cerrado, pampa e mata atlântica. Vinte por cento da água doce do mundo encontra-se em suas oito bacias hidrográficas, cujos principais rios são o Amazonas e seus tributários, o São Francisco no nordeste e o Paraná no sul.

Com a maior população católica do mundo, o Brasil é marcado pelo sincretismo religioso, ou seja, é comum uma pessoa ser batizada no catolicismo e também praticar outras religiões. O candomblé, espiritismo, protestantismo, evangelismo, budismo, islamismo e judaísmo são observados em terreiros, centros espíritas, igrejas, templos, mesquitas e sinagogas encontrados através do Brasil.

O Brasil é um dos países mais etnicamente diversos do mundo. À primeira mistura racial de portugueses e franceses com a população indígena no século XVI seguiu-se a miscigenação com os escravos africanos e eventualmente com várias ondas de imigração da Europa, do Oriente Médio e da Ásia. A cidade com o maior número de descendentes italianos fora da Itália, e de japoneses fora do Japão, é São Paulo. O Brasil

continua a receber imigrantes, mais recentemente de países vizinhos, como a Bolívia e a Argentina. Sendo assim, Scliar, Saavedra, Otake, Marx, Gutman, Matarazzo, Hatoum, Rondon, Wapixana, Yamasaki, Béhague, Geiger, Mac Dowell, Ferreira, Schwartz, Silva, Nassar e Brown são hoje também sobrenomes brasileiros.

Atividade

Construa seis perguntas sobre o texto acima e faça essas perguntas a seu / sua companheiro/a de classe.

1. _____.
2. _____.
3. _____.
4. _____.
5. _____.
6. _____.

 Cante com o Chico: "A Banda"

Francisco (Chico) Buarque de Hollanda é um dos grandes compositores brasileiros. "A Banda" é um dos seus primeiros sucessos, do ano 1966. A canção narra uma história—a passagem da banda pela cidade.

Estava à toa na vida
O meu amor me chamou
Pra ver a banda passar
Cantando coisas de amor

A minha gente sofrida
Despediu-se da dor
Pra ver a banda passar
Cantando coisas de amor

O homem sério que contava dinheiro parou
O faroleiro que contava vantagem parou
A namorada que contava as estrelas parou
Para ver, ouvir e dar passagem
A moça triste que vivia calada sorriu
A rosa triste que vivia fechada se abriu
E a meninada toda se assanhou
Pra ver a banda passar
Cantando coisas de amor

O velho fraco se esqueceu do cansaço e pensou
Que ainda era moço pra sair no terraço e dançou

A moça feia debruçou na janela
Pensando que a banda tocava pra ela
A marcha alegre se espalhou na avenida e insistiu
A lua cheia que vivia escondida surgiu
Minha cidade toda se enfeitou
Pra ver a banda passar
Cantando coisas de amor

Mas para meu desencanto
O que era doce acabou
Tudo tomou seu lugar
Depois que a banda passou
E cada qual no seu canto
E em cada canto uma dor
Depois da banda passar
Cantando coisas de amor

Atividade

A. Sublinhe as formas do imperfeito nessa canção.

B. Ache todos os verbos que rimam com os dois abaixo:

chamou: _____

sorriu: _____

Exercício

A. Complete as frases com os verbos indicados, usando o pretérito imperfeito:

1. Nós (ser) _____ crianças e (ter) _____ muitos brinquedos.

2. Eles (ser) _____ estudantes e (ir) _____ ao parque juntos.

3. Ela (ser) _____ solteira e (ter) _____ muitos namorados.

4. A Marta (andar de) _____ elevador e (morar) _____ no 11°
   andar.

5. O pai da Marta (ser) _____ brincalhão e (estender) _____
   os braços para ficar no canto dos inteligentes.

B. Passe as frases para o pretérito imperfeito:

1. Eu vejo a banda passar. _____.

2. Vocês cantam coisas de amor. _____.

3. A moça feia debruça na janela. _____ _____.

4. Elas acham que a banda canta para elas. _____.

5. A cidade se assanha para ver a banda. _____.

C. Escreva as frases substituindo os pronomes:

1. Ela tomava fôlego para continuar a brincadeira.

Nós_____.

Eles _____.

Você _____.

2. Ele ia muito ao cinema.

Elas _____.

Nós _____.

3. Ele era muito trabalhador.

Nós _____.

Você _____.

Eles _____.

4. Eu punha muito açúcar no café.

Ela _____.

Nós _____.

Eles _____.

5. Ela vinha ao clube todo dia.

Nós _____.

Eu _____.

Vocês _____.

D. Responda às perguntas, todos relativos a sua infância:

1. Quando você era criança, você morava numa cidade grande ou pequena?

_____.

2. Você estudava muito?

_____.

3. Você ia à escola perto de sua casa?

_____.

4. Como você ia à escola?

_____.

5. Você tinha muitos brinquedos?

_____.

6. Você brigava muito com seus irmãos e amigos?

_____.

Composição: As Mulheres de Ontem e de Hoje

A. Escreva cinco sentenças sobre os hábitos das mulheres no século XIX comparados com os de as mulheres de hoje.

As mulheres não dirigiam carro, mas hoje dirigem.

Pode usar expressões como **ir à praia, usar biquíni, cortar o cabelo curto, trabalhar fora, envolver-se em política.**

1. _____.

2. _____.

3. _____.

4. _____.

5. _____.

B. Na verdade, a vida mudou para ambos mulheres e homens. Complete o exercício com cinco sentenças a respeito das "pessoas". Você pode utilizar o vocabulário abaixo ou criar suas próprias frases.

o telefone, o celular   os telegramas, o e-mail

máquina de escrever, o computador   navio, avião

a rádio, a TV

1. _____.

2. _____.

3. _____.

4. _____.

5. _____.

Lição 23

Viagens

 Leitura: Na Agência de Viagens

Agente: Bom dia.

Cliente: Bom dia. Eu comprei um "passe aéreo" e gostaria de fazer as reservas para os voos e hotéis.

Agente: Muito bem. O senhor já sabe quais os lugares que vai visitar?

Cliente: Sim. Eu quero ir a Salvador, Brasília, Ouro Preto e Foz do Iguaçu. Eu gostaria de ir ao Pantanal também.

Agente: Muito bem, o senhor fez uma ótima escolha. Quanto tempo o senhor gostaria de ficar em cada cidade?

Cliente: Bem, meu passe aéreo é de trinta dias. Então, posso ficar mais ou menos cinco dias em cada lugar.

Agente: Exatamente. Em alguns lugares, como Foz do Iguaçu, o senhor pode ficar uns três dias. Já no Pantanal, o senhor deve ficar mais tempo para aproveitar bem, explorar toda a região. Vamos ver. Quando o senhor quer iniciar a viagem?

Cliente: Eu gostaria de sair no dia 20, sexta-feira.

Agente: Muito bem. Vamos ver primeiro a sequência das viagens. Penso que será melhor começar por Salvador, depois seguir para o Pantanal, depois ir a Brasília. Para ir a Ouro Preto, o senhor tem que ir a Belo Horizonte e depois tomar o ônibus ou alugar um carro. Depois volta a Belo Horizonte e pode tomar o avião direto para Curitiba ou Foz do Iguaçu.

Cliente: Está ótimo. A senhora poderia fazer as reservas de hotel também?

Agente: Claro. Vamos fazer o seguinte. Vou escrever o roteiro com as datas, horários de voos e preços de diárias de hotel. Depois mostro ao senhor para o senhor decidir. Está bem assim?

CLIENTE: Sim. Muito obrigado. Eu não quero hotel de luxo.

AGENTE: Eu lhe mostro tudo e o senhor escolhe.

CLIENTE: Quando posso voltar?

AGENTE: O senhor pode voltar hoje à tarde ou amanhã de manhã.

CLIENTE: Acho melhor vir amanhã. Muito obrigado.

 **Atividade**

Organize um possível roteiro para esta viagem. Inclua datas, permanência nessas cidades e o que você vai ver e fazer em cada uma delas.

Diálogo: No Escritório

Hoje o diretor da companhia chegou mais cedo. Ele está muito preocupado.
DIRETOR: Bom dia.
SECRETÁRIA: Bom dia.
DIRETOR: Alguém ligou de São Paulo?
SECRETÁRIA: Não, ninguém ligou ainda. É muito cedo.
DIRETOR: Chegou alguma carta de Belo Horizonte?
SECRETÁRIA: Não, chegaram algumas de São Paulo e Rio.
DIRETOR: Você telefonou para o Dr. Bernardo?
SECRETÁRIA: Liguei duas vezes, mas ninguém atendeu.
DIRETOR: Você deixou algum recado na secretária eletrônica?
SECRETÁRIA: Não, porque a secretária eletrônica estava desligada.

 Atividade

Invente um nome para essa companhia, que está localizada no Rio Grande do Sul e tem escritório em São Paulo e Belo Horizonte. Por que será que o diretor está preocupado?

Gramática: Pronomes e Adjetivos Indefinidos

Alguém e Ninguém

Comportam-se como um pronome; usam-se só para referir-se a pessoas.
Alguém aqui se chama Manuel? Não, **ninguém** se chama Manuel.
Alguém na sala é brasileiro? **Ninguém** na sala é brasileiro.

Algum (alguns) / alguma(s) e Nenhum / nenhuma

Comportam-se como um adjetivo e são geralmente seguidos de um substantivo ou refe-rem-se a um substantivo (pessoa ou coisa) mencionado previamente.
Alguém pratica esporte? Sim, **alguns** estudantes têm competição no sábado.
Alguém aqui trabalha domingo? Sim, **algumas** pessoas trabalham domingo.
Você trouxe algum dinheiro? **Nenhum**. Vou ter que pedir emprestado.
ou Não muito, somente **algumas** moedas para pagar o estacionamento.

Diálogo: Recados

Thaís chega em casa às 6 da tarde.
THAÍS: Tem alguém em casa?
ÉRICA: Estou aqui no quarto.

THAÍS: Alguém me telefonou?

ÉRICA: Na verdade, atendi algumas chamadas. Todas comerciais.

THAÍS: Algum recado do estofador?

ÉRICA: Ele telefonou, sim. As almofadas estão prontas para apanhar.

THAÍS: Obrigada. Alguém mais?

ÉRICA: O veterinário. Você pode levar os cachorros ao seu consultório amanhã. Ele fez algumas perguntas, mas eu não sabia dos detalhes. Amanhã vocês se entendem.

THAÍS: Nenhum recado do Toninho? Ele disse que ia ligar e não tocou para o meu celular.

ÉRICA: Não, nenhum.

THAÍS: Obrigada, Érica. Não sei o que seria de mim sem você para me ajudar.

ÉRICA: É, você fica me devendo essa.

Gramática: Pronomes e Adjetivos Indefinidos

Todo(s) / Toda(s) vs. Tudo

Tudo comporta-se como um pronome:

Você precisa conhecer **todo** o país. *ou* Você precisa conhecer o país **todo**.

Você precisa conhecer **tudo**. *(lugares, comida, pessoas)*

Todos bem em casa? *(everyone)*

Tudo bem com você? *(everything)*

Tudo em ordem? **Tudo** em cima?

O provérbio "À noite **todos** os gatos são pardos" quer dizer que na escuridão **tudo** fica diferente.

No supermercado você encontra **tudo**, **todo** dia e em alguns o dia **todo**.

Tudo aparece em expressões seguidas de outros pronomes neutros, como *isso, aquilo:*

Você tem que fazer **tudo isso** para amanhã?

Olha, **tudo aquilo** que eu te contei ontem é segredo.

Tudo e Nada

Nada pode ser usado com outros negativos.

Tudo o que fizeram para salvar a baleia foi em vão. **Nada** adiantou.

Eu disse para ele não ir, e ele foi. **Não** adiantou **nada**.

Cada e Qualquer

Cada indica a correspondência entre dois términos, como as palavras em itálico abaixo:

Cada *casa* tem um *número.*

Cada *pessoa* é *diferente.*

Você deve por **cada** *coisa* no seu *lugar.*

Cada *um* (dos filhos) tem um *celular.*

Qualquer não discrimina entre membros de um mesmo grupo, seja ele de coisas ou pessoas:

Eu compro **qualquer** livro deste autor, não importa o preço.

Estou com muita fome, eu como **qualquer** coisa.

Estou com muita sede, eu tomo **qualquer** coisa gelada.

Ele resolve **qualquer** problema.

Qualquer dia eu volto para visitar você.

Qualquer pessoa pode fazer um bolo de chocolate.

Exercício

A. Complete com **alguém** ou **ninguém**:

1. _____ aqui neste grupo é japonês? _____ neste grupo é japonês.

2. _____ aqui é brasileiro? _____ neste grupo é brasileiro.

B. Responda às perguntas:

1. Você conhece alguém na Rússia?

   _____.

2. Você tem algum conhecido morando na China?

   _____.

3. Vocês têm algum colega que estuda no Brasil?

   _____.

4. Alguém na sala se chama Boris?

   _____.

5. Vocês têm algum colega famoso?

   _____.

C. Complete com **cada** ou **qualquer**:

1. Eles são todos jogadores. _____ jogador tem um número.

2. A gente se vê. _____ dia eu apareço.

3. Pode me procurar a _____ hora.

4. "_____ um que siga seu próprio caminho", disse o líder da excursão na mata. "Eu espero vocês perto do rio".

5. Que vinho você quer experimentar? Branco ou tinto? _____ um está bom. Gosto de ambos.

6. _____ dia eu amo mais minha esposa.

D. Complete essas frases sobre cenas familiares com **tudo** ou **todo(s) / toda(s)**:

1. Não se deve fazer _____ o que os filhos pedem, mas a mãe disse para o filho, "Anjinho, coma _____. Tome _____ a sopa e eu lhe dou um sorvete de chocolate." O anjinho respondeu, "Tudo, tudo", e tratou de engulir _____ a sopinha. Comeu _____."

2. O pai queria saber quando ela faria comida para ele. "Eu gosto de _____ que você faz, meu bem. Na cozinha você é imbatível", ele disse e completou, "_____ seus doces são de dar água na boca!"

3. Enquanto isso o cachorrinho rasgava todos os jornais, e a mãe disse, "_____ essa bagunça na casa foi provocada por um minicachorro!"

Diálogo: Na Recepção do Hotel

JOÃO: Meu nome é João Bernardes. Você tem alguma mensagem para mim?
RECEPCIONISTA: Não, senhor.
JOÃO: Alguém entregou alguns pacotes para mim?
RECEPCIONISTA: Um momento, vou verificar. Sim, aqui estão três pacotes para o senhor.
JOÃO: Obrigado. Posso deixar um recado para meu amigo?
RECEPCIONISTA: Pois não. Escreva aqui neste bloco.

 **Atividade**

Inventem conteúdos para esses pacotes e o recado que João deixou para seu amigo.

Diálogo: Reserva de Hotel

RECEPCIONISTA: Hotel Ipanema, boa tarde.
JORGE: Eu queria um apartamento para casal, de frente para a praia. Quanto é a diária?
RECEPCIONISTA: A diária é R$ 340 com café da manhã incluído. Qual é a data de chegada?
JORGE: Vamos chegar dia 14 de janeiro, mais ou menos às 10 horas.
RECEPCIONISTA: Quantos dias os senhores vão ficar?
JORGE: Vamos ficar cinco dias.
RECEPCIONISTA: Qual é o seu nome e telefone?
JORGE: Meu nome é Jorge da Silva e meu telefone é (11) 34435665.

RECEPCIONISTA: Está feita sua reserva, Sr. Jorge. Boa tarde.

JORGE: Muito obrigado.

Diálogo: No Guichê de Embarque

ATENDENTE: Sua passagem, por favor.

PASSAGEIRO: Pois não. Aqui está também meu passaporte.

ATENDENTE: O senhor quer sentar na janela?

PASSAGEIRO: Quero. Dizem que a chegada do voo no Rio de Janeiro é muito bonita.

ATENDENTE: Está bem. Vamos ver . . . fila 25, cadeira B. Quantas malas o senhor vai despachar?

PASSAGEIRO: Duas, e esta pequena vou levar comigo.

ATENDENTE: A bagagem de mão tem que caber em cima no porta mala ou debaixo da cadeira da frente.

PASSAGEIRO: Ela é pequena e deve caber no porta-malas.

ATENDENTE: Pode pôr as malas aqui para pesar. Está a conta exata.

PASSAGEIRO: Ah! Que bom. Não tenho que pagar excesso de peso.

ATENDENTE: Aqui estão as etiquetas das malas, o cartão de embarque e o seu passaporte. O embarque é no segundo andar, no portão número 3. Boa viagem.

PASSAGEIRO: A senhora pode me informar se o avião está no horário?

ATENDENTE: Está, sim. Não se preocupe. O voo se origina neste aeroporto. Está tudo normal.

PASSAGEIRO: Muito obrigado. É bom saber que o avião sai daqui, porque assim não atrasa, não é?

ATENDENTE: É mesmo. Boa sorte.

Diálogo: Informação no Aeroporto

Um de vocês será o atendente e o outro o passageiro. Tente memorizar o texto.

PASSAGEIRO: Por favor, qual é o próximo voo para São Paulo?

ATENDENTE: Um momento. O próximo voo será às l0h 30m, mas o avião está atrasado quinze minutos.

PASSAGEIRO: Quanto custa uma passagem de ida e volta para São Paulo?

ATENDENTE: Custa R$ 300.

PASSAGEIRO: Eu quero uma passagem para o voo das l0h 45m.

ATENDENTE: Aqui está.

PASSAGEIRO: Tenho o dinheiro trocado. Muito obrigado.

ATENDENTE: De nada. Boa viagem.

 Pesquisa

Procure dados na internet para preencher os quadros abaixo:

VOOS INTERNACIONAIS	SAÍDA	CHEGADA	VOOS DOMÉSTICOS	SAÍDA	CHEGADA
Rio / Buenos Aires	_____	_____	Rio / Belo Horizonte	_____	_____
Rio / Lisboa	_____	_____	Rio / Brasília	_____	_____
Rio / Nova York	_____	_____	Rio / Manaus	_____	_____
Rio / Londres	_____	_____	Rio / Recife	_____	_____

 Atividade

Façam três perguntas sobre a duração, saída e chegada dos voos. Por exemplo:
Quanto tempo leva para chegar em Buenos Aires saindo do Rio de Janeiro?

Diálogo: Em uma Universidade Americana

HELENA: Oi, Érica! Faz tempo que não te vejo, desde o final das aulas. Como foi o verão?

ÉRICA: Foi ótimo, Helena. Visitei Portugal e Cabo Verde. E você? Tem viajado muito?

HELENA: Tenho. Durante o verão fui ao Brasil e visitei várias cidades. Cheguei ontem e estou surpresa. O tempo está ótimo. Tem feito bastante calor?

ÉRICA: Tem. A temperatura tem estado por volta de 80°. Não tem chovido muito. Tenho ido à piscina e à praia.

HELENA: Você tem falado com nossas amigas de dormitório?

ÉRICA: Tenho. Elas estão ótimas e zangadas porque você não telefonou nem escreveu.

HELENA: É. Tem sido uma correria, mas agora vamos nos encontrar.

Gramática: Pretérito Perfeito Composto

Forma-se o pretérito perfeito composto com o verbo auxiliar **ter**, conjugado no presente do indicativo, mais o particípio passado do verbo principal.

	AUXILIAR TER (PRES. IND.) +	PARTICÍPIO PASSADO (REGULAR)
1ª sing.	tenho	
2ª/3ª sing.	tem	andado, vendido, ido *etc.*
1ª pl.	temos	
2ª/3ª pl.	têm	

Para formar o particípio passado, substitua o final **-ar** do infinitivo por **-ado** e **-er, -ir** por **-ido**. Os particípios irregulares como nos exemplos seguintes devem ser memorizados:

INFINITIVO	PARTICÍPIO PASSADO REGULAR	INFINITIVO	PARTICÍPIO PASSADO IRREGULAR
and**ar**	and**ado**	fazer	feito
vend**er**	vend**ido**	escrever	escrito
ir	**ido**	dizer	dito
sa**ir**	sa**ído***	ver	visto
		vir	vindo
		pôr	posto

*O acento agudo marca a sílaba tônica.

Usa-se o pretérito perfeito composto para indicar ações iniciadas no passado que continuam até o presente. Descreve hábitos do todo dia, coisas que normalmente fazemos e referências ao tempo (forma impessoal).

Não **tem chovido** e **tem feito** bastante calor neste outono.

Desde que voltei do Brasil, **tenho comido** banana e **bebido** guaraná.

Tenho saído com o Marquinhos todo dia. Acho que estou gostando dele.

Tem havido muita luta entre Israel e a Palestina.

Exercício

A. Volte ao diálogo "Em uma Universidade Americana" acima e procure os verbos no pretérito composto.

_____ _____ _____

_____ _____

_____ _____

B. Complete com o verbo indicado no pretérito perfeito composto:

1. A aeromoça (viajar) _____ muito este mês.

2. Ela (ir) _____ para o Japão e a China.

3. Ela (sentir) _____ muita falta do marido e dos filhos.

4. (fazer) _____ bom tempo durante esse mês.

5. Ela (visitar) _____ os pontos turísticos desses países e espera voltar lá com a família.

C. Responda com frases completas:

1. Você tem visto muitos filmes na televisão este mês?

   _____.

2. Você tem ido à escola diariamente?

   _____.

3. Você tem feito muitas viagens este ano?

   _____.

4. Você tem escrito muitas cartas este mês?

   _____.

5. Você tem recebido muitas mensagens na internet?

   _____.

6. Seus colegas têm vindo a sua casa?

   _____.

7. Você tem ido ao cinema este mês?

   _____.

8. Seus pais têm feito planos para as férias?

   _____.

9. Você tem escrito muitas composições em português?

   _____.

Lição 24

VIAGENS E SURPRESAS

• • • • • • • • • • • • • •

Leitura: A Sucuri

 Quero que vocês **saibam** que a sucuri é uma cobra brasileira. É bom que **tenham** cuidado quando forem passear nos rios do Pantanal, pois este é um dos lugares onde elas gostam de estar. É possível que **encontrem** uma sucuri de mais de cinco metros de comprimento. Dizem os mateiros que apesar de grande ela não faz mal a ninguém e que prefere se afastar das pessoas para que **possa** viver em paz. Pode ser que **seja** verdade, como mostrou um especial da TV Globo em setembro de 2008. Embora eu **goste** de aventuras, não sei se teria a coragem do biólogo que as fotografou, primeiro nas margens dos rios e finalmente debaixo d'água, onde via-se toda a sua extensão.

Gramática: Presente do Subjuntivo

Na formação do presente do subjuntivo, a vogal final da primeira pessoa do singular do presente do indicativo muda para **-e** nos verbos que terminam em **-ar** e para **-a** nos verbos que terminam em **-er** e **-ir**:

	FALAR: FALO → -E	COMER: COMO → -A	DORMIR: DURMO → -A
1ª, 2ª/3ª sing.	fale	coma	durma
2ª pl.	falemos	comamos	durmamos
3ª pl.	falem	comam	durmam

Irregularidades na primeira pessoa do indicativo refletem no subjuntivo:

INFINITIVO	PRESENTE DO INDICATIVO	PRESENTE DO SUBJUNTIVO
ter	tenho	tenha
poder	posso	possa
vir	venho	venha
trazer	trago	traga
fazer	faço	faça
estar	estou	esteja
ver	vejo	veja
ser	sou	seja
querer	quero	queira
saber	sei	saiba
por	ponho	ponha
dormir	durmo	durma
preferir	prefiro	prefira
pedir	peço	peça
começar	começo	comece
chegar	chego	chegue
buscar	busco	busque
ir	vou	vá
haver	há (3ª pessoa)	haja (3ª pessoa)
dizer	digo	diga

O presente do subjuntivo indica um fato (presente ou futuro) que exprime uma ideia de *dúvida, desejo, possibilidade* ou *eventualidade*. Emprega-se o subjuntivo nos casos seguintes.

Em orações subordinadas introduzidas por expressões impessoais:

É bom que eles **venham** conosco.

É importante que você **vá** com a Diana.

É possível que nossos avós **venham** almoçar conosco.

É preciso que vocês **estudem** a gramática.

É provável que o João **chegue** antes de nós.

Pode ser que eu **traga** meu violão hoje à noite.

Em orações subordinadas introduzidas por verbos de manipulação, como **querer, proibir, desejar, exigir**:

Eu quero que você **esteja** aqui cedo.

Ele proíbe que nós **fumemos** na sala.

Marta deseja que todos **venham** fantasiados para a festa de fim de ano.

Nós exigimos que você **use** uniforme na escola.

Em orações que tenham conjunções temporais—**antes que / logo que / assim que**:

Vou-me embora* **antes que** aquele chato **chegue**.

Logo que / Assim que o João **volte** vamos nos reunir e decidir a viagem.

Em orações que tenham conjunção final—**para que**:

Eles estão preparando tudo **para que** não **haja** imprevistos.

Em orações que estabeleçam condição—**caso / a não ser que / a menos que**:

Caso esteja cansado, não venha à palestra.

Vou a casa dele **a não ser que / a menos que chova** muito.

Em orações que estabeleçam concessão—**embora / ainda que / mesmo que / por mais que**:

Embora* goste do livro, não é o meu favorito.

Vou ao novo musical da Broadway **ainda que / mesmo que tenha** que pagar cem dólares por um lugar.

Por mais que a Rosa **se esforce**, nunca tem bom resultado nos exames.

Em expressões tais como **o que quer que / onde quer que / quem quer que**:

O que quer que façamos pelo Haiti, é pouco depois da passagem do furacão.

Gilberto Gil é popular **onde quer que vá**. **Quem quer que diga** que não, está equivocado.

Em oração principal expressando probabilidade—**talvez**:

Talvez eu volte pro** ano, **talvez eu fique** por lá.

Em oração principal expressando desejo ou sentimento em exclamativas—**Oxalá, Deus queira que**:

Oxalá eles cheguem a tempo.

Deus queira que eles **cheguem** logo.

Em orações relativas:

Precisamos de gente **que goste** de viajar.

Em oração principal expressando um desejo:

Que o outro **saiba** quando estou com medo.

***Embora** tem dois significados diferentes. Como advérbio, "**vou-me embora**" (contração de *em boa hora*); como conjunção concessiva (apresenta a ideia, ao mesmo tempo que nega parte desta ideia): "**Embora** goste do livro, não é o meu favorito."

****A** preposição **para** na fala oral e coloquial é pronunciada **pra**; quando seguida de vogal há elisão, tornando-se **pra, pro**.

 **Exercício**

A. Escreva as desinências* dos verbos que terminam em **-er** e **-ir** no presente do subjuntivo:

	-AR → -E	-ER → -A	-IR → -A
1ª sing.	-e_____	_____	_____
2ª/3ª sing.	-e_____	_____	_____
1ª pl.	-emos_____	_____	_____
2ª/3ª pl.	-em_____	_____	_____

*Desinência verbal caracteriza o tempo verbal.

B. Complete:

INFINITIVO	PRESENTE DO INDICATIVO	PRESENTE DO SUBJUNTIVO
ter	tenho	tenha_____
poder	posso	_____
vir	venho	_____
trazer	trago	_____
fazer	faço	_____
estar	estou	_____
ver	vejo	_____
ser	sou	_____
querer	quero	_____
saber	sei	_____
por	ponho	_____
dormir	durmo	_____
preferir	prefiro	_____
pedir	peço	_____
começar	começo	_____
chegar	chego	_____
buscar	busco	_____
ir	vou	_____

C. Complete com os verbos indicados em parêntesis:

1. É bom que você (vir) _____ e (trazer) _____ comida.

2. É preciso que eles (ir) _____ ao supermercado o mais rápido possível.

3. Embora o João (saber) _____ cozinhar bem, faz tudo muito devagar.

4. Caso vocês (chegar) _____ cedo, (passar) _____ pelo supermercado e (trazer) _____ uma Coca litro.

5. É pena que seu noivo não (poder) _____ vir comer conosco.

D. Complete com verbos que façam sentido no subjuntivo presente:

1. Eu quero falar com você antes que _____.

2. Eu quero falar com você embora _____.

3. Não iremos ao Canadá até que _____.

4. Não iremos ao Canadá a não ser que _____.

E. Complete com os verbos entre parêntesis:

1. Para que as máquinas nos (ajudar) _____ em nosso trabalho, é necessário que (funcionar) _____ bem.

2. Mesmo que elas (ser) _____velhas, sugiro-lhe que as (manter) _____ limpas e lubrificadas para que não (haver) _____ problemas depois.

3. Eu duvido que meu chefe (permitir) _____ que eu (sair) _____ de férias em janeiro, embora nessa época (haver) _____ pouco trabalho no escritório.

🎧 *Poema: "O Menino Azul"*

Cecília Meireles

O menino quer um burrinho
para passear.
Um burrinho manso,
que não corra nem pule,
mas, que saiba conversar.

O menino quer um burrinho
que saiba dizer
o nome dos rios,
das montanhas, das flores,

—de tudo o que aparecer.
O menino quer um burrinho
que saiba inventar
histórias bonitas
com pessoas e bichos
e com barquinhas no mar.

E os dois sairão pelo mundo
que é como um jardim
apenas mais largo
e talvez mais comprido
e que não tenha fim.
(Quem souber de um burrinho desses,
pode escrever
para a Rua das Casas,
Número das Portas,
ao Menino Azul que não sabe ler.)

Exercício

Sublinhe no texto do poema os verbos no presente do subjuntivo.

Leitura: "O Navio Escola N.E. *Sagres* e o Mundo Português"

Em 1994, comemorando os 450 anos da chegada dos portugueses ao Japão, o N.E. *Sagres* navegou por rotas, escalou portos e visitou locais presentes nas páginas da história marítima de Portugal, durante nove meses com duzentos dias no mar até entrar de volta no Tejo. Esta proeza reproduziu, pela primeira vez, as viagens-padrão do período áureo das grandes navegações portuguesas, com escalas nos mais simbólicos portos que os portugueses visitaram nos séculos XV e XVI, antes de quaisquer outros navegadores europeus.

Iniciando a viagem com a visita a S. Vicente de Cabo Verde, o N.E. *Sagres* atravessou o Atlântico e visitou o porto brasileiro de S. Salvador da Bahia, onde esteve Pero Lopes de Sousa em 1591. Ele navegou na costa brasileira e escalou no Rio de Janeiro. Contornou o Cabo de Boa Esperança escalando em Cidade de Cabo. Depois visitou Maputo, navegando na costa de Moçambique visitada por Vasco da Gama em 1498.

Atravessou o Oceano Índico e visitou a cidade de Colombo, capital do Sri Lanka, onde Lopo Soares de Albergaria construiu uma fortaleza em 1518. Passou por Singapura, entrando no Mar da China seguindo para Macau e para a ilha de Tanegashima, mais exatamente na praia de Nishimura Ko-ura, onde se deu o primeiro encontro entre europeus e japoneses que decorreu de forma amistosa . . . Algumas das cidades visitadas foram Tóquio, Osaka e Nagasaki. O Japão, "onde nasce a prata fina / que ilustrada será como a Lei Divina " (*Os Lusíadas,* Canto X, est. 131). Visitou ainda Bombaim na Índia, fazendo escala no porto de Suez, atravessou o canal de Suez, visitando Tunis.

Revista da Armada, abril 1993

Atividade

Marque com uma linha pontilhada e uma seta no mapa a rota seguida pelo navio N.E. *Sagres,* parando em cada cidade mencionada no texto.

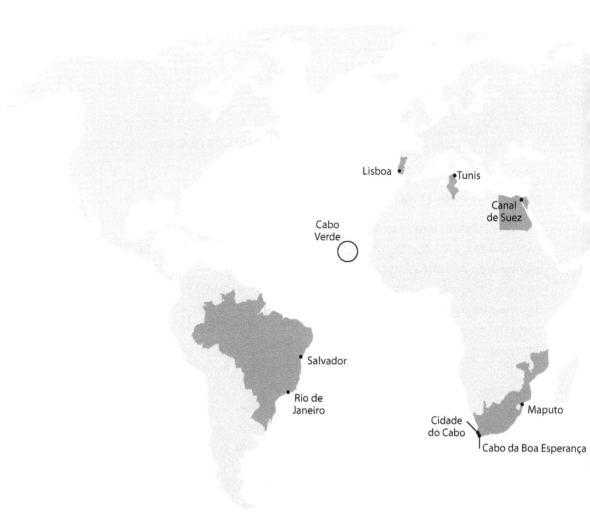

Leitura: Algumas Danças Brasileiras

O Samba

O samba é um tipo de música e também uma dança que viajou da África para o Brasil no corpo e na alma dos escravos. Dizem que o **batuque** dos **tambores** e o som de outros instrumentos de percussão fazem **mexer** as células dos indivíduos e é assim que começamos instintivamente a sambar. O samba chega ao Rio de Janeiro quando os escravos vão trabalhar na cultura do café. O **precursor** do samba foi o **maxixe**, assim como as **modinhas.** Essas eram muito românticas, acompanhadas pelo **violão**, que no século XIX, era um instrumento que uma '**pessoa direita**' não devia aprender e tocar. Segundo Lima Barreto, autor conceituado da época, só os **malandros** tocavam violão. Uma tentativa de dar mais visibilidade ao samba surge no começo do século XX nas favelas do Rio. Foram chamadas de 'Escolas de Samba.' Aos poucos as barreiras sociais foram sendo rompidas. **Personagens** como Noel Rosa, sambista branco do Grajaú, su-

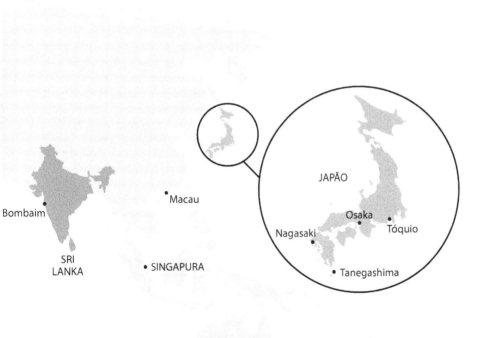

búrbio do Rio ajudaram a vencer o **preconceito** contra a música e ritmo do povo. Noel fala do bom malandro e do pobre em suas canções. As estações de rádio com seus programas musicais são as grandes **divulgadoras** do samba e o presidente Getúlio Vargas, sempre atento à sua popularidade com as massas, apoia daí por diante o samba como o ritmo brasileiro por excelência.

Na década de 50 aparece a Bossa Nova, com uma **batida** rítmica **dissonante** e temática diferente. O ritmo era dado pelo violão de João Gilberto, o piano de Antônio Carlos Jobim. A letra entre outras eram os poemas de Vinicius de Morais. Nasce a 'Garota de Ipanema,' cujo tema era o mar, o amor e a natureza.

A turma da Bossa Nova' resolve 'subir o morro na década seguinte e juntar-se ao sambista tradicional como Zé Keti e Clementina de Jesus. Estava na moda voltar às raízes. Com isso, esses sambistas ganham popularidade e **gravam** seus primeiros **discos**. Nos anos 70 aparecem no cenário musical os 'novos baianos.' Os mais conhecidos, Caetano Veloso, sua irmã Maria Betânia e Gilberto Gil levam para o Rio de Janeiro e São Paulo o ritmo e a temática dos oprimidos e do **retirante operário** que saiu do Nordeste para construir as grandes cidades. Nasce a canção de protesto e o doce som do violão é substituído pela guitarra **estridente**. Adeptos da guitarra também são os roqueiros brasileiros como o grupo dos Mutantes, Rita Lee, sua musa e a turma do Roberto Carlos. Numa época em que o samba **imperava**, eles aparecem com o ritmo de fora, o importado.

Nos anos 70 aparecem sambistas mais tradicionais **vinculados** ao morro e às escolas de samba que se tornam extremamente populares. Dois deles são Martinho da Vila e Bete Carvalho. Também o **pagode**, que reúne músicos afinados no violão, **cavaquinho** e **pandeiro** como Zeca Pagodinho e Fundo de Quintal. Eles lançam CDs e DVDs que divulgam sua música.

O reggae influencia o samba assim como os ritmos caribenhos da salsa e rumba. Gilberto Gil faz samba-reggae durante anos seguidos.

As grandes bandas como o Oludum na Bahia mantêm sua tradição africana e um vínculo com a mãe África. No Oludum, canta-se em ioruba ou **nagô** e veste-se como na África com longas roupas coloridas. A banda é composta de instrumentos de percussão com tambor e **atabaque**.

Assim é a música brasileira. Nos anos cinquenta a Bossa Nova já atravessara fronteiras e se firmara como um estilo elegante. Depois foi a vez da MPB (música popular brasileira) com toda sua variedade de ritmos e artistas que chegam a todos os lugares do mundo, especialmente em países como o Japão, Portugal e Argentina que a privilegiam e conhecem. MPB, um belo cartão de visita do Brasil.

Vocabulário da Leitura

batuque: som produzido por instrumentos de percussão
tambor: instrumento de percussão comprido de madeira com um tampo de couro fino
precursor: que vem antes
maxixe: tipo de samba
modinha: tipo de música lenta e melodiosa parecida com a valsa
violão: instrumento de madeira com 6 cordas
pessoa direita: pessoa decente
malandro: pessoa não muito honesta
personagem: pessoa
preconceito: idéias erradas e preconcebidas sobre minorias ou pessoas
divulgadora: algo ou alguém que promove alguma coisa
batida: ritmo
dissonante: som desafinado
gravar: fazer um CD
discos: CDs
retirante operário: pessoa que sai do Nordeste para trabalhar em construção
estridente: som alto
imperar: estar presente
vínculo, vincular: ligação, ligar
pagode: tipo de samba com muito ritmo marcado pelo violão e cavaquinho
cavaquinho: tipo de violão mais arredondado
pandeiro: um pequeno tambor com rodas de metal que dão som e ritmo
nagô: língua africana
atabaque: tambor

 ## Pesquisa

Procure na internet a música de dois desses cantores mencionados e explique ao seu professor / sua professora a possível diferença de seus estilos.

 ## Perguntas

1. Quais os dois elementos que compõem o samba?
2. De onde vem o samba?
3. O que mexe no nosso corpo quando o samba toca?
4. Qual era a atitude preconceituosa para com o violão no século XIX?
5. Quem foi Noel Rosa?

6. Qual o papel das estações de rádio em relação ao samba?

7. Qual foi a atitude do Presidente Vargas em relação ao samba? Por quê?

8. Quais as características da Bossa Nova?

9. Qual é a temática das canções dos 'novos baianos' ao chegar no Rio e São Paulo?

10. Qual foi a mudança marcante na música de Roberto Carlos?

11. Qual é o estilo musical de Zeca Pagodinho?

12. Quais as características do Oludum?

A Capoeira

Considerada por alguns como uma forma de arte marcial, a capoeira apresenta este outro componente, a música, que coordena os movimentos e dá ritmo ao corpo do capoeirista. Dança, esporte, ginástica, luta, ou simplesmente cultura popular? O praticante escolhe a denominação que lhe **convém**.

A prática **prolifera** em todo o mundo, sendo a capoeira de Angola, a mais conhecida. O líder do grupo é o mestre e **cabe** a ele ensinar os passos e coordená-los ao ritmo do berimbau, o instrumento por excelência da capoeira. O berimbau é muito simples. Trata-se de um arco de madeira com um cabo de **aço** que vai de uma ponta a outra, onde foi enfiada uma **cabaça**, que é um fruto furado. Ao mover a cabaça o capoeirista produz um som estridente que marca o ritmo. O capoeirista praticante costuma ser um pouco de músico, cantor, dançarino e **acrobata**. Ao afiliar-se a uma academia onde a capoeira é praticada, você é convidado para jogar capoeira e também para os 'batizados' dos novos grupos. A roupa é **malha** branca e pratica-se a capoeira **descalço** num lugar **plano** (que pode ser um quintal). **Não é à toa** que a capoeira já foi **cogitada** para ser ensinada nas escolas como o 'esporte' do Brasil. É barata, pois na ausência do músico, o instrutor pode optar por um gravador com um CD de capoeira.

No Brasil, a capoeira chega no século XIX como uma forma de luta e defesa dos escravos, já que os portugueses não deixavam que eles tivessem **porte de arma** e também os oprimiam. Mais tarde, o tipo de música e o som dos atabaques, que são os tambores que acompanham o berimbau, estendem-se a outras manifestações que anunciavam se haveria luta por causa de uma briga (uma versão do antigo duelo) ou se era uma ocasião festiva onde se jogava capoeira para celebrar um encontro. Todos os que ouviam os atabaques são convidados.

Muitos estudos sócio-antropológicos deram à capoeira um status cultural bem merecido, mas é sua mágica que perpetua sua popularidade. Quem a sente, não resiste à sua magia, seja como participante ou simplesmente observador.

Vocabulário da Leitura

convir: ser benéfico, bom para algo
proliferar: crescer rapidamente
caber: ser seu dever
aço: metal branco de ferro e carbono
cabaça: fruto da cabaceira
acrobata: atleta
malha: tecido flexível de algodão
descalço: sem sapatos
plano: sem ondulação, reto
não é à toa: por isso (sem fundamento)
cogitar: pensar
porte de arma: carregar arma

 Perguntas

1. O que é a capoeira?
2. O que é o berimbau?
3. Por que a capoeira é um esporte barato e simples de ser praticado?
4. Qual é a origem da capoeira?
5. Por que há tanto interesse cultural na capoeira?

 Pesquisa

Eles estão dançando frevo, um ritmo do nordeste durante o carnaval. Procure na internet fatos sobre essa dança e escreva um parágrafo.

Lição 25

AVISOS E ORDENS

• • • • • • • • • • •

Leitura: Avisos

NÃO PERCA A CABEÇA!
JOGUE NA LOTO E RESOLVA SEUS
PROBLEMAS!

FAÇA AMOR!
NÃO FAÇA GUERRA!

CUIDADO! PARE!
NÃO ULTRAPASSE! PERIGO!

VENHA À LOJA BOM PREÇO!
CONFIRA VOCÊ MESMO!
O MENOR PREÇO DA PRAÇA

ARSÊNICO !
NÃO TOQUE!
VENENO!

DIGA NÃO ÀS DROGAS!

APROVEITE A LIQUIDAÇÃO!
DESCONTO DE 50%

Gramática: Imperativo

A formação do imperativo é idêntica à formação do presente do subjuntivo.

Tome (você) o remédio.

Tomemos (nós) o bom vinho argentino. *(escolhendo no cardápio)*

Tomem (vocês) nota do trabalho de casa.

 ## Atividade

Volte aos cartazes acima. Reconheça os imperativos e escreva-os a seguir:

_____   _____   _____

_____   _____   _____

_____   _____   _____

_____   _____   _____

O imperativo é usado para dar ordens ou conselhos ou para fazer pedidos. Ao dirigir-se a outra pessoa, o uso informal que segue o presente do indicativo é comum no português do Brasil. O uso formal do imperativo é o padrão em receitas culinárias.

Saia(m) [Sai] daí imediatamente!

Por favor, passe(m)-me [me passa] o sal.

Tome(m) [Toma] uma aspirina que a dor de cabeça passa.

Poema: "Pronominais"

Oswald de Andrade

Dê-me um cigarro
Diz a gramática
Do professor e do aluno
E do mulato sabido
Mas o bom negro e o bom branco

Da Nação Brasileira
Dizem todos os dias
Deixa disso, camarada
Me dá um cigarro.

Esse poema demonstra que a mudança linguística do imperativo já estava em curso no início do século XX. Sublinhe no poema o imperativo formal e o informal.

Receita: Como Fazer um Delicioso Suco de Abacaxi

1. Descascar o abacaxi.
2. Cortar as fatias em pequenos pedaços.
3. Colocar os pedaços de abacaxi no copo do liquidificador.
4. Despejar um pouco de leite e um pouquinho de açúcar.
5. Ligar o liquidificador.
6. Deixar bater até ficar líquido.
7. Pôr uns cubos de gelo.
8. Bater mais um pouco até dissolver o gelo.
9. Servir no copo e beber à vontade.

 Atividade

Agora escreva as frases acima usando o imperativo. Por exemplo: **descasque** o abacaxi, **corte** . . . etc.

1. _____
2. _____
3. _____
4. _____
5. _____
6. _____
7. _____
8. _____
9. _____

Exercício

A. Escreva as frases no imperativo, como no exemplo:
Dizer a verdade: **Diga** a verdade.
Ter paciência: **Tenha** paciência.

1. Comer frutas e vegetais: _____.

2. Não fazer barulho: _____.

3. Ser otimista: _____.

4. Trazer o livro: _____.

B. Passe para o imperativo os verbos e reescreva o bilhete de D. Teresa para a empregada:
Bom dia, Maria. Você tem muitas coisas para fazer. Primeiro **vai** ao supermercado comprar frutas, vegetais e carne. Depois **põe** tudo na geladeira e **vai** limpar a casa: **passar** o aspirador, **limpar** os móveis e janelas e **lavar** o banheiro e a cozinha. Por favor, **lavar** e **secar** a roupa, se possível. Quando terminar, **fechar** a porta e **entregar** a chave à vizinha.

_____
_____
_____
_____
_____
_____
_____.

Leitura: O Perigo das Traduções

Acidentes de Linguagem no Mundo Automobilístico

Nos anos 70 o Ford Maverick acabou por substituir um lançamento que seria catastrófico no Brasil. Trata-se do "Ford Pinto."

Imagine as brincadeiras que aconteceriam ao perguntar-se a uma senhora de respeito, "Então, está gostando do seu Pinto novo?" Para quem não sabe, o significado mais comum da palavra *pinto* é o filhote da galinha, geralmente chamado *pintinho*, usando-se o diminutivo para não confundir com o segundo significado, que é—o órgão sexual masculino!

No final dos anos 60 a Ford do Brasil estudou planos de colocar no mercado brasileiro o Ford Pinto, um subcompacto bom de vendas nos Estados Unidos. Os executivos da Ford no Brasil, nervosos, mandaram mensagens aos americanos, mas o gerente de Relações Públicas responsável, que era mexicano, não ficou preocupado, dizendo que já havia consultado um dicionário de português-inglês e que sabia que pinto era o filhote da galinha. Os brasileiros explicaram-lhe o outro significado, mas nem assim o mexicano mudou de ideia, mandando mais exemplos da palavra *pinto* tirados de dicionários de espanhol-português, com os diferentes significados do termo em outros países latino-americanos.

Felizmente, por razões técnicas, a empresa não deu sequência aos planos de trazer ao Brasil o Ford Pinto, fabricando em seu lugar outra máquina possante, o Maverick, que bebia muita gasolina e por isso durou pouco no mercado. E o mexicano ganhou, entre a equipe de RP da Ford do Brasil, o nada elegante apelido de *El señor Pinto*.

 **Perguntas**

1. Qual é o problema linguístico que pode acontecer com sinônimos e tradução?
2. Como é chamado o filhote da galinha em português?
3. Qual foi o apelido que a equipe brasileira deu ao representante mexicano? Por quê?

Leitura: Existe, Realmente, Tradução?

Poder se traduz em inglês por "can" ou "may", conforme se trate de possibilidade ou permissão. Mas "can" também significa *saber*, como em "I can cook", *eu sei cozinhar*. *Saber* pode ser "can" or "know". "Know" também significa *conhecer*. Se *conheço* alguém há certo tempo, digo "I know him". Se acabo de conhecê-lo, o verbo é "meet" e não "know". Só que "meet" também é encontrar alguém que já se conhece. E se encontrar pessoas é "meet", encontrar coisas é "find", *achar*. Em português pode-se *achar* algo que estava perdido como também se pode *achar* que um livro é interessante, como em inglês.

    poder (may, can)
    saber (can, know)
    conhecer (know, meet)
    encontrar (meet, find)
    achar (find, think)

 **Composição**

Agora é sua vez. Escreva um parágrafo em português sobre as três ou quatro traduções do verbo *play*:

I play soccer, I like to play with my sister's dolls, I play several sports, I play guitar.

_____

_____

_____

_____

_____

_____

_____.

Gramática: Imperfeito do Subjuntivo

Para formar o imperfeito do subjuntivo, sai da terceira pessoa plural do pretérito perfeito, tira-se a última sílaba **-ram** e acrescenta **-sse, -ssemos, -ssem.**

Infinitivo	Pretérito Perfeito do Indicativo	Imperfeito do Subjuntivo		
		1ª, 2ª/3ª		2ª/3ª
	3ª PLURAL	SING	1ª PLURAL	PLURAL
ter	tiveram	tivesse	tivéssemos	tivessem
fazer	fizeram	fizesse	fizéssemos	fizessem
dizer	disseram	dissesse	disséssemos	dissessem
ser	foram	fosse	fôssemos	fossem

Emprega-se o imperfeito do subjuntivo nos casos seguintes.

Concordância verbal:
Era preciso que eles **chegassem** às 6 horas da manhã para que **abrissem** a porta.
Duvidei que ele **pudesse** vencer aquele adversário troncudo, mas ele deu conta do recado.
Em condições hipotéticas (somente uma hipótese) com o futuro do pretérito:
Se eu **fosse** você eu não namoraria* aquele cara. Ele é muito chato e não vai deixar você em paz.

*Forma-se o futuro do pretérito (Lição 27) acrescentando **-ia, -íamos, -iam** ao infinitivo.

Um fato improvável:
Não houve quem o **convencesse** a não ir.

Orações adjetivas:

Queria algo que me **esquentasse** pois não tinha casaco.

Em expressões **como se fosse, talvez, quem me dera que**:

Comeu como se **fosse** um príncipe.

Exercício

A. Dê sua opinião:

1. Meu dia a dia seria mais _____ se _____.

2. Minha vida seria menos _____ se _____.

3. O Rio de Janeiro ficaria mais _____ se _____.

4. Eu teria mais _____ se _____.

5. Se minha casa _____ maior, eu _____.

6. Se eu _____ japonês fluentemente, eu _____.

B. Escreva frases hipotéticas, utilizando *se* como no exemplo:

Eu voaria de asa-delta se você **voasse** comigo.

1. fazer um bolo de chocolate:

   _____.

2. ter um macaquinho de estimação:

   _____.

3. matar uma barata:

   _____.

4. enfrentar um assaltante:

   _____.

5. comprar um jipe:

   _____.

C. Escreva os verbos no imperfeito do subjuntivo e termine a sentença:

1. Se ele (trabalhar) _____.

2. Se Francisco e sua família (andar) _____.

3. Se ele (conhecer) _____.

4. Se eu (viajar) _____.

5. Se eu (jogar na loteca) _____.

D. Complete com o verbo indicado, no imperfeito do subjuntivo:

1. Era possível que eles (chegar) _____ antes do avião sair.

2 O professor queria que nós (falar) _____ só português.

3. Foi preciso muitas horas para que ele (terminar) _____ o trabalho.

4. O pai pediu para que nós (levar) _____ o carro à oficina.

5. Nós pensamos que elas (gostar) _____ de estudar.

E. Passe para o imperfeito do subjuntivo:

1. A mãe quer que a filha estude medicina.

_____.

2. Quero encontrar um apartamento que me agrade muito.

_____.

3. Desejo que vocês gostem desta cidade.

_____.

4. Elas duvidam que eu fale com o presidente.

_____.

5. Eles querem que o pai venda a casa.

_____.

F. Passe para o imperfeito do subjuntivo como no exemplo, fazendo as modificações necessárias.

É preciso que eu fale bem português: Era preciso que eu falasse bem português.

1. Você pede que os alunos estudem muito.

_____.

2. Nós queremos que o trabalho termine hoje.

_____.

3. Eles receiam que o carro não funcione.

_____.

4. Duvido que o presidente ganhe a eleição.

_____.

5. Ela espera que os filhos estudem engenharia.

_____.

G. Complete com o verbo indicado no pretérito imperfeito do subjuntivo:

1. Mesmo que eu (saber) _____ o resultado, não lhe diria.

2. Se Jorge (poder) _____, compraria um carro novo.

3. Gostaria que eles (vir) _____ morar comigo.

4. Se eles (estar) _____com o carro, poderiam ir a São Paulo.

5. Se você (vir) _____ aqui, teria conhecido o Alfredo.

Lição 26

NOTÍCIAS

● ● ● ● ● ● ●

Leitura: Manchetes do Dia

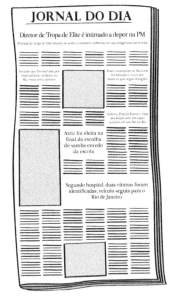

*Diretor de "Tropa de Elite" é **intimado** a depor na PM: policiais da Tropa de Elite abusam do poder e cometem violências em suas diligências nas favelas.*

Feriado que foi marcado por imprudência: acidente no Rio mata cinco pessoas.

Solteira, Priscila Fantin é vista aos beijos com um rapaz moreno em um bar no Rio.

*Atriz foi eleita na final da escolha do **samba-enredo** da escola.*

Segundo hospital, duas vítimas foram identificadas; veículo seguia para o Rio de Janeiro.

***Peão** tricampeão de Barretos foi **baleado** duas vezes por homem que segue **foragido**.*

Vocabulário da Leitura

intimado: obrigado
samba-enredo: música de uma escola de samba que conta uma história
peão: aquele que monta o boi ou cavalo selvagem nos rodeios
baleado: atingido por uma bala de revólver
foragido: desaparecido

Gramática: Voz Passiva

Observe os dois particípios na lista à direita. O primeiro pode ser usado com os tempos verbais compostos e o segundo é reservado para a voz passiva.

PARTICÍPIOS IRREGULARES		PARTICÍPIOS DUPLOS		
dizer	dito	**aceitar**	aceitado	aceito
escrever	escrito	**entregar**	entregado	entregue
fazer	feito	**expulsar**	expulsado	expulso
ver	visto	**enxugar**	enxugado	enxuto
pôr	posto	**matar**	matado	morto
abrir	aberto	**ganhar**	ganhado	ganho
cobrir	coberto	**pagar**	pagado	pago
vir	vindo	**gastar**	gastado	gasto
		soltar	soltado	solto
		morrer	morrido	morto
		acender	acendido	aceso
		benzer	benzido	bento
		eleger	elegido	eleito
		revolver	revolvido	revolto
		prender	prendido	preso
		suspender	suspendido	suspenso
		exprimir	exprimido	expresso
		extinguir	extinguido	extinto
		frigir	frigido	frito
		submergir	submergido	submerso

O fato expresso pode ser representado por duas formas:

Praticado pelo sujeito (voz ativa):
   João **feriu** Pedro.
   Não vejo **rosas** nesse jardim.
Sofrido pelo sujeito (voz passiva):
   Pedro foi ferido por João.
   Rosas não são vistas nesse jardim (*ou* Não se veem rosas nesse jardim).
O sujeito é o paciente da ação e, o verbo **ser** é usado como auxiliar, seguido pelo particípio passado do verbo principal.

Já vimos a formação do particípio regular na Lição 23. Por exemplo:
   intim**ar**: intim**ado**   ler: lido   part**ir**: part**ido**

Alguns particípios são irregulares:

eleger: eleito   ver: visto   vir: vindo

O particípio comporta-se como um adjetivo, concordando com o sujeito em gênero e número:

O diretor é intimad**o**   (as) notíci**as** (que foram) mais lid**as**

O agente da passiva é opcional e quando usado é precedido de **por** + *a(s) = pela(s)*; + *o(s) = pelo(s)*:

O candidato democrata foi eleito. *(sem agente)*

Bom Dia, Brasil foi escrito **pela** Marta e Elizabeth.

 ## Exercício

Passe para a voz passiva, transformando as sentenças em manchetes de jornal (que costumam estar na voz passiva):

1. Carlos compra um Volkswagen no feirão dos automóveis.

_____.

2. Célia estuda o projeto de dar casa aos pobres.

_____.

3. Os policiais fecham a conta do banco do narcotráfego.

_____.

4. O pit bull comeu a cauda do cachorro da Rute.

_____.

5. O macaco já pintou e pintará novos quadros.

_____.

 ## Pratiquem Trívia

1. Onde rezaram a primeira missa no Brasil? A primeira missa foi rezada em Porto Seguro, na Bahia.
2. Quem escreveu *Os Lusíadas*? *Os Lusíadas* foi escrito por Camões.
3. Qual foi o primeiro explorador a alcançar Angola? Angola foi alcançada por Diogo Cão.
4. Quem pintou o famoso quadro *Abaporu*? O *Abaporu* foi pintado por Tarsila do Amaral.
5. Quem compôs a música da "Garota de Ipanema"? Ela foi composta por Jobim.

Agora é sua vez. Use os verbos abaixo e construa sentenças na voz passiva sobre trívia internacional.

escrever: *Romeu e Julieta*   compor: "Yesterday"
realizar: última Olimpíada   vender: Luisiana
pintar: *Guernica*   falar: língua, Angola

 ## Leitura: Geografia—Angola

Angola é um país africano localizado na costa ocidental que faz limite com o Congo ao norte e leste, a Zâmbia ao leste, ao sul pela Namíbia e oeste pelo Oceano Atlântico. O enclave de Cabinda ao norte também faz parte de Angola.

O português Diogo Cão foi o primeiro navegante a lá aportar em 1483. Pensou ter descoberto o caminho para as Índias ao deparar-se com um promontório maior, trocou presentes com o então rei do Congo e voltou a Portugal para dar a boa notícia. Só na segunda viagem a esses mesmos locais é que descobriu seu engano. Tomou posse do território que hoje é Angola e que só ganharia independência de Portugal em 1975. Entre 1961 e 2002, Angola foi palco de uma extensa guerra civil com duas facções violentas que dominavam seu território.

Angola tem uma economia agrícola. Planta-se café, sua principal cultura, cana-de-açúcar, sisal e amendoim. Como a quase vizinha África do Sul, possui minerais, destacando-se os diamantes. Autossuficiente em petróleo, Angola dispõe de recursos para se desenvolver. O clima é tropical, caracterizado pelas chuvas. Uma estação é mais chuvosa e a outra mais seca e fria.

Várias são as etnias lá representadas. A mais numerosa é a dos ovimbundos (37%). Os brancos, na sua maioria de origem portuguesa, somam apenas 2%. O português é a única língua oficial mas existem outras línguas nacionais como o umbundo, língua materna de 26% dos angolanos. O quimbundo, a terceira língua mais falada, é muito importante pois é a língua da capital Luanda. O quimbundo deu palavras ao português, como jongo, uma dança de roda e banguela (Benguela), nome de uma cidade de Angola que em português veio a significar uma pessoa que perdeu os dentes. Outras palavras conhecidas são fubá, quitanda, e o verbo xingar.

 ## Perguntas

1. Onde está Angola?
2. Quem foram os primeiros exploradores?

3. Qual é sua capital?

4. Qual é a língua oficial?

5. Como é o clima?

6. Quais são algumas das etnias que compõem Angola?

Leitura: Angola Ontem e Hoje

Cultura e Política: O Papel da Língua Portuguesa

A primeira notícia é o lançamento em Luanda do livro *O Guardador de Memórias*, de Isabel Ferreira. Alguns contos são no dialeto kimbundu. A ação se passa em Angola. O livro vai ser também lançado em Cabo Verde, Moçambique, São Tomé e Guiné, e já está comercializado em Portugal e no Canadá. Isabel retrata personagens como o Ministro do Comércio que ficou de luto ao perder o cargo. Isabel vai participar no Brasil, em Salvador, Bahia, no Dia da Consciência Negra.

A segunda notícia retrata a proposta de inclusão da língua portuguesa nas Nações Unidas. Os membros da Comunidade de Países de Língua Portuguesa (CPLP) deverão promover a utilização da língua portuguesa como língua oficial e de trabalho na Organização das Nações Unidas (ONU) e noutras organizações internacionais e regionais ou agências especializadas. Num forum recente, em que participaram representantes de Angola, Brasil, Cabo Verde, Guiné-Bissau, Moçambique, Portugal, São Tomé e Príncipe e Timor-Leste, os responsáveis governamentais decidiram que os Estados devem criar um portal das respectivas culturas e da língua portuguesa. Os membros da comunidade devem empenhar-se na expansão e aprofundamento dos processos de digitalização e colocação online de documentos em língua portuguesa.

Jornal de Angola Online (http://jornaldeangola.sapo.ao), 14 de novembro de 2008

 Tarefa: Missão nas Nações Unidas

Vocês querem promover o uso da língua portuguesa. Expliquem o que vocês sabem sobre os países lusófonos e a importância em termos de número de falantes do português.

Gramática: Voz Passiva com -se

Nesta forma o verbo na terceira pessoa do singular é precedido ou seguido da partícula **se**. Quando **se** segue o verbo, é precedido por hífen.

Amor não **se aprende** na escola.

Na Páscoa **se come** chocolate.

Vende(m)-se abóboras frescas.

VENDE-SE ABÓBORAS

Usa-se em sentenças impessoais sem agente, onde se chama atenção para a ação.

CONSERTA-SE PIANOS

 Composição

Construam um pequeno texto para os anúncios abaixo:
   Procura-se secretária bilíngue.
   Aluga-se apartamento em Copacabana por quinze dias.
   Vende-se casa na praia.
   Precisa-se de babá, para morar no trabalho.
   Alugam-se barcos.

Poema: "Classificados Poéticos"
Roseana Murray

Procura-se algum lugar no planeta
onde a vida seja sempre uma festa
onde o homem não mate
nem bicho nem homem
e deixe em paz
as árvores da floresta.

Procura-se algum lugar no planeta
onde a vida seja sempre uma dança
e mesmo as pessoas mais graves
tenham no rosto um olhar de criança.

Diálogo: O Aluguel do Apartamento

D. Regina mora num hotel em Copacabana, mas agora vai alugar um apartamento. Hoje ela vai ver um na Rua Princesa Isabel, na esquina com a Avenida Nossa Senhora de Copacabana. O número do apartamento é 203 e fica localizado no segundo andar. Ela toca a campainha, e uma senhora muito simpática, chamada Laura, abre a porta.

REGINA: Bom dia. Eu sou Regina de Castro. Vi o anúncio do apartamento no jornal.

LAURA: Pois não. Vamos entrar.

REGINA: Com licença.

LAURA: O apartamento é para você?

REGINA: Sim, é para mim, por quê?

LAURA: Bem, estou perguntando porque o apartamento é pequeno. Tem esta sala, dois quartos, o banheiro e a cozinha. Vem, vou lhe mostrar.

Depois de olhar o apartamento . . .

REGINA: É, realmente é pequeno. Qual é o preço do aluguel?

LAURA: São R$ 3.400, e o contrato é por um ano.

REGINA: E tem garagem?

LAURA: Não, infelizmente não tem garagem.

REGINA: Bom, gostei do apartamento porque ele é claro e não se escuta nenhum barulho. Mas o aluguel não é barato. A senhora pode fazer um desconto?

LAURA: Não posso fazer desconto, pois tudo está muito caro.

REGINA: Está bem. Eu fico com ele.

LAURA: Você tem referências?

REGINA: Claro. Eu trabalho no Banco Nacional que fica na esquina. A senhora pode
se informar com o gerente. Ele se chama Dr. Roberto Amaral.

LAURA: Ótimo. Vou fazer-lhe uma visita. Depois lhe telefono para nos encontrarmos
e assinar o contrato.

REGINA: Aqui está o meu cartão. Espero seu telefonema. Até logo. Ah! Esqueci de
perguntar, quanto é a taxa de condomínio?

LAURA: É baixa, R$ 290.

REGINA: Está bem, obrigada.

 **Perguntas**

1. Onde mora D. Regina?
2. Onde ela viu o anúncio do apartamento?
3. Onde fica localizado o apartamento?
4. Como é o apartamento?
5. Por que D. Regina gostou dele?
6. Qual é o preço do aluguel?
7. Qual é a taxa de condomínio?
8. Há garagem?

Leitura: A Compra de um Apartamento

Sr. Júlio e D. Dalva querem comprar um apartamento. Eles viram um anúncio no jornal
e gostaram muito da planta. O apartamento tem três quartos, uma sala grande de dois
ambientes, dois banheiros, cozinha, quarto de empregada, área de serviço e varanda. O
prédio tem garagem e elevador. Eles telefonaram para o corretor e foram ver o apartamento hoje.

Quando chegaram no prédio, o corretor mostrou primeiro a garagem, depois o apartamento e explicou as condições de pagamento. D. Dalva gostou muito da varanda e da
cozinha, que é grande e tem muitos armários.

Sr. Júlio achou o preço caro, mas o corretor disse que ele pode fazer um financiamento.
Sr. Júlio disse que ia pensar, conversar com o gerente do banco e telefonar depois.

 **Diálogo**

Invente nomes para as duas pessoas.
—Você mora em casa ou apartamento?
—Eu moro num apartamento.
—Ele é seu ou é alugado?
—É meu. Eu fiz um financiamento. A prestação é alta, mas vale a pena.
—Boa ideia.

Diálogo: Um Empréstimo no Banco

Sr. Júlio foi ao Banco Real pedir informações sobre financiamento. O gerente estava atendendo um cliente. Quando ele terminou, chamou o Sr. Júlio.

GERENTE: Boa tarde. Como vai?

SR. JÚLIO: Bem, obrigado. Preciso umas informações sobre empréstimo.

GERENTE: Que tipo de empréstimo o senhor precisa?

SR. JÚLIO: Quero comprar um apartamento e preciso um financiamento. O que devo fazer?

GERENTE: O senhor tem conta neste banco?

SR. JÚLIO: Sim, um momento. Aqui está o extrato de minha conta do mês passado.

GERENTE: Ótimo. É uma boa conta. Vou lhe dar uns formulários para o senhor pre-encher. O senhor precisa trazer as informações sobre o apartamento, sua declaração de imposto de renda e o comprovante de seu salário. Com estes documentos podemos iniciar o processo. Quanto o senhor quer financiar?

SR. JÚLIO: Preciso de R$ 130.000.

GERENTE: É muito dinheiro! Mas o senhor tem um saldo médio bom. O senhor pode trazer os documentos e vamos estudar o processo.

SR. JÚLIO: Posso fazer mais uma pergunta?

GERENTE: Naturalmente.

SR. JÚLIO: Quanto tempo demora para conseguir o empréstimo?

GERENTE: Normalmente leva uns vinte dias.

SR. JÚLIO: Muito obrigado.

GERENTE: De nada. Boa tarde. Até breve.

SR. JÚLIO: Até breve.

Diálogo: Na Imobiliária

CORRETOR: Bom dia.

CLIENTE: Bom dia. Eu queria comprar um apartamento e preciso de algumas informações.

CORRETOR: Pois não. O que a senhora deseja saber?

CLIENTE: Eu quero um apartamento de dois quartos, sala, cozinha, dois banheiros e área de empregada. Eu prefiro no bairro Santo Antônio. Qual é a média de preços?

CORRETOR: Depende se é prédio novo ou usado, se o pagamento é à vista ou financiado.

CLIENTE: Eu prefiro prédio novo. Acho que vou financiar uma parte.

CORRETOR: Geralmente apartamento novo neste bairro está numa faixa de R$ 110.000 a R$ 140.000. Para financiar tem que dar uma entrada de 20% do valor do imóvel.

CLIENTE: Quanto está a taxa de juros?

CORRETOR: Agora está a 12% ao ano, e a prestação tem reajuste toda vez que seu salário aumentar. Para financiar tem que ter uma renda mínima que varia de acordo com o valor do imóvel.

CLIENTE: Meu marido e eu temos uma renda mensal de R$ 5.600.

CORRETOR: É uma boa renda. Aqui está uma relação dos imóveis do Bairro Santo Antônio. Se a senhora precisar de mais alguma informação, é só perguntar.

CLIENTE: Muito obrigada. Provavelmente vou ter muitas perguntas. Vou olhar a lista, mas estou mesmo ansiosa para ver os próprios apartamentos.

CORRETOR: Quando a senhora escolher me avisa. Vou marcar uma hora com o proprietário para lhe mostrar os imóveis.

CLIENTE: Está ótimo. Vou olhar tudo cuidadosamente e lhe telefono.

 Atividade

Você lembra de todos os detalhes que acabou de ler? Reproduza o diálogo com suas próprias palavras.

Lição 27

OLHANDO PARA O FUTURO

 Leitura: Manaus

De Turismo Interno a Ponto de Encontro Internacional

Em 2004, Manaus elevou-se à quarta posição no ranking das cidades mais ricas do Brasil, e por seu tamanho e desenvolvimento, com certeza não parará de crescer na próxima década. O polo industrial de Manaus atrairá mais incentivos fiscais. Até a década de 90 era possível comprar produtos eletrônicos por um preço muito reduzido, mas de agora em diante o principal objetivo será a exportação. As indústrias instaladas em Manaus possuirão cada vez mais isenção de tributos que compensarão os custos de transporte.

A previsão para daqui a cinco anos é que a cidade receberá grandes quantidades de navios de cruzeiro, pois há acesso para transatlânticos através do Rio Amazonas. Na área urbanizada e de lazer da Ponta Negra, mais turistas verão o encontro das águas, onde os rios Negro e Amazonas seguem lado a lado por 6 km e não se misturam. Além disso poderão tomar banho em ótimas praias fluviais da região e visitarão balneários próximos com belíssimas cachoeiras, e os hotéis de selva, que são uma iniciativa pioneira do turismo do Estado do Amazonas.

 Perguntas

1. Qual é a posição da cidade de Manaus no ranking das cidades mais ricas do Brasil?
2. Qual é o objetivo da produção eletrônica do polo industrial de Manaus?
3. Por que essas indústrias se tornaram mais competitivas?
4. Como crescerá o turismo em Manaus?

Gramática: Futuro do Presente

Forma-se o futuro acrescentando **-ei, -á, -emos, -ão** ao infinitivo do verbo. Uma nova sílaba é formada com o **-r** do infinitivo. Os infinitivos que terminam em **-zer** perdem **ze** antes de fazer o futuro.

	AMAR	SER	FAZER	DIZER	TRAZER
1ª sing.	amar**ei**	ser**ei**	far**ei**	dir**ei**	trar**ei**
2ª/3ª sing.	amar**á**	ser**á**	far**á**	dir**á**	trar**á**
1ª pl.	amar**emos**	ser**emos**	far**emos**	dir**emos**	trar**emos**
2ª/3ª pl.	amar**ão**	ser**ão**	far**ão**	dir**ão**	trar**ão**

Usa-se o futuro no português formal; por exemplo, em textos jornalísticos em que planos são discutidos ou previsões baseadas em fatos concretos. Também usa-se em comunicações sobre eventos sociais como casamentos, inaugurações e anúncios funerários.

Na linguagem coloquial o futuro vem sendo substituído pelo futuro imediato (Lição 7), no qual o verbo **ir** aparece como auxiliar. Por exemplo:

Vou te visitar amanhã sem falta.

Cuidado, os livros **vão** cair!

 **Atividade**

 Com seu / sua colega, imagine como serão a cidade de São Paulo e a sua unversidade daqui a cinquenta anos. Elabore uma lista de cinco mudanças, cada em ambos, usando os verbos **ser, ter, fazer, construir, trazer, morar** etc. Os tópicos podem ser **poluição, construções, moradores, transporte coletivo** etc.

Leitura: A Cigana

A cigana olhou longamente para Júlia, depois olhou para a bola de cristal e começou a falar: —Você conhece um rapaz desde criança, mas há muito tempo vocês não se encontram. Ele aparecerá breve e lhe fará uma surpresa muito grande.

Júlia perguntou: —Como é que ele é?

—Estou vendo aqui um rapaz alto e de cabelos pretos. Ele está muito sério.

—E qual é a surpresa?

—Calma! a cigana respondeu. Vocês se encontrarão num lugar muito diferente e ele lhe dirá o que irá acontecer. Você ficará muito feliz.

—Eu me casarei com ele?

—Vai demorar um pouco porque estou vendo um problema, mas . . . isto será superado.

—E eu passarei no vestibular?

—Vou olhar mais um pouco. Este vestibular será muito difícil, mas você passará se estudar muito.

Júlia contou para sua amiga Luciana o que a cigana falou. Luciana não acreditou muito nas previsões da cigana, e Júlia ficou chateada e falou: —Oh! Meu Deus! Joguei meu dinheiro fora. A cigana me enganou.

Meses depois Júlia estava na sala para a prova de vestibular quando o professor entrou com os testes. Ela quase desmaiou. O professor era o seu amigo de infância Luís, que ela não via há tanto tempo. Aí ela se lembrou da cigana.

Alguns meses depois, eles se casaram. Mas ela não passou no vestibular de engenharia.

 **Perguntas**

1. O que a cigana falou para Júlia?
2. Como é o rapaz que a cigana viu na bola de cristal?
3. A cigana acertou todas as previsões?
4. Por que Júlia quase desmaiou?

 Exercício

A. Complete as frases com os verbos indicados, conforme este modelo:

Ontem . . .	Hoje . . .	Amanhã . . .
José trabalhou	José trabalha	José trabalhará

1. **comprar**: Hoje em Manaus Célia _____ peixe fresco. Ontem ela _____ açaí. Amanhã ela _____ peixe outra vez.

2. **andar**: Hoje eu _____ na beira do cais. Ontem nós _____ na Ponta Negra. Amanhã nós _____ na zona franca para comprar uma máquina de retratos.

3. **vender**: Hoje os comerciantes _____ muitas redes. Ontem eles _____ muitos cestos de palha. Amanhã eles _____ cerâmica marajoara.

B. Complete com os verbos indicados, usando o futuro:

1. Os turistas (dizer) _____ que querem ficar num hotel na selva.

2. Nós (fazer) _____ o possível para ver os macacos no seu habitat natural.

3. Nós (trazer) _____ uma pele de cobra para enfeitar a casa.

4. Os turistas (pôr) _____ chapéu e repelente antes da viagem pelo rio.

5. O presidente (dizer) _____ que a Amazônia é prioridade nacional.

Gramática: Verbos com Mudança na Primeira Pessoa do Singular no Presente do Indicativo

Presente		Pretérito Perfeito	
PEDIR	OUVIR	PEDIR	OUVIR
peço	ouço	pedi	ouvi
pede	ouve	pediu	ouviu
pedimos	ouvimos	pedimos	ouvimos
pedem	ouvem	pediram	ouviram

Os verbos **medir** e os compostos de **pedir (impedir, despedir)** conjugam-se como **pedir.**

Diálogo: Altura

—Gláucia, você é muito mais alta do que eu. Quanto você mede?
—Eu meço 1,80 m.* E você?
—Ah! Eu meço 1,70 m. Você é 10 cm maior do que eu, mas você parece mais alta.
—Eu sou muito magra e você é mais gordinha.

*Dito como "Um metro e oitenta centímetros" ou "um metro e oitenta".

 **Atividade**

Comparem sua altura usando a lista de conversões abaixo efaçam um diálogo semelhante ao anterior.

COMPRIMENTO
1 pé = 0,30 m
1 polegada = 2,54 cm
1 jarda = 0,91 m
1 milha = 1,61 km

PESO
1 kg = 2,20 libras

Exercício

A. Use o verbo **pedir** no presente do indicativo:

1. Nós _____ pizza pelo telefone.

2. Ela _____ para escutar sua música favorita na rádio.

3. Vocês _____ a conta ao garçom.

4. Nós sempre _____ sorvete de sobremesa.

5. Eu _____ um favor a minha mãe.

B. Complete com o verbo **pedir** no pretérito perfeito:

1. A professora _____ ao aluno para escrever uma carta.

2. Nós _____ muitas coisas pelo correio.

3. Nossos amigos _____ para estudar conosco.

4. Mário e José _____ um dicionário de português.

5. Ela _____ um computador de presente.

C. Complete com o verbo **pedir** no imperfeito:

1. Antigamente ele _____ muitos livros pelo correio.

2. Elas sempre _____ dinheiro emprestado.

3. No inverno, Pedro _____ à mãe dele para fazer feijoada.

4. Na escola, o diretor _____ a todos para não fumar.

D. Use o verbo **ouvir** no presente do indicativo:

1. Eles _____ música popular.

2. Nós _____ uma notícia boa.

3. Eu _____ o noticiário todas manhãs.

4. Ela _____ música clássica enquanto pinta.

5. Você _____ os conselhos de sua mãe?

E. Complete com o verbo **ouvir** no pretérito imperfeito:

1. Ela _____ o noticiário quando a mãe a chamou.

2. Eu _____ a música de Caetano quando o telefone tocou.

3. Elas _____ as informações quando ele as chamou.

4. Nós _____ a voz do vizinho quando ele falava ao telefone.

F. Complete com o verbo **ouvir** no pretérito perfeito:

1. Eu não _____ bem; você pode repetir, por favor?

2. Eles não _____ muito bem a resposta.

3. Minha avó não _____ bem a explicação do médico.

4. Os índios _____ e entenderam muito bem.

5. As pessoas _____ o discurso pacientemente.

G. Complete com o verbo **medir** no presente ou pretérito perfeito:

1. Eu _____ m.

2. Ontem eu _____ a mesa antes de comprar.

3. Eu sempre _____ as madeiras antes de fazer a mesa.

4. Ela _____ 1,63 m.

5. Quanto você _____?

Diálogo: Gláucia e Antônia

CÍNTIA: Ontem Gláucia me pediu um favor.

ANTÔNIA: O que ela lhe pediu?

CÍNTIA: Ela me pediu para conversar com você, Antônia, porque está constrangida com o que aconteceu.

ANTÔNIA: Ah! Que bom! Eu também queria lhe pedir para
conversar com ela. Veja que coincidência.

CÍNTIA: Ótimo. Então você devia lhe telefonar e marcar um
encontro.

ANTÔNIA: Acho que você tem razão. Vou telefonar para ela
amanhã.

CÍNTIA: Muito bem. Conversando as pessoas se entendem.

 **Conversa**

Dê uma explicação para o constrangimento entre Gláucia e Antônia.

Diálogo: Conversa de Colegas na Praia

MÁRCIA: Gustavo, você ouve rádio?

GUSTAVO: Sim, Márcia, eu ouço rádio o dia todo, mas só
estação sem comercial.

MÁRCIA: Eu também detesto comercial! Que tipo de programa
você ouve mais?

GUSTAVO: Eu ouço muita música brasileira no meu

computador. Há várias estações que tocam bossa nova e chorinho na "Live 365". O que você gosta de ouvir?

MÁRCIA: Depende. Se estou alegre, adoro ouvir um samba bem animado. Se estou triste, gosto de ouvir umas músicas da Simone, Maria Bethânia ou Gal Costa. E você?

GUSTAVO: Eu também sou assim, adoro samba e também MPB. Tenho uma coleção de CDs e DVDs muito boa. Venha à minha casa sábado ouvir músicas e tomar uma cerveja.

MÁRCIA: Combinado. Sábado estarei lá. Que hora é boa para você?

GUSTAVO: Qualquer hora . . . 2 horas está bem?

MÁRCIA: Está ótimo. Vejo você sábado. Até logo.

 **Pesquisa**

 Quem são essas duas cantoras de MPB (Música Popular Brasileira)? Procure na internet e traga um parágrafo sobre cada uma, junto com uma canção.

Leitura: A Reunião das Indústrias "Serve Bem"

Dr. Bernardo Monteiro reuniu os gerentes, o chefe do departamento de pessoal e os representantes do sindicato para expor o plano de modernização da empresa. Ele vai pedir um empréstimo ao banco. Depois de conseguir o empréstimo, pretende executar o plano, obedecendo às seguintes etapas:

A. Ampliar as dependências da fábrica

B. Comprar novos equipamentos e máquinas modernas

C. Aumentar a produção

D. Contratar mais empregados

E. Aumentar os salários gradativamente

O representante do sindicato gostou do plano e se reuniu com os funcionários para explicar as metas. Ele disse que o diretor **faria*** um empréstimo, **ampliaria** a fábrica, **compraria** máquinas mais modernas, **aumentaria** a produção, **contrataria** mais empregados e **aumentaria** os salários gradativamente.

Depois de um ano nada mudou. O presidente do sindicato comentou: —Eu sabia que ele não **cumpriria** o que disse.

*Futuro do pretérito (ou condicional).

Gramática: Futuro do Pretérito (Condicional)

Forma-se o futuro do pretérito acrescentando **-ia, -íamos, -iam** ao infinitivo do verbo. Uma nova sílaba é formada com o **-r** do infinitivo. Os infinitivos que terminam em **-zer** perdem **ze** antes de fazer o futuro do pretérito, a exemplo do futuro simples.

	AMAR	SER	FAZER	DIZER	TRAZER
1ª sing.	amar**ia**	ser**ia**	far**ia**	dir**ia**	trar**ia**
2ª/3ª sing.	amar**ia**	ser**ia**	far**ia**	dir**ia**	trar**ia**
1ª pl.	amar**íamos**	ser**íamos**	far**íamos**	dir**íamos**	trar**íamos**
2ª/3ª pl.	amar**iam**	ser**iam**	far**iam**	dir**iam**	trar**iam**

Emprega-se o futuro do pretérito nos casos seguintes:

Concordância verbal, para expressar o futuro em relação a um passado:
Ele **disse** que **viria.**
Em convites amáveis (regras de polidez da língua):
Gostaria de convidá-los para a festa. **Adoraria** vê-los.
Eu **preferiria** (preferia) que fosse às 5 da tarde.
Em condições expressadas pelo imperfeito do subjuntivo:
Se eu **fosse** milionário, **daria** mais dinheiro às organizações não governamentais.
Em orações em que uma situação torna-se irreal através da restrição imposta por **mas**:
Eu **iria**, mas não tenho dinheiro.

 Atividade

A. Converse com seu companheiro / sua companheira e responda a essas perguntas usando verbos no futuro do pretérito:
Como seria o mundo ideal?
Onde você moraria?
O que seria diferente?
O que existiria? O que não existiria mais?
Como seria a sua vida?
O que mudaria no seu dia-a-dia?
B. Complete as frases e pergunte ao / à colega:
1. Você (usar) _____ sunga / fio dental na praia?
2. Você (fazer) _____ plástica?

3. Você (aceitar) _____ suborno?

4. Você (desfilar) _____ numa escola de samba?

5. Você (saltar) _____ de asa-delta na Pedra Bonita?

Exercício

A. Forme frases usando **mas**, como no exemplo:

Eu **jantaria**, mas **estou** de dieta.

1. Eu (comprar) _____ o carro, mas não (ter) _____ dinheiro.

2. Nós (sair) _____ com você, mas (ter) _____ vários compromissos.

3. Ela (ser) _____ eleita, mas não (fazer) _____ alianças.

4. Ele (se casar) _____ com ela, mas ela não (querer) _____.

5. Eles (ficar) _____ até mais tarde, mas (viajar) _____ cedo no outro dia.

B. Resolva os problemas abaixo:

Profissões

Três casais vivem felizes numa cidade. Com base nas dicas abaixo, tente descobrir o nome de cada marido, a profissão de cada um e o nome de suas respectivas esposas.

O medico é casado com Maria.

Paulo é advogado.

Patrícia não é casada com Paulo.

Carlos não é médico.

	Médico	Engenheiro	Advogado	Lúcia	Patrícia	Maria
Carlos	_____	_____	_____	_____	_____	_____
Luís	_____	_____	_____	_____	_____	_____
Paulo	_____	_____	_____	_____	_____	_____

No Início do Verão

Assim que o tempo começou a esquentar no verão passado, Glória e duas outras mulheres saíram às compras. Cada uma delas comprou um biquíni de uma cor diferente e uma peça de roupa também diferente. Com base nas dicas abaixo tente descobrir seus nomes, a cor do biquíni e a peça de roupa que cada uma adquiriu.

Mariana comprou uma blusa de alças.

A mulher que comprou o biquíni azul comprou uma miniblusa.

Glória não comprou o biquíni vermelho nem o azul.

| | Cor do biquini | | | Peça de roupa | | |
	AZUL	PRETO	VER-MELHO	BLUSA DE ALÇAS	CAMI-SETA	MINI-BLUSA
Glória	_____	_____	_____	_____	_____	_____
Mariana	_____	_____	_____	_____	_____	_____
Roberta	_____	_____	_____	_____	_____	_____

Lição 28

CARNAVAL
● ● ● ● ● ● ●

Leitura: Assis Chateaubriand

Na sua interessantíssima biografia de Assis Chateaubriand, o biógrafo escritor Fernando Morais descreve com muita propriedade a pequena cidade onde Chateaubriand **nascera**.* Chamava-se Umbuzeiro, na Paraíba, e segundo Morais **produzira** outro brasileiro importante, Epitácio Pessoa, que **chegara** ainda mais alto, ao se tornar presidente do Brasil. Parava aí, porém, as virtudes de Umbuzeiro, pois seu povo, entre outros pecados, preferia matar suas desavenças** antes de discutir com elas seus problemas.

A família de sua mãe **tinha vindo** de Goiana, mas era na Zona da Mata pernambucana e não em Goiás. E o nome Chateaubriand, como **aparecera**? Certamente não **fora** de descendentes franceses. Conta-nos Morais que o avô de Chateaubriand era admirador do grande poeta francês; **comprara** uma escola e a **chamara** Colégio François René Chateaubriand. Mais tarde **trocara** seu sobrenome, Bandeira de Mello, por Chateaubriand, iniciando assim uma nova alcunha para sua família, certamente por considerá-la "superior".

Assis Chateaubriand foi dono de um império de jornais, revistas, estações de rádio e de televisão—os Diários Associados—e fundador do MASP (Museu de Artes de São Paulo). Atuou na política, nos negócios e nas artes. Mais temido que amado, sua complexa e muitas vezes divertida trajetória está associada à vida cultural e política do país entre 1910 e 1960.

*Pretérito mais-que-perfeito.
****desavenças**: desafetos; regionalismo nordestino para *inimigos*

 **Perguntas**

1. Quem foi Assis Chateaubriand?
2. Onde ele nasceu?
3. Como se chamava a cidade onde sua mãe nascera?
4. Explique "[um] povo [que] preferia matar antes de discutir".
5. O que foi que seu avô paterno comprou?
6. De onde vem o nome *Chateaubriand*?

Gramática: Pretérito Mais-Que-Perfeito

Simples

	AMAR	VENDER	PARTIR	TER	SER, IR	PÔR
1ª, 2ª/3ª sing.	amara	vendera	partira	tivera	fora	pusera
1ª pl.	amára-mos	vendêra-mos	partíramos	tivéramos	fôramos	puséramos
2ª/3ª pl.	amaram	venderam	partiram	tiveram	foram	puseram

Composto: Auxiliar (**ter** *ou* **haver**) + Particípio Passado

tinha (havia)
tínhamos
(havíamos) } + amado   vendido   partido   tido   sido, ido   posto
tinham
(haviam)

Usa-se indiferentemente na forma escrita o pretérito mais-que-perfeito simples ou composto, como mostra a leitura acima. Na forma falada o pretérito mais-que-perfeito composto vem se impondo como a forma mais usada.

O pretérito mais-que-perfeito geralmente indica uma ação que ocorreu antes de outra ação já passada (verbos como **chegar, voltar**).

Quando voltei, as flores **tinham desaparecido** da cidade.

Também indica um fato vagamente situado no passado:

A cidade de onde **viera**, a cidade que **tinha produzido** dois brasileiros famosos, era pequena.

Leitura: Um Dia de Azar

O ônibus já partira quando eles chegaram. Naquele dia tudo começara complicado. O telefone não estava funcionando e, com os preparativos para a viagem, ninguém percebeu que ele não tocou o dia todo.

Quando fui ao banco, o computador se estragara e tive que esperar quarenta minutos para fazer os pagamentos e transferências. Quando estava voltando para casa, um carro e um ônibus se bateram, e o trânsito estava horrível. Felizmente, quando cheguei em casa, Carmem, minha esposa, já arrumara tudo e estava me esperando.

Papai prometera nos levar à rodoviária. Quando fui telefonar-lhe, constatei que o aparelho estava mudo, sem nenhum sinal. Fiquei apavorado! Provavelmente papai tentara falar comigo, e meu celular estava fora de área.

Decidi descer com Carmem e as malas e tomar um táxi. Por sorte, um carro estava passando justamente quando chegamos na rua. Finalmente, agora as coisas estavam correndo bem. O trânsito estava tranquilo.

Nossa tranquilidade durou pouco. Numa curva, escutamos um barulho diferente. Era o pneu que tinha furado. Demorou meia hora para trocar, o tempo suficiente para chegarmos atrasados à rodoviária e perdermos o ônibus. Neste momento, me lembrei da data: 13 de agosto, dia das bruxas, dia do azar.

 **Perguntas**

1. O que aconteceu no banco?
2. Por que o trânsito estava horrível?
3. Quando ele descobriu que o telefone não estava funcionando?
4. Eles conseguiram tomar um táxi?
5. Por que eles perderam o ônibus?
6. Que dia especial era aquele?

 Exercício

A. Sublinhe os verbos do texto acima que estão no mais-que-perfeito.
B. Passe as frases para o mais-que-perfeito composto, como no exemplo:

O ônibus partira quando eles chegaram à rodoviária.

O ônibus **tinha partido** quando eles chegaram à rodoviária.

1. Tudo começara complicado e terminara errado também.

_____.

2. Carmem arrumara tudo e telefonara para o escritório.

_____.

3. Papai tentara telefonar, mas não conseguira.

_____.

4. Um carro passara justamente quando ela chegara na rua.

_____.

5. O avião partira quando o táxi chegou na entrada.

_____.

 Leitura: Carnaval

O carnaval é a maior festa popular do Brasil, acontecendo três dias antes da Quaresma, ou seja, domingo, segunda e terça feira. Quaresma é o tempo da abstinência, e não se devia comer carne, de acordo com as leis da igreja católica. Nestes três dias anteriores, as pessoas comiam muita carne e bebiam muito. Por esta razão, as festas antes da Quaresma se chamam *carnaval,* palavra que se originou de *carne.*

Existem festas de carnaval em vários lugares do mundo, como Veneza, na Itália; Nice, na França; e Nova Orleans, nos Estados Unidos. Nestas cidades, há sempre desfiles de **carros alegóricos** e concursos de **fantasias**. No Brasil, durante o carnaval, as pessoas brincam e dançam nos clubes, também usando máscaras e fantasias.

As festas de carnaval que atraem mais turistas são as do Rio de Janeiro, Salvador e Recife. No RJ e também em outros estados, há grupos chamados *escolas de samba*, que se preparam o ano todo para a grande festa. Há uma grande competição entre as escolas, que sempre querem ganhar o prêmio e título de campeã.

Há certas regras e normas para participar e se candidatar. Cada escola tem que escolher um tema e, em torno dele, preparar as fantasias, o samba, os **destaques,** a **porta-bandeira**, a **bateria** e outros requisitos para o desfile. Algumas escolas possuem três mil e outras até quatro mil participantes. Entre as mais famosas destacam-se a Mangueira e Portela. Cada escola tem duas cores somente para as suas fantasias. A Mangueira é verde e rosa; a Portela, azul e branco.

Os temas geralmente se relacionam com a natureza, a história, homenagem a compositores e artistas e também crítica política.

Nos clubes, há desfiles de fantasias e concursos na categoria de luxo e originalidade como o Gala Gay. Na rua desfilam os blocos e bandas. Artistas e personalidades importantes desfilam há anos na Banda de Ipanema, que sai aos domingos pelas ruas de Ipanema e Leblon.

Em Salvador existem caminhões grandes que têm cantores importantes como Ivete Sangalo e Gilberto Gil puxando o samba. Chamam-se *trios elétricos*. É uma diversão barata pois é só segui-lo pela rua cantando e dançando.

Em Olinda e Recife dança-se o frevo e o forró, seguindo os blocos durante os três dias.

Assim é que há diversão para todos os gostos e todos os bolsos. É só escolher seu destino e ter boa forma física.

Vocabulário da Leitura

carro alegórico: caminhão aberto onde é colocado uma referência ao tema da escola, como uma floresta

fantasia: roupa usada no carnaval, como fantasia de índio com penas e cara pintada

destaque: pessoas com fantasias luxuosas

porta-bandeira: sambista que dança carregando a bandeira da escola continua dançando

bateria: instrumentos de percussão, incluindo tambores, pandeiros, reco-reco e cuíca, que marcam o ritmo para os que desfilam

 Atividade

Façam perguntas sobre o texto.

Gramática: Futuro do Subjuntivo

	CHEGAR	VER	VIR
1ª, 2ª/3ª sing.	chegar	ver	vier
1ª pl.	chegarmos	vermos	viermos
2ª/3ª pl.	chegarem	verem	vierem

O futuro do subjuntivo é formado a partir da terceira pessoa plural do pretérito perfeito (elimina-se **-am**, conserva-se o **r**). Acrescenta-se **-mos** para a primeira pessoa do plural, **-em** para as segunda e terceira pessoas.

Se **quiser**, irei encontrá-lo domingo.

Logo que **souber** o resultado do teste, farei a matrícula.

Enquanto ele **puder**, continuará o trabalho.

Se **tiver** sol amanhã, iremos à praia.

Se eles **vierem** amanhã, iremos ao teatro.

Se tudo **der** certo, vamos ganhar muito dinheiro.

Quando nos **formos** ao Rio, irei a Petrópolis também.

Falaremos com ele quando ele **vier**.

Se ele **fizer** o que falou, terá muito problema*.

Quando **houver** um feriado, irei visitá-lo.

*As palavras *problema, fantasia* e *samba* que aparecem no texto "Carnaval" acima são usadas no singular para apresentar um significado mais genérico. Por exemplo:

No carnaval, há muita fantasia original nas ruas.

A Lapa, no Rio de Janeiro, é lugar de muito samba e muito chorinho.

No subjuntivo, como vimos anteriormente, a ação do verbo é eventual, incerta ou irreal, dependendo da vontade, imaginação ou sentimento de quem a emprega. O futuro do subjuntivo marca a eventualidade no futuro. Nas orações abaixo temos a combinação de uma frase no futuro de subjuntivo e outra no futuro do presente, presente ou imperativo.

Quando, assim que, logo que
    Quando formos a Nova York veremos uma peça na Broadway.
    Veremos uma peça na Broadway **logo que chegarmos** a Nova York.
    Quando estiver em Nova York vemos uma peça na Broadway.
    Assim que puder comprarei um carro novo.

Depois que
    Depois que acabarmos as provas, teremos tempo para descansar.

Enquanto
    Vou comer os chocolates **enquanto tiver**. Não vou comprar mais.

Se
    Se Deus quiser, vou para o Brasil em junho.
    Se quiser, posso encontrá-lo amanhã.
    Se tiver sol amanhã, iremos à praia.

O melhor que
    Façam o trabalho **o melhor que puderem**.

Observe o uso dessas expressões absolutas, e um tanto dramáticas, com uma combinação de presente e futuro do subjuntivo:

Aconteça o que acontecer, iremos ao cinema.

Haja o que houver, cumprirei o que prometi.

Custe o que custar, aprenderei português.

Pensem o que pensarem, direi o que quiser.

Venha o que vier, esperarei por você.

Seja quem for, não atenderei hoje.

Seja lá o que for, não farei tanto sacrifício.

Seja lá onde for, eu irei te encontrar.

Seja lá onde estiver a carta, eu a encontrarei.

Seja lá quando for, estarei esperando por você.

Exercício: Férias em Recife, PE

A. Complete com o futuro do subjuntivo do verbo indicado:

    1. Em Recife, aprenda o frevo quando você (poder) _____.

    2. Se vocês (ficar) _____ na cidade durante o carnaval, devem sair na rua.

    3. Podem também ir à praia, logo que (ter) _____ deixado as malas no hotel.

4. Podem usar a roupa que (querer) _____.

5. Quando eu (ser) _____ rico, irei lá também com mais frequência.

B. Escreva as frases como no modelo, usando os pronomes:

1. Durante o carnaval, eles podem se fantasiar do que quiserem.

Eu: _____.

Vocês: _____.

O estudante americano: _____.

2. Quando nós viermos à praia amanhã, poderemos vir juntos.

Ela: _____.

Eu: _____.

O professor: _____.

Exercício: Escola de Samba Mangueira

Escreva a frase e substitua o pronome pelo outro indicado:

1. Quando eu puder, aprenderei alguns passos de capoeira.

Nós: _____.

2. Enquanto ele estiver desfilando na escola de samba, não poderá estudar de dia.

Vocês: _____.

3. Logo que eu comprar minha fantasia, tirarei um retrato para mandar aos amigos.

Nós: _____.

4. Avisarei a você assim que souber o nome da minha ala. Quem sabe você dança comigo?

Vocês: _____.

5. Quando ela souber da minha participação no carnaval de Mangueira, ficará muito alegre.

Elas: _____.

Atividade: Um Pouco de Humor

Expliquem essas piadas:

DEFINIÇÕES

Celulite é uma inflamação causada por telefone celular.

Pessoas viciadas em refrigerantes têm que ser tratadas por uma **pepsicóloga**.

PESQUISA FRACASSADA

A ONU resolveu fazer uma pesquisa em todo o mundo. Enviou uma carta para o representante de cada país com a pergunta: "**Por favor**, diga **honestamente** qual é a sua **opinião** sobre a **escassez** de **alimentos** no **resto do mundo**".

A pesquisa foi um grande fracasso. Sabe por quê?

Os países europeus não entenderam o que era "escassez".

Os africanos não sabiam o que era "alimento".

Os cubanos estranharam e pediram maiores explicações sobre o que era "opinião".

Os argentinos mal sabem o significado de "por favor".

Os norte-americanos nem imaginam o que significa "resto do mundo".

O congresso brasileiro está até agora debatendo o que é "honestamente".

Lição 29

QUEM É O BRASILEIRO?

● ● ● ● ● ● ● ● ● ● ● ● ●

 Leitura: Os Índios

Os íberos se lançaram à aventura no além-mar . . . desembarcavam sempre
desabusados, atentos aos mundos novos, querendo recriá-los, convertê-los e
mesclar-se racialmente com eles.

Darcy Ribeiro, *O Povo Brasileiro*

 No Brasil a mestiçagem se fez desde o primeiro dia. Ima-
gine a seguinte situação: uns mil índios colocados na praia
e chamando outros: "Venham ver, venham ver!" Achavam
que viam barcas de Deus, navios enormes com velas. "O
que é aquilo que vem?" Eles olhavam, encantados com os
barcos chegando pelo mar.

Quando chegaram mais perto, **se horrorizaram**. Deus
mandou pra cá seus demônios, só pode ser. Que gente! Que
coisa feia! Porque nunca tinham visto gente barbada—os
portugueses todos barbados, meses sem banho no mar . . . Mas os portugueses e outros europeus feiosos assim traziam uma coisa encantadora: traziam faquinhas, facões,
machados, espelhos, **miçangas**, mas sobretudo ferramentas. Para o índio passou a ser
indispensável ter uma **ferramenta**. Se uma tribo tinha uma ferramenta, a tribo do lado
fazia uma guerra pra tomá-la.

Ao longo da costa brasileira se defrontaram duas visões de mundo completamente
opostas: a selvageria e a civilização. Concepções diferentes de mundo, da vida, da
morte, do amor, se chocaram cruamente. Aos olhos dos europeus os indígenas pareciam
belos seres inocentes, que não tinham noção do "pecado". Mas com um grande defeito:
eram "vadios", não produziam nada que pudesse ter valor comercial. Serviam apenas
para ser vendidos como escravos. Com a descoberta de que as matas estavam cheias de
pau-brasil, o interesse mudou . . . Era preciso mão de obra para retirar a madeira.

Se havia algum europeu instalado na costa, cada aldeia—e eram milhares de aldeias—levava uma moça pra casar com ele. Se ele **transasse com** a moça, então ele se tornava cunhado. Ele passou a ter sogro, sogra, genros . . . ele passou a ser **parente**. Então o sabido do português, do europeu, conseguia desse modo pôr milhares de índios a serviço dele, para derrubar pau-brasil.

A porta de entrada do branco na cultura indígena foi o "**cunhadismo**". Através desse costume foi possível a formação do povo brasileiro. E da união das índias com os europeus nasceu uma gente mestiça que efetivamente ocupou o Brasil.

No **ventre** das mulheres indígenas começavam a surgir seres que não eram indígenas, meninas **prenhadas** pelos homens brancos—e meninos que sabiam que não eram índios, mas também não eram europeus. O europeu não aceitava como igual. O que era? Era uma gente "ninguém", era uma gente vazia. O que significavam eles do ponto de vista étnico? Eles seriam a matéria com a qual se faria no futuro os brasileiros.

Um dos primeiros núcleos povoadores surgiu em São Paulo, chefiado pelo português João Ramalho. Há quem afirme que ele tenha chegado ao planalto paulista antes mesmo da chegada de Cabral. Os poucos registros da época supõem que ele teve mais de trinta mulheres índias e quase oitenta filhos mestiços. Um escândalo comentado numa carta do padre Manoel da Nóbrega de 1553!

Depoimento de Olívio Zeferino, estudante de Filosofia na USP

"Meu nome é Olívio Zeferino. Não sou índio puro, sou mestiço guarani . . . porque o que causa essa questão de ser ou não ser é essa identidade em que você é metade. Então, por exemplo, você é um mestiço. Tem uns que assumem a cultura indígena. Tem uns que são mestiços e assumem a cultura do branco. Então uma pessoa que nasceu com fisionomia de índio não adianta querer falar que é branca, porque todo mundo vê. Agora, o importante é você assumir, porque mesmo sendo mestiço você pode lutar pelo seu povo."

Estima-se em cinco milhões o número de indígenas que habitavam as terras brasileiras na ocasião da chegada dos portugueses. Dois séculos depois, eles não chegavam a dois milhões. Hoje, os sobreviventes somam 270 mil habitantes, menos de meio por cento da população brasileira. Em cinco séculos desapareceram para sempre cerca de oitocentas etnias. Eram povos de diferentes culturas, que ocupavam vastos territórios de características geográficas distintas.

Adaptação do texto do programa "O Povo Brasileiro" (TV Cultura, *Alô Escola*), sobre o livro de Darcy Ribeiro, *O Povo Brasileiro: A Formação e o Sentido do Brasil*, 2ª ed. (1996).

Vocabulário da Leitura

desabusado: insolente, atrevido

mesclar-se: misturar-se

horrorizar-se: chocar-se

miçangas: pedacinhos coloridos de vidros

ferramenta: instrumento para consertar objetos

transar com: ter relações sexuais com

parente: pessoa de sua família

cunhadismo: prática indígena pela qual um homem, se torna membro da tribo da
    sua mulher

ventre: barriga, útero

prenhada: grávida, com bebê

 Atividade

Representem a chegada dos portugueses seguindo o roteiro abaixo (uns serão índios e
outros portugueses):

1. Demonstre através de gestos e palavras a atitude dos portugueses ao desembarcar
   no Brasil.
2. Demonstre as primeiras impressões dos índios ao verem os portugueses.
3. Demonstrem o que os portugueses traziam de bom para agradar aos índios.

Perguntas

1. Defina *selvageria* e *civilização*.
2. Qual era o interesse dos portugueses nas matas brasileiras?
3. Defina *mão de obra*.
4. Explique o "cunhadismo".
5. Quem foi João Ramalho?
6. Quem é Olívio Zeferino? Qual é sua posição como mestiço?
7. Qual é a situação atual dos índios em termos numéricos?

Leitura: A Cultura Brasileira

A cultura brasileira reflete os vários povos que constituem
a demografia desse país sul-americano: indígenas, europeus, africanos, asiáticos, árabes etc. Como resultado da
intensa miscigenação de povos, surgiu uma realidade cultural peculiar, que sintetiza as várias culturas.

A tensão entre o que seria considerado uma cultura popular e uma erudita sempre foi problemática no país. Desde o Descobrimento até meados do século XX, a distância entre a cultura erudita e a popular era bastante grande: a primeira buscava ser uma cópia dos estilos europeus, a segunda era formada pelas culturas dos diferentes povos num conjunto de valores e hábitos próximos da realidade popular. Grande parte do projeto estético modernista foi resgatar na literatura, na música e nos hábitos cotidianos a vertente popular, considerando-a como a legítima cultura brasileira.

 **Perguntas**

1. Explique para seu / sua colega o que é miscigenação.
2. Quais são as preocupações da cultura erudita?
3. O que fez o modernismo?

Leitura: Os Africanos

O Brasil deve muito de sua cultura atual aos africanos. O período de escravidão foi o mais extenso das Américas e durou de 1550 a 1850. Eles, os africanos, falavam idiomas diferentes e levaram para o Brasil suas tradições. O português de tudo fez para "aculturá-los", mas eles resistiram. A Bahia, berço da maior imigração africana, que o diga. Estudiosos de todo o mundo convergem hoje para seus centros culturais onde encontram registros das línguas, religião e música dos bantos, nagôs, jejes e malês. Estas são algumas das etnias hoje mescladas aos brasileiros.

Aculturar, para o colonizador, significava ensinar-lhes o português, separá-los dos que falavam a mesma língua e batizá-los com um nome cristão. E é assim que se inicia, como uma reação a este processo, o sincretismo religioso. Eles continuam a adorar seus deuses agora projetados em alguma entidade da igreja católica. Um bom exemplo é a festa do Senhor do Bonfim, onde as baianas vestidas de branco lavam os degraus da igreja. Branco é a cor de Oxalá, criador do mundo e orixá máximo de várias seitas africanas. O Senhor do Bonfim, o filho de Deus, é o protetor da Bahia, e para sua celebração convergem católicos, os adeptos do candomblé e umbanda e, hoje em dia, os turistas.

A culinária brasileira prestigia a herança das etnias africanas. O prato nacional brasileiro é a feijoada, que, segundo a tradição, iniciou-se nas senzalas, onde moravam os escravos. Eles, com muita criatividade, misturavam ao feijão os restos de carne vindos da casa grande, onde moravam os senhores. Acrescentaram a couve e a laranja e um pouco de farofa, e assim nasceu a famosa feijoada, prato de qualquer restaurante brasileiro, saboreado nos sábados.

Como vimos anteriormente, não só à música (através do samba) como à dança (com a capoeira e também o samba) juntam-se as religiões africanas, formando uma herança cultural da qual o Brasil se orgulha.

 Perguntas

1. Quantos séculos durou a escravidão no Brasil?
2. O que aconteceu com as diversas culturas africanas quando seus representantes chegaram ao Brasil?
3. O que é sincretismo religioso? Quem são os orixás?
4. Como se chamam as religiões afro-brasileiras?
5. Qual é a relação entre a festa do Senhor do Bonfim e o sincretismo religioso?

Leitura: Os Imigrantes

Os Europeus e os Árabes

O Brasil chega ao século XIX com uma população mestiça de descendentes de negros, índios e portugueses. Vingava na época em todas as Américas a teoria de superioridade da raça branca e a necessidade de "branquear" e "europeizar" a população. Foi assim que diversos grupos se estabeleceram primeiro no sul, onde o clima era mais parecido com seus lugares de origem, para depois se espalharem por outras regiões mais quentes. Entre os contingentes mais numerosos estão os italianos durante o período entre 1870 a 1950. Eles se espalharam do sul de Minas Gerais até o Rio Grande do Sul, concentrando-se em São Paulo. Também os alemães que chegaram em 1824 estabeleceram-se em Santa Catarina e Rio Grande do Sul. Viveram em propriedades familiares e assim mantiveram sua cultura e costumes. A cidade de Blumenau, cuja imagem vemos nesta página, é um exemplo de desenho arquitetônico copiado das pequenas vilas alemãs, com seus telhados inclinados. Como se o Brasil tivesse neve!

Os espanhóis deram preferência aos centros urbanos, abrindo seus bares e mais tarde pequenos hotéis e restaurantes, e assim aculturaram-se com maior rapidez. Entre os imigrantes árabes, destacam-se os mascates—andarilhos que percorriam o interior vendendo tecidos e jóias.

Os Japoneses

Já no início do século XX, através de um acordo entre os governos do Brasil e Japão, chega o primeiro contingente de japoneses para trabalhar na lavoura do café. Estimada em 1,5 milhões de pessoas, destaca-se como a maior população nipônica fora do Japão. A cultura japonesa se concentra no bairro da Liberdade em São Paulo, com seus restaurantes, associações, comércio e feira semanal de produtos e artesanato. O termo *nikkei* é o mais adequado para denominar os japoneses e seus descendentes no Brasil. A emigração do Japão praticamente para em 1970, e nos anos 80 a posição se inverte quando os nikkei são recrutados para trabalhar nas prósperas indústrias japonesas de então.

 Atividades

A. Façam perguntas uns aos outros sobre os europeus, árabes e japoneses no Brasil.
B. Defina com suas palavras os termos abaixo:

casa grande	branquear
senzala	os mascates
aculturação	nikkei

Leitura: Somos Todos Brasileiros!

Nas biografias dos feitos e dos trabalhos dos estadistas, diplomatas, administradores, poetas e artistas está encerrado o segredo dos acontecimentos políticos, progresso moral e material, triunfos e glória de uma nação. Além da importância que apresentam as biografias, os povos querem também ver perpetuada a memória de seus heróis e o canto do poeta.

Sendo assim, pergunta-se: Quais foram os dez brasileiro/a(s) mais importantes dos últimos cem anos pela relevância de sua obra ou exemplo? Uma pesquisa de opinião feita a nível nacional através da internet (www.uol.com.br) no ano de 2007 indica algumas unanimidades:

Oscar Niemeyer   Pelé   Emerson Fittipaldi Gilberto Gil Machado de Assis

Na ciência, o médico Carlos Chagas e o inventor Alberto Santos Dumont.

Nas artes plásticas, Candido Portinari e Tarsila do Amaral.

Na arquitetura, Oscar Niemeyer.

Na música clássica, o compositor Heitor Villa Lobos, e na popular, Antônio Carlos Jobim.

Na literatura, Machado de Assis e o baiano Jorge Amado.

Nos esportes, o "rei" Pelé no futebol e a família Fittipaldi na Fórmula 1.

No cinema e TV, cantores como Carmen Miranda, Caetano Veloso, Gilberto Gil e Chico Buarque.

A enquete também aponta entre os mais votados mais dois Chicos e um Beto:

Chico Mendes: "Mártir do ambientalismo, sua luta é exemplo para nós." Mendes foi ligado ao trabalho extrativista dos seringais na Amazônia.

Chico Xavier: "Grande alma que só fez o bem e propiciou muitas curas," ele era espírita que recebia comunicações de pessoas já mortas e as psicografava.

Betinho: "Penetrou na alma do sofrimento dos seus irmãos brasileiros." O líder de campanhas contra a fome, ele disse, "Quem tem fome, tem pressa!"

Leitura: As Relações Nipo-Brasileiras na Indústria

O superexecutivo brasileiro Carlos Ghosn comanda o quarto maior grupo automotivo e vira exemplo de administração. Em 2001 foi lançado no Japão um mangá (história em quadrinhos japonesa) com um herói diferente. Sua missão era salvar companhias da falência. Com tiragem de 500 mil exemplares, o mangá conta como o super-herói brasileiro Carlos Ghosn recuperou a Nissan, segunda maior montadora japonesa. Ele também acumula vários prêmios: foi eleito um dos 25 executivos mais influentes do mundo pela revista *Time* em 2001; o "estrategista de 2002" pelo jornal francês *La Tribune*; e o melhor administrador do Japão, segundo diversas publicações nipônicas.

 **Perguntas**

1. O que é um superexecutivo?
2. O que é um mangá?
3. O que é a Nissan?
4. O que Carlos Ghosn faz bem?

 Exercício

A. Responda às perguntas usando o pretérito perfeito, como no exemplo:

Você já foi ao Japão? Não, eu ainda não fui.

1. Vocês já subiram alguma montanha alta?

  _____.

2. Você conhece alguém que teve um carro da marca Nissan?

  _____.

3. Você já viu uma foto de Porto Seguro?

  _____.

4. Alguém das suas relações já conversou com um índio americano ou brasileiro?

  _____.

5. Eles já leram uma biografia de uma pessoa famosa?

  _____.

6. Você já teve uma alergia a picada de mosquito?

  _____.

7. Você já comprou uma obra de arte?

  _____.

8. Vocês já viram um quadro brasileiro exposto num museu americano?

  _____.

9. Você já leu alguma coisa sobre o Chico Mendes?

  _____.

10. Vocês já cantaram alguma música do Gilberto Gil?

  _____.

B. Revise o vocabulário das leituras acima e dê o antônimo das palavras seguintes:

maior _____   volta _____

supervilão _____   partir _____

melhor _____   antes _____

primeira _____   moderno _____

unir-se _____

C. Reveja as regras do diminutivo (Lição 21) e passe as palavras para o diminutivo:

café _____   país _____

avião _____   irmão _____

pai _____   música _____

italianos _____   Beto _____

brasileiro _____   todos _____

Lição 30

Os Esportes

• • • • • • • • •

 Leitura: Futebol

Diga a um motorista de taxi em Nova York com sotaque estrangeiro que você é do Brasil, e na mesma hora ele lhe responderá que adora futebol; também falará com orgulho e conhecimento do time do seu próprio país. Alguns dirão que o basquete e o vôlei só crescem em popularidade, mas é o futebol que reina absoluto como o esporte mais popular do mundo.

A Federação Internacional de Futebol (FIFA) é muito ativa no mundo inteiro fomentando torneios, reorganizando as regras em função de novos recursos visuais e promovendo o esporte. Sua maior competição é a Copa do Mundo a cada quatro anos. O Brasil venceu mais vezes esse torneio até os dias de hoje, seguido da Alemanha e Itália.

Joga-se futebol num campo retangular. Cada time conta com onze jogadores, e uma partida se dá durante dois tempos de quarenta e cinco minutos, com dez minutos de intervalo. O goleiro defende a baliza do gol (*golo* em Portugal) do adversário. O goleiro usa as mãos, assim como o jogador que coloca a bola de volta no campo quando esta sai para fora. Os demais jogadores têm que tomar cuidado, pois se usarem as mãos vão sofrer falta.

Dentre os onze jogadores os zagueiros têm a função de defender-se dos atacantes adversários, desarmando-os, isto é, roubando-lhes a posse da bola. Os atacantes são os que mais chutam a gol, seguidos dos laterais e os meio-campistas, ambos responsáveis pela articulação do ataque.

As partidas contam ainda com um árbitro, que interrompe a partida cada vez que há uma falta e controla o tempo. Uma falta dentro da área, o lugar perto da baliza, é chamada de *pênalti*. A possibilidade de fazer um gol com um chute de pênalti é grande, pois o atacante chuta a poucos metros do goleiro.

O Futuro do Esporte

Muitos países pobres têm boa tradição de futebol, pois a habilidade com a bola pode ser inata. Países com tradição em outros esportes também vêm desenvolvendo seu futebol. A seleção feminina dos Estados Unidos é campeã mundial, reflexo do treinamento das mulheres nas universidades americanas.

A projeção nos telões presentes nos estádios modernos permite uma visão mais acurada das faltas e podem mesmo ser tomadas como prova, modificando a contagem do jogo. Os estádios modernos dispõem de muitos recursos que dão mais conforto ao torcedor e melhores instalações para os jogadores.

Todas essas benfeitorias fazem com que o futebol se torne mais popular. As roupas coloridas dos clubes e as chuteiras modernas chamam atenção das crianças, futuros torcedores. O Manchester United da Inglaterra é atualmente o time mais rico, seguido do Real Madri. O Manchester vale cerca de R$ 4,2 bilhões. Há uma circulação grande dos jogadores e técnicos competentes e bem preparados de todas as nacionalidades entre os melhores times do mundo.

 **Atividade**

Façam dez perguntas sobre a leitura.

Leitura: O Esporte Feminino nas Olimpíadas de Pequim de 2008

 Com uma ala de 133 atletas, as mulheres superaram em número de medalhas a ala dos homens de 144 atletas nas Olimpíadas de Pequim em agosto de 2008. Com duas de ouro, uma de prata e duas de bronze foram as que mais contribuíram para o quadro de medalhas do Brasil. Já os homens decepcionaram, pois eram considerados os favoritos no futebol e voleibol, ficando com bronze e prata, respectivamente.

No vôlei de praia, embora as atletas tivessem feito uma bela campanha, não conseguiram derrotar a China nem os Estados Unidos, que ficaram com a medalha de ouro. Para compensar, o título de melhores do mundo das meninas do vôlei foi bastante significativo. Não perderam uma só partida! Na verdade, em sua brilhante campanha só perderam um set. O mesmo se pode dizer do futebol feminino, desconsolado por não ter ganho o ouro, mas voltando para casa com a prata.

A judoca Ketleyn Quadros e a saltadora Maurren Maggi foram as duas primeiras brasileiras a ganhar medalhas em provas individuais. Em Pequim, as mulheres ganharam em esportes até então dominados pelos homens, como a vela e o taekwondo.

Muita gente anda dizendo que esta foi a Olimpíada cor-de-rosa!

 **Atividade**

Façam perguntas sobre o texto acima.

Leitura: História do Brasil

Podemos caracterizar três períodos distintos na história do Brasil: Colônia (1500–1822), Império (1822–1889) e República (1889 até os dias de hoje). Os fatos histórico-sociais e o desenvolvimento econômico desses períodos nos ajudarão a entender a expansão territorial pela qual o Brasil passou e a diversidade regional que caracteriza esse grande país.

A Chegada dos Portugueses

A história do Brasil começa a ser contada pelos primeiros portugueses que lá chegaram em 1500. O escrivão da frota portuguesa comandada por Pedro Álvares Cabral mandou ao rei de Portugal uma longa carta contando como era a nova terra, seus habitantes e riquezas. O destino de Cabral era as Índias. Enganou-se ao pensar que tinha chegado lá e chamou de *índios* as pessoas que encontrou em terras brasileiras. Aportou num recanto de mar calmo batizado de Porto Seguro, no atual estado da Bahia.

Pouco fez a Coroa Portuguesa pela nova terra descoberta até 1530, quando se inicia o transporte de escravos nos "navios negreiros" vindos da costa oeste da África. A iniciativa de levá--los para o Brasil deve-se ao desenvolvimento da lavoura da cana-de-açúcar e mais tarde do café. Os portugueses precisavam de braços fortes para as diversas etapas do plantio à colheita.

Brasil Colônia

O povoamento do Brasil começa a se dar principalmente ao longo da costa entre a Bahia e o atual Rio de Janeiro. As primeiras expedições vindas de Portugal tinham o objetivo de explorar, defender e colonizar a costa. A primeira cidade fundada foi Salvador, na Bahia, e em 1565 surge o Rio de Janeiro. Tropas portuguesas foram mandadas para expulsar os franceses que lá estavam se estabelecendo.

Em 1532 é fundada a vila de São Vicente. Os limites do Brasil passam a ser desviados para além do Tratado de Tordesilhas não só em direção ao sul como também para oeste, com as chamadas *bandeiras,* que eram expedições particulares a busca de ouro e riquezas. Os jesuítas também colaboram na expansão dos limites do Brasil ao infiltrarem-se pelo sertão, mapeando as novas terras e decodificando as línguas indígenas.

Ainda nesse período deu-se o corte do pau-brasil, uma árvore da qual se extrai uma tinta cor de fogo usada na feitura

de móveis e muito apreciada na Europa. A derrubada foi de tal ordem que esta árvore foi extinta da mata Atlântica, sendo hoje em dia preservada em reservas florestais para que volte a crescer.

Além dos franceses, fracassaram também os holandeses na tentativa de criar raízes em terras brasileiras. Contudo, os holandeses permaneceram no Nordeste em Pernambuco de 1630 a 1645, influenciando culturalmente o estado e miscigenando-se com os habitantes locais até serem finalmente expulsos.

Em 1735 são descobertas ricas jazidas de ouro e outros metais nos estados de Minas Gerais, Goiás e Mato Grosso, atraindo aventureiros e colonizadores para essas regiões. Revoltados não só com a cobrança exagerada de impostos mas também com o contínuo desvio do ouro brasileiro para terras europeias, um grupo de habitantes de Vila Rica, atual Ouro Preto, tentou libertar-se dos portugueses através de um movimento conhecido como *Inconfidência Mineira*. Entre os chamados *inconfidentes* havia filhos de portugueses abastados que voltaram ao Brasil depois de seus estudos em Coimbra munidos de novos ideais de liberdade. Eram poetas e escritores, mas coube a um inconfidente mais humilde, de alcunha *Tiraden-*

tes, o papel de mártir. Em 1789, além de enforcado em praça pública ele teve seu corpo esquartejado. A história do Brasil lhe faria justiça mais tarde transformando-o no grande herói nacional. Brasília, a nova capital do Brasil, é fundada em 1960 no dia de sua morte, 21 de abril.

Em 1808 a corte portuguesa, fugindo das tropas de Napoleão, aportou primeiro em Salvador mas estabelece-se no Rio de Janeiro, onde abre os portos para as nações estrangeiras e eleva o Brasil a Reino Unido. O Brasil experimenta um período de crescimento, com a abertura de fábricas, bancos e instituições culturais. A corte voltou para Portugal em 1818, mas o rei deixa seu filho Pedro em terras brasileiras.

Primeiro Reinado

Pedro I é coroado como imperador do Brasil e instigado pelos brasileiros a desobedecer ao rei e permanecer no Brasil. Assim, depois do famoso "dia do fico," em que declara sua permanência em terras brasileiras, liberta o Brasil de Portugal em 7 de setembro de 1822, trinta e três anos depois da fracassada Inconfidência Mineira. Data de 1824 a primeira constituição brasileira. Chamado de volta a Portugal, D. Pedro deixa em seu lugar seu filho Pedro II.

Segundo Reinado

No período que se segue, o Brasil foi governado por regências até que Pedro II chegasse à maioridade, o que se deu quando ele tinha apenas quinze anos! Em 1864 o Brasil declara guerra ao Paraguai da qual iria sair vencedor, após formar aliança com o Uruguai e a Argentina. A vitória deu ao Brasil um senso de orgulho patriótico e confiança nas tropas que compunham seu exército, do qual fez parte contingentes de escravos lutando não só por sua prometida liberdade pessoal mas também por sua pátria.

Em 1888 a escravidão foi extinta, e fluxos imigratórios de europeus começaram um novo ciclo de povoamento. Já em curso, um movimento patriótico liberta o Brasil do império e transforma-o numa república em 1889.

O Segundo Reinado pode então ser dividido em três fases:

1. *Consolidação,* de 1840 a 1850, com a expansão do café e nascimento da indústria. Deve-se ao incansável Visconde de Mauá, um empreendedor de vulto que não esperava pelos parcos recursos do estado. Fabricou utensílios de ferro e barcos a vapor, mas seu maior feito foi a primeira ferrovia brasileira, no estado do Rio de Janeiro.

2. *Apogeu* do império, caracterizado pela estabilidade política e crescimento interno. A vitória da guerra do Paraguai cria um conceito de identidade nacional.

3. *Declínio,* marcado pelas lutas abolicionistas que enfraquecem o poder do imperador e terminam com a vitória dos republicanos.

O Ciclo da Borracha

Este ciclo proporcionou riqueza e desenvolvimento à região amazônica principalmente às cidades de Manaus, Porto Velho e Belém, capitais do Amazonas, Rondônia e Pará, respectivamente, com a extração e comercialização da borracha. Viveu seu auge entre 1879 e 1912, trazendo grande impulso econômico e cultural a essas regiões. Durante este período foi criado o território federal do Acre, em terras adquiridas da Bolívia.

 **Perguntas**

1. Quem foi Pedro Álvares Cabral?
2. Como se chama o lugar onde Cabral aportou?
3. Por que ele chamou de *índios* as pessoas que encontrou no Brasil?
4. Por que iniciou-se o comércio de escravos no Brasil?
5. Qual é o significado de *colônia* no texto?
6. Qual foi o motivo inicial da fundação do Rio de Janeiro?
7. O que eram as bandeiras? De onde saíram e em que direções?

Atividade

A. Explique em suas próprias palavras o que quer dizer:
   pau-brasil
   bandeiras
   invasões holandesas e francesas
   Inconfidência Mineira
B. Em grupos de dois, expliquem em suas próprias palavras o que quer dizer:
   1. extinção do tráfico dos escravos
   2. movimento abolicionista
   3. significado político da Guerra do Paraguai
   4. movimento republicano

 Exercício

Preencha a tabela com os principais acontecimentos citados abaixo:

COLÔNIA, 1500–1822   IMPÉRIO, 1822–1889

_____   _____

_____   _____

_____   _____

_____   _____

_____   _____

desenvolvimento agrícola e industrial
Era Mauá: estrada de ferro
escravidão
Inconfidência Mineira
Independência
presença da família imperial
presença dos padres jesuítas e a catequese dos índios
primeira nau portuguesa no Brasil: Pedro Álvares Cabral
primeiros habitantes: portugueses e índios
guerra do Paraguai

Gramática: Haver

O verbo **haver** é empregado em todas as pessoas quando é o verbo principal ou é usado
como auxiliar.

VERBO PRINCIPAL

—no sentido de *comportar-se:*   Ele **se houve** muito bem na reunião
                                          ontem.

—no sentido de *ajustar contas:*   Eles **hão de se haver** com o chefe
                                          quando tudo terminar.

—no sentido de *julgar, considerar bom:* O juiz **houve por bem** absolver o réu.

VERBO AUXILIAR

Hei de vencer.

Isto não **há** de acontecer outra vez.

Emprega-se o verbo **haver** como impessoal, só na terceira pessoa do singular, geralmente no sentido de *existir* ou de tempo decorrido (passado).

EXISTIR

Há muitas crianças no parque.   **Havia** muita gente na festa da escola.

Há violência em toda parte.   A briga começou sem que **houvesse**

Na primavera, **há** flores por toda parte.   razão.

TEMPO DECORRIDO

Eu morei no Brasil **há** cinco anos.   **Há** um mês que ele não vem à escola.

Eu estudo português **há** três meses.   Eu não o vejo **há** mais de um mês.

É impessoal também no sentido de **existir** quando o infinitivo vem acompanhado dos verbos auxiliares **ir, dever, poder** etc.

Deve haver leis sobre este assunto.   Não **poderia haver** razão para tanta

Deve haver um problema entre eles.   preocupação.

Poderia haver outra causa da doença.

Exercício

A. Complete com o verbo **haver**:

1. _____ muitos índios quando Cabral chegou no Brasil.

2. _____ muitos bandeirantes no Brasil no século XVII.

3. _____ muitas mudanças no Brasil quando D. João VI mudou para o Rio.

4. Naquele tempo _____ muitas pessoas procurando riquezas no Brasil.

5. Já _____ invasões estrangeiras na costa brasileira antes do Segundo Reinado.

B. Complete com os verbos indicados no pretérito mais-que-perfeito composto:

1. Cristóvão Colombo já (chegar) _____ a América quando Cabral chegou ao Brasil.

2. Martim A. de Souza (tentar) _____ colonizar o Brasil quando começou o sistema de capitanias.

3. Os franceses já (invadir) _____ o Brasil quando Martim A. de Souza começou a colonização.

4. D. João VI já (transferir) _____ a corte para o Brasil quando Napoleão invadiu Portugal.

5. D. João VI já (voltar) _____ a Portugal quando D. Pedro declarou a independência do Brasil.

6. Quando os bandeirantes descobriram os metais preciosos, eles já (ampliar) _____ a fronteira do Brasil até o Peru.

C. Use os verbos indicados no tempo adequado:

1. Cabral (chegar) _____ ao Brasil em 1500 e (dar) _____ o nome de índios aos habitantes.

2. Quando os descobridores chegaram no Brasil, (haver) _____ muitos índios na praia que (ficar) _____ assustados com os navios grandes.

3. Antigamente (haver) _____ muitas árvores de pau-brasil, por isto os descobridores (dar) _____ o nome de *Brasil* à nova terra.

4. Os brasileiros (estar) _____ cansados com a opressão de Portugal, por isto (querer) _____ se libertar do domínio português.

5. Os movimentos para a independência não (dar) _____ certo, e os revoltosos (ser) _____ castigados e alguns (ser) _____ enforcados ou fuzilados.

Lição 31

O NORDESTE BRASILEIRO

• • • • • • • • • • • • • • •

 Leitura: Paisagens Brasileiras—Fortaleza

Fortaleza é a capital do estado do Ceará, o qual faz parte
da região Nordeste. A cidade foi fundada pelos holandeses
e, mais tarde, dominada pelos portugueses. Possui uma localização privilegiada com um clima muito agradável; o
sol brilha quase todo o ano. Tem praias maravilhosas, de
areias brancas e águas cristalinas.

São famosas as rendas do Ceará, tecidas por criativas artesãs, as quais transformam
simples materiais da região numa delicada obra de arte. A mulher rendeira é um dos
tipos característicos da região.

O jangadeiro é outro tipo característico, cuja atividade é a
pescaria. Pescador corajoso, ele usa a jangada para fazer o seu
trabalho. A jangada é uma embarcação muito simples, cuja
base é feita de troncos de árvore e possui uma vela que é mo-
vida pelo vento.

Nesta região há muitos peixes, camarões e lagostas. Há
um tipo diferente de lagosta, o lagostim, cujo sabor é muito
apreciado.

 Leitura: O Saci-pererê

O Saci-pererê é uma figura do folclore brasileiro muito popular. Ele é um
pretinho que tem uma perna só, usa um gorro vermelho e fuma ca-
chimbo. O gorro dele é encantado, porque faz o Saci invisível. Ele se
diverte assustando os animais no pasto, **dando nó** no rabo dos cavalos.
Gosta também de **assustar** as crianças, e faz muitas confusões.

O Saci também atrapalha a vida dos homens. Ele **esconde** coisas e põe pedras no caminho para o viajante **tropeçar**. À noite, quando as pessoas estão dormindo, ele entra no quarto e tira as roupas da cama. Na cozinha, ele põe sal no café, queima a comida na panela e faz o leite **derramar**.

Dizem que o Saci sempre aparece quando tem vento muito forte com um **rodamoinho** de poeira e folhas secas. Se uma pessoa conseguir tirar o gorro do Saci, pode pedir a ele qualquer coisa que desejar.

Vocabulário da Leitura

dar nó: juntar duas cordas de tal maneira que elas não possam se separar, ou dar uma volta em uma corda fazendo com que a volta não possa se desfazer
assustar: surpreender, causando medo
esconder: botar um objeto num lugar que o dono não possa achá-lo
tropeçar: bater com o pé numa pedra ou algo que o faça perder o equilíbrio
derramar: deixar cair um líquido
rodamoinho: vento em forma de espiral

Gramática: Verbo Irregular **Sair** (no Indicativo)

	Presente	Pretérito Perfeito	Pretérito Imperfeito
1ª sing.	saio	saí	saía
2ª/3ª sing.	sai	saiu	saía
1ª pl.	saímos	saímos	saíamos
2ª/3ª pl.	saem	saíram	saíam

Conjuga-se igual: **cair, trair, distrair, extrair, atrair, subtrair** etc.

Exercício

A. Complete as frases com o verbo indicado no presente do indicativo:

1. Os Sacis (sair) _____ juntos para assustar os cavalos.

2. As panelas (cair) _____ muito quando o Saci está na cozinha.

3. As encruzilhadas (atrair) _____ os Sacis.

4. Nós nos (distrair) _____ muito com as histórias de Sacis.

5. O Saci sempre se (sair) _____ bem nas estrepolias.

B. Use o pretérito perfeito:

1. Os turistas se (distrair) _____ muito andando de jangada ontem.

2. A bolsa de um deles (cair) _____ no mar.

3. O jangadeiro (extrair) _____ um dente de tubarão preso a sua pele.

4. O passeio de jangada (atrair) _____ muitos jovens.

5. Entre os passeios do nordeste, a aventura na jangada se (sobressair) _____.

C. Use o pretérito imperfeito:

1. As rendas do Ceará nunca (sair) _____ de moda.

2. Eu me (distrair) _____ muito com os pássaros, quando era criança.

3. Eles (atrair) _____ atenção de todos.

4. Ela (trair) _____ a confiança da amiga.

5. Eles (extrair) _____ muito petróleo naquela área.

D. Use o presente, pretérito perfeito ou imperfeito:

1. Quando eu (ter) _____ nove anos, eu (morar) _____ numa cidade pequena e (ir) _____ à escola a pé, porque ela (ficar) _____ perto da minha casa.

2. Ontem eu não (trabalhar) _____ porque (ter) _____ que levar minha mãe ao hospital, porque ela (cair) _____ e (quebrar) _____ o pé.

3. Antigamente eu (fumar) _____ muito porque (estar) _____ na universidade e (ficar) _____ muito nervoso com os testes.

4. Ontem eu (chegar) _____ em casa às 7 horas, porque eu (ter) _____ que terminar um trabalho e (demorar) _____ muito mais do que eu (pensar) _____.

5. Os seringueiros (extrair) _____ o líquido da seringueira e depois (fazer) _____ a borracha.

Leitura: Não Exagere, Zuzu!

Zuzu Sabóia não perde uma festa badalada e oportunidade de sair nas colunas sociais. No outro dia ela falava no telefone com Heleninha Chanson, soçaite emergente presente nas colunas cariocas.

HELENINHA: Como foi a festa ontem naquela tremenda mansão dos Marinho?

ZUZU: Nem queira saber, Heleninha! Bem que senti sua falta. Foi *ma-ra-vi-lho-sa*! A decoração estava divina. O cardápio, superinternacional. Todo mundo saiu encantado . . . Foi notável. Cada vestido bacanérrimo, menina! O pianista afiadíssimo, e a cantora com um repertório moderníssimo! Roque, MPB, axé. Dançamos até as 4 da manhã com aquela banda quentíssima.

HELENINHA: Quantas pessoas havia?

ZUZU: O Rio de Janeiro inteiro! Era melhor perguntar quem não foi. Os salões cheíssimos.

Gramática: O Superlativo

O superlativo é uma ênfase usada para destacar uma ideia. Há várias maneiras de expressá-lo.

O Sufixo -íssimo/a

fertil   fertil**íssimo**   bela   bel**íssima**

Adjetivos terminados em **-vel** reassumem a forma *amabile, confortabile* para depois formar o superlativo em **-billíssimo/a**:

amável   ama**bilíssimo**

confortável   conforta**bilíssimo**

O mesmo sucede com *antigo,* reassumindo *antiquus* para dar o superlativo **-quíssimo/a**:

antigo   anti**quíssimo**

Adjetivos terminados em **-z** fazem **-císsimo/a**:

feliz   feli**císsimo**

Os que terminam em **-m** fazem **-níssimo/a**:

comum   comu**níssimo**

Difícil e *fácil* fazem **-ílimo/a**

dific**ílimo**   fac**ílimo**

Muito comum em português é o superlativo do substantivo *amigo*: ami**císsimo**.

Nos superlativos irregulares, alguns adjetivos reassumem sua forma latina antes de ganhar o sufixo:

doce → *dulcis*   dulc**íssimo**

fiel → *fidelis*   fidel**íssimo**

nobre → *nobilis*   nobil**íssimo**

Alguns irregulares terminam em **-érrimo/a**

pobre → *pauper*   paup**érrimo**

negro → *niger*   nig**érrimo**

Analítico

Advérbios de intensidade acompanham adjetivos na formação desses superlativos.

muito antigo   **intensamente** sujo

Superlativos Formados através do Exagero da Entonação

presente **ma-ra-vi-lho-so**   mulher **cha-tér-ri-ma**

Prefixos

ultra-	**ultra**moderno
super-	**super**executivo, **super**-homem*
arqui-	**arqui**milionário

*Usa-se o hífen depois do prefixo **super** quando o segundo elemento começa por *h* ou *r.*

Repetição

Neve **branquinha, branquinha**

Expressões Fixas

podre de rico
melhor de todos
cozinheira **de mão cheia**

Exercício

A. Passe as palavras em negrito para o superlativo:

1. Luísa está **triste**. _____.

2. O carro é **novo**. _____.

3. Eles são **ocupados**. _____.

4. O apartamento é **caro**. _____.

5. O quadro é **belo**. _____.

6. Ele é **inteligente**. _____.

7. O hotel é **barato**. _____.

8. O prédio é **alto**. _____.

9. Ele está **gordo**. _____.

10. Pedro é **forte**. _____.

11. Brasília é uma cidade **moderna.** _____

_____.

B. Complete com o superlativo:

1. Aqueles dois irmãos são (amigos) _____.

2. Ouro Preto é uma cidade (antiga). _____.

3. O clima das montanhas é (agradável) _____.

4. Os noivos estão (felizes) _____.

5. Aqueles homens são (pobres) _____.

6. Pedro está doente, ele está (magro) _____.

7. Gosto daquele quadro porque ele é (antigo) _____ e seu autor é

(famoso) _____.

8. As modelos geralmente são (magra) _____.

9. Os funcionários estão (felizes) _____ com o novo salário.

Português Formal e Informal

Observe a linguagem de Zuzu. Ela fala *gíria*, isto é expressões idiomáticas criadas pelas pessoas, pelos meios de comunicação que se usam durante um período mais ou menos extenso. Por exemplo, ela fala:

bacanérrimo, em vez de *maravilhoso, notável, chique, elegante*

bárbaro, em vez de *excelente, ótimo*

máximo, em vez de *ótimo, fabuloso*

Observe os dois diálogos seguintes e veja a diferença de linguagem das pessoas que falam, uma bastante formal e a outra informal—é a linguagem popular, criada e falada nas ruas.

Português Formal

—Não pude ir à festa. Como foi?

—Foi ótima! Muita gente, boa comida e bebida, umas garotas incríveis e uma música excelente! Tudo correu maravilhosamente bem.

—E eu perdi tudo! Que pena!

Português Informal (Gíria)

—Deu zebra e eu perdi a festança. E aí . . . ?

—Foi um barato! Cheio de gente, comes e bebes tava uma loucura e as gatinhas de outro mundo. A banda foi um estouro! Tudo foi a mil por hora.

—Que droga! Eu dancei nessa!

Gramática: O Infinitivo Pessoal

Nas pessoas do singular a forma é idêntica; nas pessoas do plural acrescenta-se **-mos, em.**

	ESTAR	VIVER
1ª sing.	estar	viver
2ª/3ª sing.	estar	viver
1ª pl.	estarmos	vivermos
2ª/3ª pl.	estarem	viverem

Emprega-se o infinitivo pessoal nos casos seguintes.

Quando o sujeito está expresso claramente:
Esta situação permitiu aos sindicatos **reinvidicarem** melhores salários.
Depois de expressões impessoais de avaliação (observe a mesma ideia expressa pelo subjuntivo, com *que*):
É melhor não **atravessarmos** o rio.   *(É melhor que não atravessemos o rio.)*
Com verbos de percepção como *ver, ouvir, sentir:*
Vi seus olhos **brilharem.**   Eles ouviram os carros **passarem.**
Com verbos que usam persuasão como *mandar, deixar* e *dizer:*
A diretora mandou os alunos **levantarem.**
Com *depois de, antes de:*
Ele chegou depois de nós **chegarmos.**
Depois de preposições como *para, ao:*
O guarda pediu para **mostrarmos** os documentos.
Ao **acordarem** viram que tinha nevado.
Ao **vermos** o recém nascido, choramos de emoção.

 Exercício

A. Complete as frases com o verbo **ter** no infinitivo pessoal:

1. Como é bom eu _____ paciência.

2. É bom ela _____ paciência para fazer toalhas de renda.

3. É bom vocês _____ paciência com as brincadeiras do Saci.

4. É melhor nós _____ escolhido as praias do Nordeste para visitar.

5. É ótimo você _____ amigos com quem ficar nas praias.

B. Complete com o verbo indicado no infinitivo pessoal:

1. Pedi-lhe para (sair) _____ da sala.

2. Marquei para nos (encontrar) _____ na praia amanhã.

3. Eles querem (comprar) _____ uma casa.

4. É melhor eles (vender) _____ o apartamento.

5. Estes exercícios são fáceis de (fazer) _____.

C. Passe as frases para o plural:

1. Ela pediu para ele comprar o livro amanhã.

   _____.

2. Ela fez muita caipirinha para servir na festa.

   _____.

3. A mãe falou para ela fechar a janela do quarto.

   _____.

4. O professor mandou escrever uma carta de agradecimento.

   _____.

 Tarefa Oral

Gigi é sua amiga e companheira de quarto na universidade. Ela se interessa cada vez mais pelas causas sociais e decidiu trancar matrícula e passar um ano no Brasil trabalhando com uma ONG. Essa ONG desenvolve programas de saneamento e educação em favelas. Os pais de Gigi não estão nada contentes com essa ideia e querem seu apoio. Assumam esses papéis e façam uma apresentação oral (Gigi, pai, mãe, amiga, representante da ONG).

GRANDES CIDADES BRASILEIRAS

● ● ● ● ● ● ● ● ●

Ouça a leitura abaixo e complete com as palavras desta lista:

construções	data	governo
Federal	tempo	conhecido
turistas	residência	Executivo
arquiteto	religiosos	habitantes
capital	construído	portões
presidente	edifícios	militares

 Leitura: Brasília

Brasília é a _____ do Brasil, localizada no território do Distrito _____; foi inaugurada em 21 de abril de 1960 pelo presidente Juscelino Kubitschek (chamado de JK). A partir desta _____ iniciou-se a transferência dos principais órgãos do _____ federal para a nova capital com a mudança das sedes dos poderes _____, Legislativo e Judiciário federais. No censo de 2007 foi constatada uma população de 2.455.903 de _____.

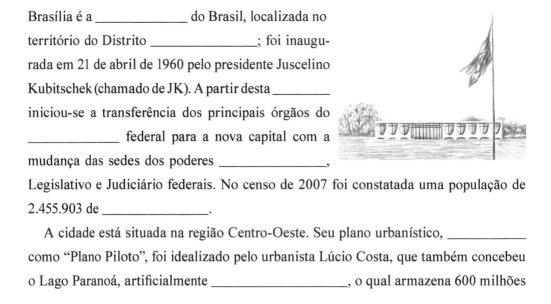

A cidade está situada na região Centro-Oeste. Seu plano urbanístico, _____ como "Plano Piloto", foi idealizado pelo urbanista Lúcio Costa, que também concebeu o Lago Paranoá, artificialmente _____, o qual armazena 600 milhões de metros cúbicos de água. Muitas das _____ da Capital Federal foram projetadas pelo renomado _____ Oscar Niemeyer. O traçado de ruas de Brasília obedece ao plano piloto implantado pela empresa Novacap. Niemeyer projetou os principais _____ públicos da cidade. Para fazer a transferência simbólica da capital do Rio para Brasília, Juscelino fechou solenemente os _____ do Palácio do Catete, no Rio de Janeiro, mais tarde transformado em Museu da República. JK, também chamado o _____ bossa-nova, devido à época que governou e seu caráter inovador, construiu a cidade em _____ recorde. Contudo, a transferência efetiva da infraestrutura governamental só ocorreu durante os governos _____, já na década de 70.

Brasília é classificada como Patrimônio Cultural da Humanidade pela Unesco. Recebe um milhão de _____ por ano. Entre suas atrações mais visitadas estão o Congresso Nacional e o Palácio da Alvorada, _____ oficial da Presidência da República, além da Praça dos Três Poderes, a Catedral, e o Memorial JK. Outra bela obra arquitetônica de vulto é a recém-construída ponte Juscelino Kubitschek, premiada internacionalmente pela beleza de sua arquitetura.

Brasília ainda é conhecida por suas comunidades espiritualistas localizadas nos seus arredores e também por templos _____ como o Templo da Boa Vontade, da Legião da Boa Vontade. Brasília é um importante centro de ecoturismo por estar localizada mil metros acima do nível do mar, no imenso platô do Planalto Central, de onde nascem quase todas as grandes bacias hidrográficas brasileiras.

 Perguntas

1. Qual foi o presidente responsável pela mudança da capital?
2. O dia escolhido para a inauguração de Brasília homenageia a Inconfidência Mineira, pois 21 de abril é o dia da morte de Tiradentes. Você acha que essa homenagem é justificada? Por quê?
3. Quais as possíveis razões para a mudança da capital? Alguns críticos condenam a mudança, dizendo que a capital deveria ter permanecido no Rio de Janeiro. Quais seriam as razões para essa posição?
4. O que é o Palácio do Catete agora?

5. Como se chama a residência do presidente?

6. O que tem a Catedral de especial e quem a projetou? Procure na internet e observe a ilustração.

7. O que é um platô?

8. O que é a Legião da Boa Vontade?

9. Brasília foi concebida como tendo a forma de um avião. Quem foi responsável pelo plano piloto?

O Presidente Lula

O presidente do Brasil, Luiz Inácio Lula da Silva, iniciou seu mandato em 2003 e deverá permanecer no poder até 2011, fim do segundo mandato. Entre os acontecimentos importantes de seu governo estão o programa de combate à fome, chamado Fome Zero, e ampliação do programa Bolsa Escola, iniciado no governo de Fernando Henrique Cardoso, destinado a dar educação a todos os brasileiros, principalmente os de renda baixa, através de um sistema de cotas.

Leitura: A Cidade de São Paulo

São Paulo é a capital do estado de São Paulo. Com 8,9 milhões de habitantes, de acordo com o censo de 2007, é a mais populosa cidade do Brasil. Sua região metropolitana tem cerca de 20 milhões de habitantes, o que a torna a metrópole mais populosa do Brasil. São Paulo é um grande centro cultural e de entretenimento.

A cidade enfrenta problemas comuns a outras metrópoles: um exemplo é o excesso de automóveis que circulam em suas avenidas (média de um veículo para cada dois habitantes), criando poluição ambiental.

São Paulo apresenta fortes disparidades socioeconômicas: enquanto a parte da cidade mais próxima do centro é rica e desenvolvida, as áreas periféricas sofrem com carência de infraestrutura e de instalações que propiciem bem-estar social. A pobreza e precariedade habitacional provoca a ocorrência de favelização e de loteamentos irregulares.

São Paulo destaca-se como o maior centro de produção e o maior mercado consumidor do país. São Paulo também é um grande entroncamento rodoviário intra e interestadual.

A história de São Paulo se inicia em 1554, quando os padres jesuítas Manuel da

Nóbrega e José de Anchieta abrem um colégio no vilarejo. Em São Paulo teve início a atividade dos bandeirantes à caça de índios, de ouro e de diamantes. A descoberta do ouro na região de Minas Gerais fez com que as atenções do reino se voltassem para São Paulo, que foi elevada à categoria de cidade em 1711. De lá se organizavam e saíam as expedições a busca do ouro. De meados do século XIX até o seu final a província come-çou a receber uma grande quantidade de imigrantes, em boa parte italianos, dos quais muitos se fixaram na capital, e as primeiras indústrias começaram a se instalar. O auge do período do café é representado pela construção da segunda Estação da Luz no fim do século XIX.

Com o crescimento industrial da cidade no século XX, a área urbanizada passou a aumentar. Um grande surto industrial se deu durante a Segunda Guerra Mundial, devido à crise na cafeicultura e às restrições ao comércio internacional. Atualmente, o crescimento vem se desacelerando, por causa do crescimento industrial de outras regi-ões do Brasil, e o perfil da cidade vem se transformando de uma cidade industrial para uma metrópole de comércio, serviços e tecnologia. Hoje é considerada a mais impor-tante metrópole da América Latina.

A Imigração Europeia

A comunidade italiana é uma das mais fortes, marcando presença em toda a cidade. São Paulo tem mais descendentes de italianos que qualquer cidade italiana. Ainda hoje, os italianos se agrupam em bairros como o Bixiga, Brás e Mooca para promover come-morações e festas. No início do século XX, o italiano e seus dialetos eram tão falados quanto o português na cidade, influenciando o dialeto paulistano da atualidade.

A comunidade portuguesa também é bastante numerosa, e estima-se que 3 milhões de paulistanos possuam origem portuguesa. Os descendentes de imigrantes espanhóis e alemães são numerosos, embora em menor quantidade. A colônia judaica faz-se re-presentar por mais de 60 mil pessoas e seus membros se concentram principalmente em Higienópolis.

Árabes

Umas das colônias mais marcantes da cidade é a de origem árabe. Os libaneses e sírios chegaram em grande número entre os anos de 1900 a 1930. Hoje seus descendentes es-tão totalmente integrados à população brasileira, embora aspectos culturais de origem árabe marquem até hoje a cultura da capital paulistana. Restaurantes de comida árabe abundam por toda a cidade, vendendo pratos que já entraram definitivamente na culi-nária brasileira: quibe, esfiha, charutinho de repolho etc. A Rua 25 de Março foi criada pelos árabes, que eram em sua maioria comerciantes.

Japoneses

A cidade de São Paulo possui o maior número de japoneses fora do Japão. Imigrantes do Japão chegaram desde 1908 até a década de 1950. A maior concentração de orientais da cidade está no Bairro da Liberdade. Este distrito de São Paulo possui letreiros escritos em japonês e lojas com peças típicas do Japão; a língua falada nas ruas é o japonês.

Negros

A cidade já contava com população negra no século XIX, mas foi a partir da segunda metade do século XX que essa população cresceu rapidamente, através da chegada de pessoas de outros estados brasileiros, principalmente da zona litorânea da Bahia.

Outros Brasileiros

Com a decadência da imigração europeia e asiática após a década de 1930, passou a predominar a vinda de migrantes, em sua maioria oriundos da região Nordeste do Brasil. A maior parte desse enorme fluxo migratório veio de Pernambuco, Paraíba, Alagoas, Bahia e norte de Minas Gerais.

 **Perguntas**

1. O que caracteriza São Paulo como uma grande metrópole?
2. Qual é a diferença básica entre a cidade em si, com seu comércio, indústria e entretenimento desenvolvidos, e a chamada periferia?
3. Primeiro colonizada pelos jesuítas, São Paulo foi palco das entradas e bandeiras. Explique este fato histórico, importante no desenvolvimento do Brasil.
4. Qual foi a importância do plantio do café?
5. Qual é a comunidade de descendência europeia mais numerosa em São Paulo?
6. Quais são as outras?
7. Como se faz sentir sua presença na cidade?
8. São Paulo, assim como o Rio de Janeiro, atrai muitos migrantes. De onde eles vêm e por quê?
9. Tomie Ohtake é uma das grandes pintoras brasileiras. Tizuka Yamazaki é uma cineasta famosa pelo filme *Gaijin,* que conta a saga dos japoneses no Brasil. Os nipo-brasileiros se destacam em todos os setores culturais. Encontre mais informação sobre um deles na internet.

Gramática (Revisão): Os Verbos e Seus Diferentes Significados

DEVER

Ele **deve** muito dinheiro ao banco.

O filho **deve** respeitar os pais.

O trem já **deve** estar chegando.

Você **deve** estar muito cansado depois desta viagem.

Você **deve** prestar mais atenção aos sinais de trânsito.

Esta carta **deve** ser de minha mãe.

Isto **deve** ser o contrato do banco.

ACABAR

Ele **acabou** de telefonar para você.

Nós **acabamos** de chegar e você chamou.

Ela **acabou** de fazer o serviço, quando o diretor chegou.

Ele **acabou** o namoro com a Lúcia.

Ela **acabou** se dando mal com o chefe.

Tudo **acabou** bem.

LEVAR

Não me **leve** a mal, é só brincadeira.

Eu gosto dele, mas ele não me **leva** a sério.

Elas **levam** tudo na brincadeira.

Ontem **levei** um choque com o ferro elétrico.

A menina **levou** um susto com o cachorro pulando atrás dela.

Eles **levaram** uma semana para fazer o trabalho da escola.

Ela **leva** dez minutos de carro para ir de casa à escola.

DEIXAR

Eu **deixei** de falar com ele depois do acidente.

Ela **deixou** de fumar há um ano.

Ele **deixou** de usar óculos há muito tempo.

Você **deixou** de procurar trabalho?

SAIR-SE

Ela **se saiu** muito bem na entrevista ontem.

Você **se saiu** muito bem no programa de televisão.

Ele **se saiu** mal na entrevista e não foi contratado.

Ela sempre **se sai** bem quando tem um problema.

MORRER

Ela **morreu** de rir quando leu o artigo do jornal.

O diretor **está morrendo** de raiva hoje.

Eu **morro** de trabalhar e ganho tão pouco!

Estou morrendo de fome. **Estou morrendo** de sede. **Estou morrendo** de cansaço. **Estou morrendo** de sono.

Exercício

A. Complete com o verbo adequado de acordo com o sentido da frase.

| morrer | sair-se | levar |
| acabar | deixar | dever |

1. Ele _____ de chegar de São Paulo.

2. Ele _____ muito bem falando português, apesar de só ter um ano de aprendizado.

3. Eles _____ de vontade de comer pizza no bairro italiano.

4. Há muitos anos que os bandeirantes _____ de perseguir os índios.

5. Os paulistas dizem que os cariocas _____ tudo na brincadeira.

6. _____ fazer frio em junho em São Paulo.

B. Passe para o plural:

1. O libanês não leva a sério o quibe feito de carne de boi.

_____.

2. O japonês está morrendo de raiva porque não pronunciam Tokagatu certo.

_____.

3. Quando o jesuíta tinha acabado de chegar de Portugal não sabia falar a língua tupi. _____.

4. Todo imigrante se sai muito bem em São Paulo, pois há chances de emprego.

_____.

5. Eu levei um mês para terminar o projeto de reforma da casa.

_____.

Gramática (Revisão): Verbos e Suas Preposições

Alguns verbos sempre vêm acompanhados de preposição. Observe:

DE

Ele **gosta de** música.

Ela **precisa de** um carro.

Nós **paramos de** fumar.

Marta se **esquece de** tudo.

A mãe **cansou-se de** ajudá-lo.

Ela **morreu de** rir.

Meus pais **dependem de** mim.

Não **desisto de** aprender português.

José **acabou de** chegar.

Eles **deixaram de** jogar tênis.

Lembro-me de tudo agora.

Ele **morreu de** ataque cardíaco.

COM

O pai se **preocupa com** o filho.

Ontem eu **sonhei com** sua festa.

Ele **falou com** o diretor hoje.

Contento-me com pouca coisa.

Ela sempre **sai com** o cachorro.

Ele **acabou com** todo o dinheiro.

Maria sempre **discute com** a mãe.

Lutei com todas minhas forças.

A

Ele não **obedece à** lei.

Ela **assistiu à** ópera.

Ele **ensinou-me a** dirigir carro.

Ela **agradou a** toda família.

Você **continua a** pintar?

Ela sempre **ajuda a** todos.

Ele **aprendeu a** tocar violão comigo.

Ele **começou a** andar este mês.

EM

Ele **confia em** Deus.

Sempre **penso em** você.

Eu não **acredito em** superstição.

Nós **insistimos em** ajudá-lo.

POR (PELO/A)

Nós **lutamos por** sua ideia.

Eu **ansiava por** sua chegada.

Você se **interessa por** tudo.

Ele **briga por** qualquer coisa.

Ele **perguntou por** você hoje.

Ele **não perguntou** por mim.

Eles **lutam pela** democracia.

O jesuíta **pediu pelos** índios doentes.

Ela **mandou** a notícia **pela** internet?

A filha **chamou pelo** pai.

Exercício

Complete as frases com a preposição adequada:

1. Nós confiamos _____ políticos.

2. Eles lutam _____ liberdade, _____ todo entusiasmo.

3. Ela vai _____ Brasília _____ o namorado.

4. Eles assistiram o debate político _____ os colegas.

5. Nós continuamos _____ defender os direitos dos índios e acabamos _____ receber um grupo do Xingu.

6. O senador sempre ajudou _____ todos, mas agora parou _____ fazê-lo.

7. Eles deixaram _____ cumprir a lei e agora discutem _____ o advogado _____
   resolver o problema.

8. Eles se interessam _____ tudo relacionado _____ política.

Leitura: O Sistema Político Brasileiro

O Brasil é uma República federativa presidencialista. O sistema legal brasileiro segue a tradição romano-germânica. O poder executivo é exercido pelo presidente, que acumula as funções de chefe de estado e chefe de governo, eleito quadrienalmente. Junto com as eleições presidenciais, vota-se para o Congresso Nacional, sede do poder legislativo. O Congresso está dividido em a Câmara dos Deputados, que têm mandato de quatro anos, e o Senado Federal, cujos membros possuem mandatos de oito anos. Finalmente, há o poder judiciário, cuja instância máxima é o Supremo Tribunal Federal, responsável por interpretar a Constituição Federal e composto de onze ministros indicados pelo presidente sob referendo do Senado, dentre indivíduos de renomado saber jurídico.

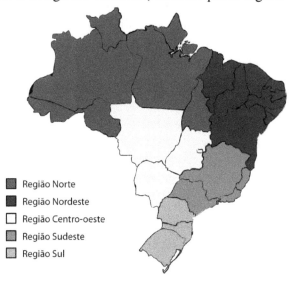

■ Região Norte
■ Região Nordeste
□ Região Centro-oeste
■ Região Sudeste
■ Região Sul

 Atividade

A. Faça três comparações entre o sistema político do Brasil e de seu país. Por exemplo: Meu país tem mais estados do que o Brasil.
B. Compare a vida na cidade e a vida no interior.

 Exercício

Complete as frases comparando e usando as palavras indicadas:

1. **moderna**: Brasília é _____ Salvador.

2. **grande**: São Paulo é _____ Brasília.

3. **boa**: A terra da região Sul é _____ Nordeste.

4. **grande**: São Paulo é _____ o Rio de Janeiro.

5. **bom**: O trânsito de Brasília é _____ São Paulo.

6. **pequeno**: Porto Alegre é _____ São Paulo.

7. **antigo**: O Rio de Janeiro é _____ Brasília.

8. **boa**: Curitiba é _____ para viver _____ São Paulo.

9. **grande**: A hidroelétrica de Itaipu é _____ Tucuruí, no Amazonas.

10. **frio**: O clima da região Sul é _____ região Norte.

 **Tarefa Oral**

Explique seu ponto de vista a respeito dos ítens abaixo:

1. Como fazer amigos. Há obrigações entre amigos? Quais as qualidades do bom amigo? O que temos que fazer para sermos bons amigos?

2. Quem você considera como seu amigo íntimo? Qual é a diferença entre o amigo íntimo e o conhecido?

3. O que você acha de encontrar namorado pela internet?

4. O que pensa das redes de amigo? Você pertence a alguma?

Lição 33

Um Poeta e Muitas Festas

• • • • • • • • • • • • • •

 Leitura: "José"

Carlos Drummond de Andrade

E agora, José?
A festa acabou,
a luz apagou,
o povo sumiu,
a noite esfriou,
e agora, José?
e agora, você?
você que é sem nome,
que zomba dos outros,
você que faz versos,
que ama protesta?
e agora, José?

Está sem mulher,
está sem discurso,
está sem carinho,
já não pode beber,
já não pode fumar,
cuspir já não pode,
a noite esfriou,
o dia não veio,
o bonde não veio,
o riso não veio,

não veio a utopia
e tudo acabou
e tudo fugiu
e tudo mofou,
e agora, José?

E agora, José?
Sua doce palavra,
seu instante de febre,
sua gula e jejum,
sua biblioteca,
sua lavra de ouro,
seu terno de vidro,
sua incoerência,
seu ódio—e agora?

Com a chave na mão
quer abrir a porta,
não existe porta;
quer morrer no mar,
mas o mar secou;
quer ir para Minas,
Minas não há mais.
José, e agora?

Se você gritasse,
se você gemesse,
se você tocasse
a valsa vienense,
se você dormisse,
se você cansasse,
se você morresse . . .
Mas você não morre,
você é duro, José!

Sozinho no escuro
qual bicho-do-mato,
sem teogonia,
sem parede nua

para se encostar,
sem cavalo preto
que fuja a galope,
você marcha, José!
José, para onde?

 **Conversa**

Discutam o tom do poema (otimista, pessimista), sua estrutura gramatical (sentenças longas, curtas; verbos no presente, passado, imperfeito) e sua mensagem. Digam o que gostaram e o que não gostaram.

Vamos tentar achar solução para a angústia existencial de um cidadão chamado José. Complete as frases abaixo usando o futuro do pretérito:

Se ele gritasse,
se ele gemesse,
se ele tocasse a valsa vienense,
se ele dormisse,
se ele morresse . . .

Leitura: Loto, Loteria, Sena

Francisco sonha com muitas coisas . . . mas ele não tem dinheiro. O salário dele é pouco, só dá para as despesas essenciais. Mas ele não desiste! Toda semana ele joga na loteria e espera o resultado. Ele já ganhou algumas vezes, mas foi pouco dinheiro. Ele continua tentando, continua jogando . . . Ele pensa: Se eu ganhasse na loto sozinho, a primeira coisa que  faria seria comprar um avião. Depois contrataria um piloto muito bom e iria viajar pelo mundo todo, com minha família e alguns amigos.

Se eu ganhasse muito, muito dinheiro eu queria viajar um ano, conhecer aqueles lugares históricos da Grécia, do Egito, de Roma. Gostaria de ver a misteriosa Índia, a estranha China e a bela Tailândia. Tomaria chá numa casa especial em Tóquio . . .

Ah! Se eu ganhasse na loto . . .

 **Exercício**

A. Escreva os verbos no imperfeito do subjuntivo e termine a sentença:

1. Se ele (trabalhar) _____.

2. Se Francisco e sua família (andar) _____.

3. Se ele (conhecer) _____.

4. Se eu (viajar) _____.

5. Se eu (jogar na loteca) _____.

B. Complete com o verbo indicado no imperfeito do subjuntivo:

1. Era possível que eles (chegar) _____ antes do avião sair.

2. O professor queria que nós (falar) _____ só português.

3. Foi preciso muitas horas para que ele (terminar) _____ o trabalho.

4. O pai pediu para que nós (levar) _____ o carro à oficina.

5. Nós pensamos que elas (gostar) _____ de estudar.

C. Passe as frases para o imperfeito do subjuntivo:

1. A mãe quer que a filha estude medicina.

   _____.

2. Quero encontrar um apartamento que me agrade muito.

   _____.

3. Desejo que vocês gostem desta cidade.

   _____.

4. Elas duvidam que eu fale com o presidente.

   _____.

5. Eles querem que o pai venda a casa.

   _____.

D. Passe as frases para o imperfeito do subjuntivo como no exemplo, fazendo as modificações necessárias. Por exemplo:

É preciso que eu fale bem português. Era preciso que eu falasse bem português.

1. Você pede que os alunos estudem muito.

   _____.

2. Nós queremos que o trabalho termine hoje.

   _____.

3. Eles receiam que o carro não funcione.

   _____.

4. Duvido que o presidente ganhe a eleição.

   _____.

5. Ela espera que os filhos estudem engenharia.

_____.

E. Complete com o verbo indicado no pretérito imperfeito do subjuntivo:

1. Mesmo que eu (saber) _____ o resultado, não lhe diria.

2. Se Jorge (poder) _____, compraria um carro novo.

3. Gostaria que eles (vir) _____ morar comigo.

4. Se eles (estar) _____ com o carro, poderiam ir a São Paulo.

5. Se você (estar) _____ aqui, teria conhecido o Alfredo.

F. Complete com o verbo indicado no pretérito perfeito do indicativo.

1. Ontem elas não (poder) _____ trabalhar.

2. No ano passado eles (ter) _____ muitos problemas.

3. No mês passado vocês (estar) _____ na escola.

4. Ontem os alunos (vir) _____ estudar na biblioteca.

5. Anteontem elas (ver) _____ um filme na TV.

G. Complete como no exemplo:

Se ele viesse à noite, eu não sairia.

1. Se (poder) _____, não (voltar) _____ nunca.

2. Se elas (saber) _____, elas (dizer) _____ tudo.

3. Se nós (fazer) _____ os exercícios, (aprender) _____ mais.

4. Se elas (poder) _____, elas (ir) _____ à festa.

5. Se ele (vir) _____ aqui agora, (ver) _____ tudo com os próprios olhos.

6. Se você (ir) _____ à praia comigo, eu (ficar) _____ muito satisfeita.

Leitura: As Festas Juninas

No Brasil, o mês de junho é um mês de muitas festas, as festas juninas. Elas celebram os três santos: Santo Antônio no dia 13, São João no dia 24 e São Pedro no dia 29. Santo Antônio é o protetor dos casais, e por isto o dia dos namorados é dia 12 de junho, véspera de Santo Antônio.

As festas são feitas ao ar livre, e o local é enfeitado com bandeirinhas coloridas. Fazem uma fogueira no centro e soltam foguetes e balões. Há muita música caipira, tocada com acordeom e violão. As pessoas dançam a quadrilha e às vezes representam uma cena de um casamento da roça. O rapaz usa uma calça com remendo, blusa xadrês e chapéu de palha; a moça um vestido comprido de material ordinário bem colorido. Ela tem tranças. A esses trajes e à maneira como se vestem dá-se o nome de *caipira*.

Para ajudar a esquentar, todos tomam uma bebida típica chamada *quentão,* que é preparada com cachaça, açúcar e canela e é servida muito quente. Serve-se comida típica como cocada, batata doce, pipoca e milho assado na própria fogueira.

 **Perguntas**

1. Por que as festas se chamam *juninas*?
2. Como é o local onde se realizam as festas?
3. Quais os instrumentos musicais que tocam nas festas?
4. Como as pessoas se vestem?
5. Como é a bebida típica das festas juninas?
6. O que as pessoas comem?

 **Exercício**

A. Passe para o plural:

1. O casal solta o balão que tem uma cor bonita.

   _____.

2. O músico toca violão, e a moça e o moço dançam a quadrilha.

   _____.

3. O dono da casa, o filho e o primo enfeitam o local com bandeirinhas.

   _____.

4. O padre dá a bênção para o noivo.

   _____.

5. A menina dança a quadrilha, canta música caipira e come pipoca.

   _____.

B. Complete com o verbo indicado no presente:

Atualmente as festas juninas (ser) _____ comemoradas mais nas cidades do interior, onde o povo ainda (tentar) _____ manter viva as tradições. Nas escolas (haver) _____ muitas festas folclóricas. Os alunos (aprender)

_____ a origem e (pesquisar) _____ fatos e informações. De-

pois eles (fazer) _____ os preparativos e (planejar) _____ a

decoração. Também (fazer) _____ os enfeites e (comprar) _____

as roupas de acordo com o tema da festa. As crianças (ensaiar) _____ as

danças, (aprender) _____ a tocar as músicas e (decorar) _____ a

letra das canções.

C. Agora escreva a leitura acima usando o imperfeito do indicativo:

Antigamente, _____

_____

_____

_____

_____

_____

_____

_____

_____

_____

_____

_____

_____

_____

_____

_____.

Lição 34

AMAZÔNIA

• • • • • • •

Leitura: No Escritório

PEDRINHO: D. Marta, a senhora pode fazer-me um favor?

D. MARTA: Naturalmente, Pedrinho. O que você quer?

PEDRINHO: Quando a senhora vier amanhã, a senhora poderia passar no correio e comprar uns selos para mim?

D. MARTA: Claro. Eu sempre passo pelo correio para olhar a caixa postal. Sempre que precisar é só falar comigo.

PEDRINHO: Muito obrigado. Já que a senhora se ofereceu, quando for ao correio poderia registrar estas cartas?

D. MARTA: Você quer registro simples ou com recibo?

PEDRINHO: Simples, não há necessidade de recibo. Muito obrigado.

D. MARTA: Até amanhã.

PEDRINHO: D. Marta, a senhora poderia trazer um pãozinho de sal fresco da padaria?

D. MARTA: Pedrinho, quando você acordar você se veste e você mesmo compra os pães, faz um café e nós comemos juntos quando eu chegar . . .

PEDRINHO: É que eu sou preguiçoso . . .

D. MARTA: E folgado . . .

 Perguntas

1. Qual é o primeiro pedido que Pedrinho fez a D. Marta?
2. D. Marta vai frequentemente ao correio?
3. Qual é o segundo pedido de Pedrinho?
4. Como as cartas vão ser registradas?

Curiosidades da Amazônia

Você sabia que a vitória-régia é a maior flor do mundo e
mede até dois metros de diâmetro?

Você sabia que os tubarões e peixes do mar entram no
Amazonas e conseguem se dar bem, apenas não se reproduzem na água doce?

Você sabia que de cada três índios brasileiros, dois vivem nas reservas indígenas da
Amazônia? O território é equivalente a quase três Alemanhas. Só os ianomâmis
ocupam uma área maior que a área de Portugal.

Você sabia que o Rio Amazonas percorre 6.868 km, quase a mesma distância entre
Nova York e Berlim?

Você sabia que o Rio Amazonas atinge profundidades de 120 m em várias partes?
A famosa Estátua da Liberdade de Nova York ficaria submersa se fosse colocada
numa dessas partes.

Você sabia que o peixe-boi é o maior animal da
Amazônia que pode atingir meia tonelada e 3 m
de comprimento?

Você sabia que o boto cor-de-rosa come entre 4 a
5 kg de peixe por dia?

Você sabia que o pirarucu é o maior peixe de água doce do mundo, podendo atingir
até 3 m de comprimento, e pesa até 200 kg?

Você sabia que o maior camarão de água doce é o pitu e que vive na Amazônia,
medindo até 48 cm?

Você sabia que o beija-flor é o menor pássaro do mundo e
pode medir apenas 5 cm? O beija-flor era o deus da
guerra dos Astecas. Seu bico comprido funciona como
uma arma de defesa e
ataque. Ele é territorial
e agressivo.

Você sabia que a seringueira
produz látex durante
todo o ano?

Leitura: Lendas Indígenas—O Guaraná

O guaraná é uma fruta que cresce na Amazônia. Possui muita cafeína, dando energia às
pessoas que tomam seu refrigerante ou o pó.

Diz a lenda que uma índia muito bonita, chamada Uniaí, plantou uma árvore chamada *castanheira*. A plantinha nasceu, cresceu e pouco a pouco se transformou numa

árvore muito alta. Um dia, quando a índia estava admirando a árvore, apareceu uma cobra. A cobra era um índio guerreiro que recebeu um castigo e por isto foi transformado em cobra. Ela gostou muito de Uniaí e se apaixonou por ela.

Algum tempo depois Uniaí teve um filho. Os irmãos dela ficaram com muita raiva porque pensavam que ela ia cuidar só do filho e não ia se importar com eles. Um irmão falou para o outro:

—Não quero ver minha irmã com um filho.

—Eu também não. Vamos falar com ela.

Quando eles conversaram com ela, ela ficou muito triste e teve medo de que os irmãos fizessem algum mal para seu filho. Então resolveu fugir de Noçoquém e foi morar num lugar longe, perto de um rio. Quando o filho cresceu, Uniaí contou-lhe que tinha plantado uma castanheira, e ele queria ver a árvore. Mas ela falou que era perigoso e que os tios dele poderiam matá-lo.

—Mas eu quero ver a sua castanheira, só uma vez. Vamos lá à noite.

—Está bem, mas só esta vez, falou Uniaí.

Eles foram e comeram muitas castanhas. O filho subiu na árvore e apanhou mais castanhas para levar para casa. Ninguém viu os dois. Eles voltaram para casa felizes.

Mas uns dias depois, quando as castanhas acabaram, o filho resolveu fazer uma surpresa para Uniaí. Ele foi sozinho buscar mais castanhas. Quando ele estava apanhando as frutas, os irmãos de Uniaí atiraram uma flecha, e o menino caiu morto.

Uniaí deu falta do filho e foi procurá-lo. Ela tinha quase certeza que ele tinha ido buscar castanhas. Quando ela chegou perto da castanheira, ela viu o filho caído no chão e correu para ajudá-lo. Já era muito tarde. Ele estava morto. Uniaí abraçou e beijou o filho e chorou muito. Depois ela teve uma ideia:

—Vou enterrar meu filho perto da castanheira de que ele tanto gostava.

Muito tempo depois, quando Uniaí foi ver o lugar onde tinha enterrado seu filho, ela teve uma surpresa. Uma planta muito bonita e verde cresceu no lugar onde ele estava. Ela tinha o tronco liso e as folhas largas, com umas frutinhas que eram vermelhas por fora e por dentro pretas e brancas, como os olhos do índio. Enquanto Uniaí olhava a árvore seu filho apareceu e disse:

—Minha mãe, eu voltei com uma missão de fundar uma nova tribo. Esta planta é um presente dos deuses. Ela se chama *guaraná* e é muito poderosa. Seus frutos curam as doenças e dão força aos guerreiros para lutarem na guerra. É também a fruta do amor e da energia da vida.

O filho de Uniaí foi o primeiro índio da tribo Maué. Os índios chamam o guaraná de *uaraná-cécé*.

 **Perguntas**

1. Quem se apaixonou por Uniaí?
2. Por que Uniaí mudou para longe de Noçoquém?
3. O que aconteceu com o filho quando ele foi buscar mais castanhas?
4. O que nasceu no lugar onde Uniaí enterrou o filho?
5. O que aconteceu quando Uniaí olhava para a árvore do guaraná?
6. O que é o guaraná?

Agora, dramatize a história com seus colegas. Os possíveis personagens são o narrador, os irmãos, a mãe e o filho.

Gramática: Expressões com o Imperfeito do Subjuntivo—Como se . . .

Nada **como se fosse** um peixe.
Seduz as mulheres **como se fosse** um boto.
Imita os outros **como se fosse** um papagaio.
Cortam as árvores da Amazônia **como se** elas jamais **fossem** acabar.
A cobra fala com a moça **como se fosse** uma pessoa.

Leitura: Lendas Indígenas—O Boto Cor-de-Rosa

O boto cor-de-rosa é um golfinho da Amazônia. Os amazonenses contam muitas histórias sobre ele. Numa festa à noite havia muita música, muita dança e muita comida. As moças eram muito bonitas e os moços ficavam disputando para ver quem ficava com a moça mais bonita da noite. Tinha um rapaz diferente que chamou mais a atenção das moças. Todas queriam dançar com ele. Ele era alto, forte e moreno e dançava muito bem. Ele foi o rei da festa. Mas antes da festa acabar ele desapareceu. Ninguém sabia onde ele estava. E as moças ficaram sonhando, esperando que ele voltasse um dia.

No dia seguinte da festa, os moradores viram um boto tranquilo na margem do rio. Os pescadores decidiram matá-lo. Quando abriram a cabeça, viram que era o moço que tinha ido à festa.

Assim descobriram que à noite o boto se transformava num homem atraente e conquistava as moças solteiras. Mas antes do amanhecer, ele se transformava novamente em boto. Dizem que ele era um índio muito forte e bonito, que foi condenado a viver nos rios pelo deus Tupã que tinha ciúme de sua beleza; mas continuou com seu poder de atrair as mulheres quando se transformava em homem. Contam também que muita moça se apaixonava por ele e depois de um tempo tinham um filho. Assim, toda vez que nasce uma criança de pai desconhecido, as pessoas falam que é filho do boto.

 **Atividade**

Dramatize a história com seus colegas. Os possíveis personagens são o narrador, o boto, as pessoas na festa, a mulher seduzida, o pescador que acha o boto etc.

Exercício

A. Escreva o antônimo:

bonita _____   apareceu _____

triste _____   mal _____

longe _____   alta _____

perigoso _____   tranquilos _____

felizes _____   morto _____

larga _____   liso _____

B. Escolha o verbo adequado e complete a frase:

1. O índio _____ na castanheira.

   A. subindo   B. sobe   C. subiu   D. subia

2. Uniaí _____ no local a planta do guaraná.

   A. tinha visto   B. vê   C. veria   D. viu

3. Eles _____ comer castanhas.

   A. vão   B. tinham ido C. foram   D. iriam

4. Enquanto Uniaí _____ a castanheira, os irmãos brincavam.

   A. plantou   B. planta   C. vai plantar D. plantava

5. O guaraná _____ um presente dos deuses.

   A. será   B. foi   C. é   D. era

Leitura: "O Ratinho, o Gato e o Galo"

José Bento Monteiro Lobato (adaptação)

Certa manhã, um ratinho saiu do **buraco** pela primeira vez. Queria conhecer o mundo e travar relações com tanta coisa bonita de que falavam seus amigos.

Admirou a luz do sol, o verde das árvores, a correnteza dos rios, a habitação dos homens. E acabou penetrando no **quintal** duma casa da **roça**.

—Sim senhor! É interessante isto!

Examinou tudo minuciosamente. Em seguida notou no **terreiro** um certo animal de belo **pelo** que dormia **sossegado** ao sol. Aproximou-se dele e olhou-o **sem receio** nenhum.

Nisto aparece um galo, que bate as asas e canta.

O ratinho **por um triz** que não morreu de susto. Correu como um raio para a toca. Lá contou à mamãe as aventuras do passeio.

—Observei muita coisa interessante—disse ele—mas nada me impressionou tanto como dois animais que vi no terreiro. Um, de pelo macio e ar bondoso, seduziu-me logo. Devia ser um desses bons amigos da nossa gente, e lamentei que estivesse a dormir, impedindo-me assim de cumprimentá-lo. O outro . . . Ai, que ainda me bate o coração! O outro era um bicho **feroz**, de penas amarelas, bico pontudo, crista vermelha e aspecto ameaçador. Bateu as asas barulhentamente, abriu o bico e soltou um *có-ri-có-có* tamanho que quase caí de costas. Fugi. Fugi com quantas pernas tinha, percebendo que devia ser o famoso gato que tamanha destruição faz no nosso povo.

A mamãe-rata assustou-se e disse:

—Como te enganas, meu filho! O bicho de pelo macio e ar bondoso é o terrível gato. O outro, barulhento e espaventado, de olhar feroz e crista **rubra**, o outro, filhinho, é o galo, uma ave que nunca nos fez mal nenhum. As aparências enganam. Aproveita, pois, a lição e fica sabendo que: QUEM VÊ CARA NÃO VÊ CORAÇÃO.

Vocabulário da Leitura

buraco: pequena abertura ou cavidade

quintal: parte detrás, posterior da casa

roça: interior, campo, plantação

terreiro: parte de terra perto da casa

pelo: cabelo que cobre a pele dos animais

sossegado: tranquilo, calmo

sem receio: sem medo, sem temor

por um triz: por pouco, quase

feroz: bravo, selvagem

rubra: vermelha

 **Exercício**

A. Observe a leitura e escreva o tempo dos seguintes verbos:

1. saiu: _____

2. queria: _____

3. dormia: _____

4. percebendo: _____

B. Escreva os antônimos das palavras:

1. coisa bonita: _____

2. pelo macio: _____

3. bons amigos: _____

4. barulhento: _____

5. ar bondoso: _____

6. bicho feroz: _____

7. bico grosso: _____

O PANTANAL

• • • • • • • •

Leitura: "A Velha Contrabandista"

Stanislaw Ponte Preta

Diz que era uma velhinha que sabia andar de lambreta. Todo dia ela passava pela fronteira montada na lambreta, com um **bruto saco** atrás. O pessoal da **alfândega**—tudo **malandro velho**—começou a desconfiar da velhinha.

Um dia, quando ela vinha na lambreta com o saco atrás, o fiscal da Alfândega mandou ela parar. A velhinha parou e então o fiscal perguntou assim pra ela:

—Escuta aqui vovozinha, a senhora passa por aqui todo dia, com esse saco aí atrás. **Que diabo** a senhora leva nesse saco?

A velhinha sorriu com os poucos dentes que lhe restavam e respondeu:

—É areia!

Aí quem sorriu foi o fiscal. Achou que não era areia nenhuma e mandou a velhinha saltar da lambreta para examinar o saco. A velhinha saltou, o fiscal **esvaziou** o saco e dentro só tinha areia. Muito **encabulado**, ordenou à velhinha que fosse em frente. Ela montou na lambreta e foi embora, com o saco de areia atrás. Mas, o fiscal ficou desconfiado ainda. Talvez a velhinha passasse um dia com areia e no outro com **muamba**, dentro daquele **maldito** saco.

No dia seguinte, quando ela passou na lambreta com o saco atrás, o fiscal mandou parar outra vez. Perguntou o que é que ela levava no saco e ela respondeu que era areia, uai! O fiscal examinou e era mesmo. Durante um mês seguido o fiscal interceptou a velhinha e, todas as vezes, o que ela levava no saco era areia.

Diz que foi aí que o fiscal se chateou:

—Olha, vovozinha, eu sou fiscal de alfândega com quarenta anos de serviço. **Manjo** essa coisa de contrabando **pra burro**. Ninguém me tira da cabeça que a senhora é contrabandista.

—Mas no saco só tem areia!—insistiu a velhinha. E já ia tocar a lambreta, quando o fiscal propôs:

—Eu prometo à senhora que deixo a senhora passar. Não dou parte, não apreendo, não conto nada a ninguém, mas a senhora vai me dizer: qual é o contrabando que a senhora está passando por aqui todos os dias?

—O senhor promete que **não "espaia"**?—quis saber a velhinha.

—Juro—respondeu o fiscal.

—É a lambreta.

Vocabulário da Leitura

bruto saco: saco muito grande

alfândega: divisão do governo que fiscaliza entrada e saída de mercadorias no país

malandro velho: pessoa experiente, que sabe os truques, os artifícios

que diabo: que coisa

esvaziar: deixar vazio, tirar tudo de dentro de algum lugar ou coisa

encabulado: embaraçado, constrangido, envergonhado

muamba: contrabando, coisa ilegal

maldito: mau, perverso

manjo: entendo, conheço o assunto

pra burro: muito, grande quantidade

não "espáia": espalhar, não falar, não contar para outras pessoas

 ## Perguntas

1. Por que o fiscal parou a velhinha da lambreta?
2. O que a velhinha levava no saco?
3. Qual era a muamba que a velhinha levava?

 ## Exercício

Escreva os diminutivos:

    1. vovó: _____

    2. dente: _____

    3. velha: _____

    4. burro: _____

    5. carro: _____

    6. diabo: _____

Gramática: Discurso Direto e Indireto

A. DISCURSO DIRETO	MUDANÇAS VERBAIS (A → B)	B. DISCURSO INDIRETO
Ela **diz**: —Não **gosto** dele.	*Presente + presente → presente + presente*	Ela sempre **diz** (e **repete** para quem quiser ouvir) que não **gosta** dele.
1. Ela **disse**: —Eu não **tenho** tempo.	*Pretérito + presente →* *1. pretérito + pretérito,* *ou*	1. Ela **disse** que não **teve** tempo.
2. Ele **disse**: —**Sou** o fiscal da alfândega.	*2. pretérito + imperfeito*	2. Ele **disse** que **era** o fiscal da alfândega.
—Já **falei** que é areia—**explicou** a velhinha.	*Pretérito + pretérito →* *pretérito +* *mais-que-perfeito*	A velhinha **explicou** que já **tinha falado** que era areia.
O fiscal **perguntou**: —O que **será** aquilo (que **leva** no saco)?	*Pretérito + futuro* *(+ presente) →* *pretérito + futuro do* *pretérito (+ imperfeito)*	O fiscal **perguntou** o que **seria** aquilo (que ela **levava** no saco).
—Não **faça** confusão—**disse** o outro.	*Imperativo + pretérito →* *imperativo + infinitivo*	O outro **disse** para não **fazer** confusão.

Emprega-se o **discurso direto** quando as personagens falam:

Um dia, quando ela vinha na lambreta com o saco atrás, o fiscal da alfândega mandou ela parar. A velhinha parou e então o fiscal perguntou:

—Escuta aqui vovozinha, a senhora passa aqui todo dia, com esse saco aí atrás. Que diabo a senhora leva nesse saco?

A velhinha sorriu com os poucos dentes que lhe restavam e respondeu:

—É areia!

O **discurso indireto** emprega-se quando não há diálogo; é só narrativa:

A velhinha passava todo dia na lambreta com o saco atrás. Um dia o fiscal da Alfândega mandou a velhinha parar e perguntou o que ela trazia naquele saco. A velhinha sorriu com os poucos dentes que lhe restavam e falou que era areia.

Exercício

A. Passe as frases para o discurso indireto, como no exemplo:

—Eu não quero trabalhar mais, disse   Ela disse que não quer trabalhar mais, *ou*
a secretária.

                                             Ela disse que não queria trabalhar mais.

1. —Eu faço todo o trabalho no tempo exato—disse o gerente.

    _____.

    _____.

2. —Ele chega cedo no escritório—disse o diretor.

    _____.

    _____.

3. —Elas voltarão amanhã—falou a secretária.

    _____.

4. —Faça o que você puder—disse o pai.

    _____.

5. —Quanto custa o dicionário?—perguntou o colega.

    _____.

    _____.

6. —Devemos querer bem aos animais—diz a professora.

    _____.

7. —O texugo faz pincel, professora?—perguntou Daniel.

    _____.

    _____.

8. A professora perguntou: —Entendeu, Ricardo?

    _____.

9. Arturzinho diz: —Eu não quero pelar o texugo, pois devemos gostar dele.

    _____.

10. O aluno perguntou: —O biguá apanha e entrega o peixe?

    _____.

    _____.

Leitura: O Pantanal

O Pantanal é a região localizada nos estados do Mato Grosso e Mato Grosso do Sul até o Paraguai, ocupando uma área aproximada de 150 mil km². Fica na depressão onde correm o Rio Paraguai e seus afluentes. Pode parecer incoerente, mas o Pantanal não é uma região pantanosa. Os pântanos concentram água parada, mas a água do Pantanal, que vem das chuvas, corre lentamente para os rios. A hipótese considerada para o nome *Pantanal* é de que os primeiros colonizadores chegaram à região na época da cheia e acreditaram que se tratava de um pântano. A região fica alagada devido à formação do solo, que é constituído por camadas de argila e areia, o que o torna impermeável. Na época das chuvas, de outubro a março, a região fica alagada, formando a maior planície de inundação contínua da terra. O homem, o pantaneiro, aprendeu a conviver com as secas e as inundações da região.

A grande variedade de climas da região permite a coexistência de várias espécies de plantas, animais e pássaros. O Pantanal é o maior santuário de pássaros do mundo,

 abrigando mais de 600 diferentes espécies de aves, como a arara azul, a arara vermelha, os tucanos, os maguaris, a garça branca, a ema, os periquitos de penas verdes e amarelas etc. O tuiuiú ou jaburu, a ave-símbolo do Pantanal, mede até 1,3 m de altura, tem o corpo branco, o pescoço vermelho e a cabeça preta; ele é uma espécie de cegonha que faz ninhos de até 2 m de diâmetro nas árvores. Há 350 espécies de peixes, entre elas o gigantesco pintado e a piranha. O cenário é mágico. O canto dos pássaros se perde na imensidão do verde, onde jacarés e sucuris convivem com onças, capivaras, tamanduás e veados.

O Pantanal quando fica alagado parece um dilúvio, só que um dilúvio do bem. A cheia é a razão da existência do Pantanal. As águas vão chegando lentamente, tranquilamente e vêm para limpar, alegrar, criar e colher. Quem anuncia que as águas do Pantanal vão chegar são as flores e os peixes. De setembro a outubro a flor do novateiro, que nasceu branca, começa a ficar rosa e depois se tinge de vermelho.

De dentro dos rios, guiados pelas flores, os peixes dão a partida para uma grande maratona. Deixando as águas mais fundas vêm brincar na superfície, em grupo, saltando, brincando e namorando, nadando água acima, gastando gordura acumulada na seca, e produzindo um certo hormônio do amor que os impulsiona para a água limpa das cabeceiras dos rios, onde vão se acasalar e desovar: é a piracema. É um aviso geral da chegada das chuvas.

Em geral os bichos convivem numa boa com a cheia. A onça nada, o tatu aguenta mergulho de seis minutos, a jaçanã sabe andar em cima da água e o cavalo aprendeu a mergulhar a cabeça até o nível dos olhos, para pastar e comer o capim que cresce debaixo d'água.

O tempo da enchente é o tempo da fartura e da vida. O Pantanal se enche de filhotes de animais, os passarinhos fazem ninhos, põem ovos ou já estão cuidando dos filhotinhos. A enchente é a defesa do Pantanal. Não há estrada, não há movimento de automóveis, nem de caminhões. A enchente é o momento da reprodução: são ninhos, ovos, filhotes que se desenvolvem gozando de tranquilidade e paz. Tudo de que precisam é água, sol, luz e calor. Havendo isso, não faltam alimento, abundância e riqueza. Para bichos, flor e passarinhos, como ensinava Padre Vieira em seu sermão aos peixes, "quanto mais longe do homem, melhor".

 **Perguntas**

1. Por que chamaram esta região de *Pantanal*?
2. Por que a região fica alagada?
3. Por que o Pantanal é o maior santuário de pássaros do mundo?
4. Qual é o símbolo do Pantanal?
5. Como é o ninho do jaburu?
6. Quem anuncia a chegada das águas?
7. O que é a piracema?

 **Exercício**

A. Escreva o diminutivo:

1. chuva _____   4. peixe _____

2. terra _____   5. flor _____

3. planta _____   6. bicho _____

B. Passe as frases para o plural:

1. Não há carro, automóvel, caminhão ou turista.

_____.

2. A ave faz o ninho, põe e choca o ovo, e alimenta o filhote.

_____.

3. O animal aprendeu a conviver com a seca e a cheia.

_____.

4. A região se enche de planta, de flor e de filhote de animal e ave.

_____.

C. Escreva o antônimo:

1. cheio _____   6. alegre _____

2. seco _____   7. pobreza _____

3. grande _____   8. boa _____

4. maior _____   9. longe _____

5. limpo _____

D. Escreva as frases usando o subjuntivo, como no exemplo:

Se eu receber o carro, irei a sua casa.   Se eu recebesse o carro, iria a sua casa.

Se eu tivesse recebido o carro, teria ido a sua casa.

1. Se o tempo mudar, faremos a viagem.

_____.

_____.

2. Se eles tiverem tempo, eles telefonarão.

_____.

_____.

3. Se meus pais gostarem daqui, ficarão mais tempo.

_____.

_____.

E. Escreva o verbo no tempo adequado:

1. Se eles (estar) _____ presentes, seria muito melhor.

2. Elas não (saber) _____ nadar; se (saber) _____ iriam à praia.

3. Se hoje (ser) _____ feriado, poderíamos viajar.

4. Eu não (saber) _____ falar português bem; se (saber) _____ falaria com ele.

5. Este trabalho (dever) _____ ser terminado ontem. Se (ter) _____ terminado, hoje (poder) _____ descansar.

6. Quando eles (ter) _____ terminado o curso, irão ao Brasil.

7. Se eu (poder) _____, compraria um carro e (viajar) _____ para a praia.

8. Ele (estar) _____ muito triste, porque (perder) _____ o jogo ontem.

9. Quando nós (ir) _____ ao clube, (poder) _____ jogar tênis.

10. Quando ele (chegar) _____, o pai já (sair) _____.

Vocabulário: Os Sentidos Diferentes de Ficar, Dar, Fazer, Andar

FICAR

Ele **fica** hospedado na casa de um amigo no Rio.

Elas **ficam** preocupadas com o trabalho atrasado.

Nós **ficamos** tristes com o acidente que você teve.

Eles **ficaram** entusiasmados com o novo projeto.

Ontem eu **fiquei** muito alegre com o aumento de salário.

Você **fica** muito bem com aquele vestido vermelho.

Marta **ficou** feliz com sua promoção para diretora.

Os preços **ficaram** muito altos por causa da inflação.

O restaurante **fica** aberto até as 2 horas da madrugada.

O Brasil **fica** na América do Sul. Não **fique** triste, isto passa.

Elas **ficaram** sabendo de tudo.

Você pode **ficar** com o CD para você.

Fique à vontade, a casa é sua.

DAR

Eu **dou** razão a ele, porque ele está certo.

Assim não **dá**. *(Não é possível)*

Muitas vezes o trabalho não **dá** satisfação. *(causa)*

Meu filho me **dá** muita alegria. *(causa)*

Minha filha me **dá** muita preocupação. *(causa)*

Ela **dá** para música. *(habilidade, dom, talento)*

O projeto **deu** certo. *(resultado)*

Naquele clube só **dá** velhos. *(só tem)*

Vou **dar** um jeitinho para resolver seu problema.

A janela da sala **dá** para a praia.

FAZER

Minha filha **faz** dez anos amanhã.

Ela **fez** de conta que não me viu.

Ontem **fez** muito calor. Hoje **faz** muito frio.

Nós já **fizemos** a mala para viajar.

Marta **faz** limpeza da casa todo sábado.

Meu pai **faz** muito gosto no nosso namoro.

Ela **faz** uma comida deliciosa.

Ele não **fez** o depósito no banco ontem.

Eu sempre **faço** economia.

Eles **fizeram** uma viagem de navio maravilhosa.

ANDAR

Ela **anda** falando muita bobagem.

Ele **anda** mal de finanças.

Nós **andamos** preocupados com você.

Ele **anda** muito aéreo ultimamente.

Você **anda** muito triste. O que aconteceu?

Eles **andam** de mal a pior.

Estou **andando** muito apertado de trabalho.

Minha avó **anda** com a cabeça muito ruim.

Ela **anda** meio esquecida.

Piadinhas

—"Seu" Zé, você nunca trabalha?

—Não.

—E você não fica cansado de ficar à toa?

—Fico.

—E o que você faz?

—Descanso, uai!

Pedrinho cortou o rabo do gato. A mãe perguntou:

—Qual foi o mandamento de Deus que você desobedeceu?

—Que o homem não separe o que Deus uniu.

Lição 36

CRÔNICAS BRASILEIRAS

● ● ● ● ● ● ● ● ● ● ● ● ● ● ●

Leitura: A Geladeira Quebrada

O sistema de fazer gelo da geladeira pifou e D. Assunção chamou o bombeiro. Como ela trabalha fora, não pode acompanhar o conserto.

D. ASSUNÇÃO: Seu Mauro, espero que tenha encontrado a chave da casa e entrado sem problemas, conforme combinamos pelo telefone. Eu teria ficado em casa se tivesse podido, mas tinha que trabalhar.

SR. MAURO: Sim, senhora, encontrei. Se eu tivesse escrito o número do seu celular, teria lhe telefonado. Não conseguia achar o registro geral da água e precisava fechá-lo para fazer o conserto. Finalmente descobri onde era.

D. ASSUNÇÃO: Pois é. Se tivesse lembrado e me perguntado, teria dito.

SR. MAURO: Seria bom mudar a bica da cozinha, pois está um pouco enferrujada.

D. ASSUNÇÃO: É verdade. Dê-me alguns dias. Assim que tiver comprado uma bica nova, telefono para o senhor.

SR. MAURO: Muito bem. Espero que o serviço tenha lhe agradado.

D. ASSUNÇÃO: Estou certa que sim.

Gramática: Tempos Compostos do Subjuntivo

Pretérito Perfeito

O pretérito perfeito composto indica uma ação que já ocorreu. Veja que embora a oração esteja no presente, na segunda sentença a ação já se deu. Compare:

Espero que você **aprenda** português no Brasil. Acho que você **vai gostar** do programa de verão.

Espero que você **tenha aprendido** muito português no Brasil. Quando você **chegou**?

O pretérito perfeito do subjuntivo é formado com o verbo **ter** no presente do subjuntivo e o particípio passado do verbo principal.

Pretérito Mais-Que-Perfeito

O pretérito mais-que-perfeito composto indica um fato hipotético ou irreal que ocorreu antes de outro fato passado. Compare:

Se eu **estudasse** português **iria** ao Brasil. *(hipótese)*

Se eu **tivesse estudado** português **teria ido** ao Brasil. *(não estudei: fato passado)*

O mais-que-perfeito do subjuntivo é formado com o verbo **ter** no imperfeito do subjuntivo e o particípio passado do verbo principal.

Futuro Composto

O futuro composto indica um fato futuro terminado em relação a outro fato futuro. Raramente é usado e indica maior distância.

Quando eu **aprender** português, **irei** ao Brasil.

Quando eu **tiver aprendido** português **irei** ao Brasil.

Usa-se o verbo **ter** no futuro do subjuntivo e o particípio passado do verbo principal.

Exercício

A. Complete com o pretérito perfeito do subjuntivo (por exemplo, **tenha comprado**):

1. Quando eu voltar, espero que ele já (resolver) _____ tudo.

2. Embora ele (correr) _____ muito, não alcançou o trem.

3. Espero que o projeto (terminar) _____ bem.

4. É provável que ele (assinar) _____ o cheque ontem.

5. Talvez Jussara (vir) _____ à escola ontem.

6. Espero que eles (fazer) _____ um bom teste.

7. É provável que ela (dar) _____ tudo para a filha.

B. Passe as frases para o pretérito perfeito do subjuntivo, como no exemplo:

Espero que eles **ajudem** as crianças: Espero que eles **tenham ajudado** as crianças.

1. Espero que você estude a lição de português.

_____.

2. Espero que elas compreendam a situação.

_____.

3. Talvez eles venham ao jogo depois da aula.

_____.

C. Complete com o verbo indicado no pretérito mais-que-perfeito do subjuntivo (por exemplo, **tivesse chegado**):

1. Se nós (viajar) _____, teríamos tido muitos problemas com o tráfego.

2. Seria melhor para você se ele não (vir) _____.

3. Se vocês (avisar) _____ aos pais, eles não teriam se preocupado tanto.

4. Elas não teriam gripado, se não (sair) _____ com aquela chuva.

5. Mesmo se o corretor (insistir) _____, eu nunca teria comprado a casa.

D. Passe as seguintes frases para o pretérito mais-que-perfeito do subjuntivo. Veja o exemplo:

Se nós **convidássemos** o Marcos, ele **viria** à festa.

Se nós **tivéssemos convidado** o Marcos, ele **teria vindo** à festa.

1. Se os alunos estudassem, fariam boa prova.

_____.

2. Se ele lesse o documento, não assinaria.

_____.

3. Mesmo que ela escrevesse urna carta explicando, a situação não mudaria.

_____.

E. Complete as frases com o futuro composto do subjuntivo. Por exemplo:

Quando eles **tiverem terminado** a pesquisa, **farão** o relatório.

1. Logo que vocês (fazer) _____ a entrevista, mandarei publicá-la.

2. Se o júri (dar) _____ o prêmio a Carlos, terá feito justiça.

3. Quando nós (acabar) _____ o jogo, poderemos ir comemorar.

4. Se ele (escrever) _____ a carta, poderei mandá-la

imediatamente.

5. Assim que a reunião (terminar) _____, iremos para

casa descansar.

F. Passe as frase para o futuro composto do subjuntivo. Veja o exemplo:

Devolverei o relatório depois que **terminar** a sua análise.

Devolverei o relatório depois que **tiver terminado** a sua análise.

1. Os estudantes farão boa prova se estudarem muito.

_____.

2. Nossa viagem dará certo se prepararmos tudo com antecedência.

_____.

3. O juiz dará o parecer final logo que terminar a leitura do processo.

_____.

 Leitura: "Da Utilidade dos Animais"

Carlos Drummond de Andrade

Terceiro dia de aula. A professora é um amor. Na sala, **estampas** coloridas mostram animais de todos os **feitios**. É preciso querer bem a eles, diz a professora, com um sorriso que envolve toda a fauna, protegendo-a. Eles têm direito à vida, como nós, e além disso são muito **úteis**. Quem não sabe que o cachorro é o maior amigo da gente? Cachorro faz muita falta. Mas não é só ele não. A galinha, o peixe, a vaca . . . Todos ajudam.

—Aquele cabeludo ali, professora, também ajuda?

—Aquele? É o iaque, um boi da Ásia Central. Aquele serve de **montaria** e de burro de carga. Do **pelo** se fazem **perucas** bacaninhas. E a carne, dizem que é gostosa.

—Mas se serve de montaria, como é que a gente vai comer ele?

—Bem, primeiro serve para uma coisa, depois para outra. Vamos adiante. Este é o texugo. Se vocês quiserem pintar a parede do quarto, escolham pincel de texugo. Parece que é ótimo.

—Ele faz pincel, professora?

—Quem, o texugo? Não, só fornece o pelo. Para pincel de barba também, que o Arturzinho vai usar quando crescer.

Arturzinho objetou que pretende usar barbeador elétrico. Além do mais, não gostaria de pelar o texugo, uma vez que devemos gostar dele, mas a professora já explicava a utilidade do canguru:

—Bolsas, malas, maletas, tudo isso o couro do canguru dá pra gente. Não falando na carne. Canguru é utilíssimo.

—Vivo, fessora?

—A vicunha, que vocês estão vendo aí, produz . . . produz é maneira de dizer, ela fornece, ou por outra, com o pelo dela nós preparamos **ponchos**, mantas, cobertores, etc.

—Depois a gente come a vicunha, né fessora?

—Daniel, não é preciso comer todos os animais. Basta retirar a lã da vicunha, que torna a crescer . . .

—E a gente torna a cortar? Ela não tem **sossego**, **tadinha**.

—Vejam agora como a zebra é **camarada**. Trabalha no circo, e seu couro listrado serve para forro de cadeira, de almofada e para tapete. Também se aproveita a carne, sabem?

—A carne também é listrada?—pergunta que **desencadeia** riso geral.

—Não riam da Betty, ela é uma garota que quer saber direito as coisas. Querida, eu nunca vi carne de zebra no **açougue**, mas posso garantir que não é listrada. Se fosse, não deixaria de ser comestível por causa disto. Ah! O pinguim? Este vocês já conhecem da praia do Leblon, onde costuma aparecer, trazido pela correnteza. Pensam que só serve para brincar? Estão enganados. Vocês devem respeitar o bichinho. O excremento—não sabem o que é? O **cocô** do pinguim é um adubo maravilhoso: guano, rico em nitrato. O óleo feito com a gordura do pinguim . . .

—A senhora disse que a gente deve respeitar.

—Claro. Mas o óleo é bom.

—Do javali, professora, duvido que a gente lucre alguma coisa.

—Pois **lucra**. O pelo dá escovas de ótima qualidade.

—E o castor?

—Pois quando voltar a moda do chapéu para homens, o castor vai prestar muito serviço. Aliás, já presta, com a pele usada para agasalhos. É o que se pode chamar um bom exemplo.

—Eu, hem?

—Dos chifres do rinoceronte, Belá, você pode encomendar um vaso raro para o *living* de sua casa. Do couro da girafa, Luís Gabriel pode tirar um escudo de verdade, deixando os pelos da cauda para Teresa fazer um bracelete genial. A tartaruga-marinha, meu Deus, é de uma utilidade que vocês não calculam. Comem-se os ovos e toma-se a sopa: uma de-lí-cia. O **casco** serve para fabricar pentes, cigarreiras, tanta coisa . . . O biguá é **engraçado**.

—Engraçado, como?

—Apanha peixe pra gente.

—Apanha e entrega, professora?

—Não é bem assim. Você bota um anel no pescoço dele, e o biguá pega o peixe mas não pode engolir. Então você tira o peixe da goela do biguá.

—Bobo que ele é.

—Não. É útil. Ai de nós se não fossem os animais que nos ajudam de todas maneiras. Por isso que eu digo: devemos amar os animais, e não maltratá-los de jeito nenhum. Entendeu, Ricardo?

—Entendi. A gente deve amar, respeitar, pelar e comer os animais, e aproveitar bem o pelo, o couro e os ossos.

Vocabulário da Leitura

estampa: gravura, ilustração

feitio: formato, tipo

úteis (útil): que ajudam, que têm vantagem

montaria: usado para transportar o homem

pelo: cabelo dos animais

peruca: cabelo artificial

poncho: capa de lã

sossego: tranquilidade

tadinha: coitadinha, pobrezinha

camarada: amiga, boazinha

desencadeia: provoca

açougue: lugar onde se vende carne

lucra: ganha, tem vantagem

casco: parte externa dura da tartaruga

engraçado: divertido

 **Perguntas**

1. Onde se passa a cena desta crônica?
2. Qual é a utilidade do iaque?
3. Qual é a importância da vicunha?
4. Qual é a contradição desta leitura?
5. Você já teve animal de estimação? Qual?

 Leitura: "Festa de Aniversário"

Fernando Sabino

Leonora chegou-se para mim, a carinha mais limpa deste mundo.

—**Engoli** uma **tampa** de Coca-Cola.

Levantei as mãos para o céu: mais esta agora! Era festa de aniversário dela própria, que completava seis anos de idade. Convoquei imediatamente a família:

—Disse que engoliu uma tampa de Coca-Cola.

A mãe, os tios, os avós, todos a cercavam, nervosos e inquietos. Abre a boca, minha filha. Agora **não adianta**: já engoliu. Deve ter **arranhado**. Mas engoliu como? Quem é que engole uma tampa de cerveja? De cerveja, não: de Coca-Cola. Pode ter ficado na garganta. Devíamos tomar uma providência, não podíamos ficar ali, feito idiotas. Peguei-a no colo:

—Vem cá, minha filhinha, conta só para mim: você engoliu coisa nenhuma, não é isso mesmo?

—Engoli sim, papai—ela afirmava com decisão. Consultei o tio baixinho: o que é que acha? Ele foi buscar uma tampa de garrafa, separou a cortiça do metal:

—O que é que você engoliu: isto . . . ou isto ?

—Cuidado que ela engole outra, **adverti**.

—Isto—e ela apontou com firmeza a parte de metal.

Não tinha dúvida: pronto-socorro. Dispus-me a carregá-la, mas alguém sugeriu que fosse andando: auxiliava a digestão.

No hospital o médico limitou-se a **apalpar**-lhe a barriguinha cético:

—Dói aqui, minha filhinha?

Quando falamos em radiografia, revelou-nos que o aparelho estava com defeito: só no pronto-socorro da cidade. Batemos para o pronto-socorro da cidade. Outro médico nos atendeu com **solicitude**:

—Vamos já ver isto.

Tirada a **chapa**, ficamos aguardando ansiosos a revelação. Em pouco o médico regressava:

—Engoliu foi a garrafa.

—A garrafa? —exclamei. Mas era uma **gracinha** dele, cujo espírito **passava ao largo** da minha aflição: eu **não estava para graças**. Uma tampa de garrafa! Certamente precisaria operar.

—Não haveria de sair por si mesma.

O médico pôs-se a rir de mim.

—Não engoliu coisa nenhuma. O senhor pode ir descansado.

—Engoli—afirmou a menininha.

Voltei-me para ela:

—Como é que você ainda insiste, minha filha?

—Que eu engoli, engoli.

—Pensa que engoliu—**emendei**.

—Isso acontece—sorriu o médico—até com gente grande. Aqui já teve um guarda que pensou que tinha engolido o **apito**.

—Pois eu engoli mesmo—comentou ela, intransigente.

—Você não pode ter engolido—**arrematei** impaciente. Quer saber mais do que o médico?

—Quero. Eu engoli, e depois desengoli—esclareceu ela.

Nada mais tendo a fazer, engoli em seco, despedi-me do médico e **bati em retirada** com toda a **comitiva**.

Vocabulário da Leitura

engolir: ato de passagem da comida para o estômago depois de ser mastigada
tampa: peça que fecha a abertura de um objeto
não adianta: não ajuda, não resolve
arranhar: ferir com as unhas ou ponta de um objeto
adverti: avisei
apalpar: tocar com a mão para examinar
solicitude: atenção, gentileza

chapa: radiografia (raio X)

gracinha: brincadeira, piada

passava ao largo: passava ao longe, distante

não estava para graças: não queria brincadeira

emendei: corrigi, acrescentei

apito: instrumento do árbitro de futebol para interromper uma partida; embora pequeno, o apito faz um ruído estridente

arrematei: concluí

bater em retirada: retornar, voltar

comitiva: grupo de pessoas que acompanham um presidente ou outra pessoa

 ## Perguntas

1. Por que toda a família cercou a menina Leonora?
2. O que aconteceu no hospital?
3. O que o médico disse depois da radiografia?
4. O que a menina engoliu realmente?

 ## Diálogo: Usando o Computador

HEITOR: Alexandre, estou com um problema no meu computador que está me chateando e não consigo resolver.

ALEXANDRE: Qual é o problema, Heitor?

HEITOR: Ontem eu queria fazer uma transcrição fonética duma canção e não conseguia achar os símbolos adequados.

ALEXANDRE: Que chato! Você já olhou nos "symbols"? É lá que costuma aparecer. Meu grande problema é com a acentuação em português. Você tem bom editor de texto?

HEITOR: Não, mas gostaria de ter um. Minha professora me disse para comprar a versão brasileira do Word.

ALEXANDRE: É mesmo! Como não pensei nisto antes? Então, vou comprar quando for ao Brasil daqui a dois meses.

HEITOR: Você sabe que é caro, não sabe?

ALEXANDRE: Sei, mas é um bom investimento para quem quer estudar a língua a sério.

HEITOR: É, você tem razão.

 **Atividade**

Fechem o livro e repitam esse diálogo sem olhar.

 Exercício

Passe as seguintes instruções para o imperativo:

1. Clicar o botão iniciar. _____
   _____.

2. Selecionar um arquivo. _____
   _____.

3. Salvar o trabalho. _____
   _____.

4. Editar o documento. _____
   _____.

5. Selecionar a opção copiar. _____.

6. Imprimir o texto. _____.

7. Apagar o texto. _____.

8. Desligar o computador. _____.

🎧 **Diálogo: Usando o Telefone (dos Estados Unidos para o Brasil)**

Você é você, e seu companheiro ao lado é a telefonista.

—Telefonista, boa tarde. Eu gostaria que a senhora me desse os códigos de cidade e de país para eu fazer uma ligação internacional para o Rio de Janeiro, Brasil, da minha casa.

—Pois não. Disque 011-55-21, e depois o número que quer chamar. Devem ser oito números.

—É isso mesmo, 22-94-34-51. Então 55 é o código do Brasil e 21 do Rio de Janeiro?

—Isso mesmo. Mais alguma informação?

—Qual é o código de São Paulo?

—O código de São Paulo é 11.

—Muito obrigada. Vou ligar agora mesmo.

—Foi um prazer ajudá-lo.

Diálogo: Cartão Internacional

Chamadas ilimitadas para mais de cinquenta países a partir de R$ 14,99 por mês. Fale a qualquer hora e o quanto quiser.

ALEXANDRE: Joana, você sabe se é muito caro falar de uma pequena cidade do Brasil para os Estados Unidos?

JOANA: Creio que não, Alexandre. Hoje em dia existem cartões baratos que você pode comprar na internet e telefonar para qualquer lugar do mundo.

ALEXANDRE: Quero conversar com minha namorada. Ela vai me visitar no final do nosso programa no Brasil. Temos que organizar a viagem. Vou procurar hotéis em diversas cidades.

JOANA: Vocês vão viajar de ônibus ou avião?

ALEXANDRE: Ambos. Por quê?

JOANA: A Companhia Aérea Gol tem bons preços. Dê uma olhada. Seu agente pode comprar as passagens.

ALEXANDRE: Obrigado, mas por que não posso comprar através da internet?

JOANA: Acho que eles não aceitam cartão internacional.

ALEXANDRE: Vou pesquisar e depois falar com o agente de viagens.

TABELA DE VERBOS

CONJUGAÇÃO DOS VERBOS REGULARES

		INDICATIVO						SUBJUNTIVO			IMPERATIVO
		Presente	Pretérito perfeito	Pretérito imperfeito	Pretérito mais-que-perfeito	Futuro do presente	Futuro do pretérito	Presente	Pretérito imperfeito	Futuro	
Infinitivo CANTAR	1ª sing.	canto	cantei	cantava	cantara	cantarei	cantaria	cante	cantasse	cantar	—
Gerúndio cantando	2ª/3ª sing.	canta	cantou	cantava	cantara	cantará	cantaria	cante	cantasse	cantar	cante
	1ª pl.	cantamos	cantamos	cantávamos	cantáramos	cantaremos	cantaríamos	cantemos	cantássemos	cantarmos	cantemos
Particípio cantado	2ª/3ª pl.	cantam	cantaram	cantavam	cantaram	cantarão	cantariam	cantem	cantassem	cantarem	cantem
Infinitivo BEBER	1ª sing.	bebo	bebi	bebia	bebera	beberei	beberia	beba	bebesse	beber	—
Gerúndio bebendo	2ª/3ª sing.	bebe	bebeu	bebia	bebera	beberá	beberia	beba	bebesse	beber	beba
	1ª pl.	bebemos	bebemos	bebíamos	bebêramos	beberemos	beberíamos	bebamos	bebêssemos	bebermos	bebamos
Particípio bebido	2ª/3ª pl.	bebem	beberam	bebiam	beberam	beberão	beberiam	bebam	bebessem	beberem	bebam
Infinitivo PARTIR	1ª sing.	parto	parti	partia	partira	partirei	partiria	parta	partisse	partir	—
Gerúndio partindo	2ª/3ª sing.	parte	partiu	partia	partira	partirá	partiria	parta	partisse	partir	parta
	1ª pl.	partimos	partimos	partíamos	partíramos	partiremos	partiríamos	partamos	partíssemos	partirmos	partamos
Particípio partido	2ª/3ª pl.	partem	partiram	partiam	partiram	partirão	partiriam	partam	partissem	partirem	partam

CONJUGAÇÃO DOS VERBOS REGULARES (continuação)

	TEMPOS COMPOSTOS INDICATIVO				TEMPOS COMPOSTOS SUBJUNTIVO		
	Pretérito perfeito	*Pretérito mais-que-perfeito*	*Futuro*	*Futuro do pretérito*	*Pretérito perfeito*	*Pretérito mais-que-perfeito*	*Futuro*
1ª sing.	tenho cantado	tinha morado	terei vendido	teria partido	tenha cantado	tivesse morado	tiver partido
2ª/3ª sing.	tem cantado	tinha morado	terá vendido	teria partido	tenha cantado	tivesse morado	tiver partido
1ª pl.	temos cantado	tínhamos morado	teremos vendido	teríamos partido	tenhamos cantado	tivéssemos morado	tivermos partido
2ª/3ª pl.	têm cantado	tinham morado	terão vendido	teriam partido	tenham cantado	tivessem morado	tiverem partido

CONJUGAÇÃO DOS VERBOS AUXILIARES

		INDICATIVO						SUBJUNTIVO			IMPERATIVO
		Presente	Pretérito perfeito	Pretérito imperfeito	Pretérito mais-que-perfeito	Futuro do presente	Futuro do pretérito	Presente	Pretérito imperfeito	Futuro	
Infinitivo SER	1ª sing.	sou	fui	era	fora	serei	seria	seja	fosse	for	—
	2ª/3ª sing.	é	foi	era	fora	será	seria	seja	fosse	for	seja
Gerúndio sendo	1ª pl.	somos	fomos	éramos	fôramos	seremos	seríamos	sejamos	fôssemos	formos	sejamos
	2ª/3ª pl.	são	foram	eram	foram	serão	seriam	sejam	fossem	forem	sejam
Particípio sido											
Infinitivo ESTAR	1ª sing.	estou	estive	estava	estivera	estarei	estaria	esteja	estivesse	estiver	—
	2ª/3ª sing.	está	esteve	estava	estivera	estará	estaria	esteja	estivesse	estiver	esteja
Gerúndio estando	1ª pl.	estamos	estivemos	estávamos	estivéramos	estaremos	estaríamos	estejamos	estivéssemos	estivermos	estejamos
	2ª/3ª pl.	estão	estiveram	estavam	estiveram	estarão	estariam	estejam	estivessem	estiverem	estejam
Particípio estado											
Infinitivo TER	1ª sing.	tenho	tive	tinha	tivera	terei	teria	tenha	tivesse	tiver	—
	2ª/3ª sing.	tem	teve	tinha	tivera	terá	teria	tenha	tivesse	tiver	tenha
Gerúndio tendo	1ª pl.	temos	tivemos	tínhamos	tivéramos	teremos	teríamos	tenhamos	tivéssemos	tivermos	tenhamos
	2ª/3ª pl.	têm	tiveram	tinham	tiveram	terão	teriam	tenham	tivessem	tiverem	tenham
Particípio tido											
Infinitivo HAVER	1ª sing.	hei	houve	havia	houvera	haverei	haveria	haja	houvesse	houver	—
	2ª/3ª sing.	há	houve	havia	houvera	haverá	haveria	haja	houvesse	houver	haja
Gerúndio havendo	1ª pl.	havemos	houvemos	havíamos	houvéramos	haveremos	haveríamos	hajamos	houvéssemos	houvermos	hajamos
	2ª/3ª pl.	hão	houveram	haviam	houveram	haverão	haveriam	hajam	houvessem	houverem	hajam
Particípio havido											

CONJUGAÇÃO DOS VERBOS IRREGULARES

Infinitivo IR — Gerúndio indo — Particípio ido

	INDICATIVO						SUBJUNTIVO			IMPERATIVO
	Presente	Pretérito perfeito	Pretérito imperfeito	Pretérito mais-que-perfeito	Futuro do presente	Futuro do pretérito	Presente	Pretérito imperfeito	Futuro	
1ª sing.	vou	fui	ia	fora	irei	iria	vá	fosse	for	—
2ª/3ª sing.	vai	foi	ia	fora	irá	iria	vá	fosse	for	vá
1ª pl.	vamos	fomos	íamos	fôramos	iremos	iríamos	vamos	fôssemos	formos	vamos
2ª/3ª pl.	vão	foram	iam	foram	irão	iriam	vão	fossem	forem	vão

Infinitivo VIR — Gerúndio vindo — Particípio vindo

	INDICATIVO						SUBJUNTIVO			IMPERATIVO
	Presente	Pretérito perfeito	Pretérito imperfeito	Pretérito mais-que-perfeito	Futuro do presente	Futuro do pretérito	Presente	Pretérito imperfeito	Futuro	
1ª sing.	venho	vim	vinha	viera	virei	viria	venha	viesse	vier	—
2ª/3ª sing.	vem	veio	vinha	viera	virá	viria	venha	viesse	vier	venha
1ª pl.	vimos	viemos	vínhamos	viéramos	viremos	viríamos	venhamos	viéssemos	viermos	venhamos
2ª/3ª pl.	vêm	vieram	vinham	vieram	virão	viriam	venham	viessem	vierem	venham

Infinitivo VER — Gerúndio vendo — Particípio visto

	INDICATIVO						SUBJUNTIVO			IMPERATIVO
	Presente	Pretérito perfeito	Pretérito imperfeito	Pretérito mais-que-perfeito	Futuro do presente	Futuro do pretérito	Presente	Pretérito imperfeito	Futuro	
1ª sing.	vejo	vi	via	vira	verei	veria	veja	visse	vir	—
2ª/3ª sing.	vê	viu	via	vira	verá	veria	veja	visse	vir	veja
1ª pl.	vemos	vimos	víamos	víramos	veremos	veríamos	vejamos	víssemos	virmos	vejamos
2ª/3ª pl.	veem	viram	viam	viram	verão	veriam	vejam	vissem	virem	vejam

Infinitivo PODER — Gerúndio podendo — Particípio podido

	INDICATIVO						SUBJUNTIVO			IMPERATIVO
	Presente	Pretérito perfeito	Pretérito imperfeito	Pretérito mais-que-perfeito	Futuro do presente	Futuro do pretérito	Presente	Pretérito imperfeito	Futuro	
1ª sing.	posso	pude	podia	pudera	poderei	poderia	possa	pudesse	puder	—
2ª/3ª sing.	pode	pôde	podia	pudera	poderá	poderia	possa	pudesse	puder	—
1ª pl.	podemos	pudemos	podíamos	pudéramos	poderemos	poderíamos	possamos	pudéssemos	pudermos	—
2ª/3ª pl.	podem	puderam	podiam	puderam	poderão	poderiam	possam	pudessem	puderem	—

CONJUGAÇÃO DOS VERBOS IRREGULARES (continuação)

		INDICATIVO						SUBJUNTIVO			IMPERATIVO
		Presente	Pretérito perfeito	Pretérito imperfeito	Pretérito mais-que-perfeito	Futuro do presente	Futuro do pretérito	Presente	Pretérito imperfeito	Futuro	
Infinitivo LER	1ª sing.	leio	li	lia	lera	lerei	leria	leia	lesse	ler	—
Gerúndio lendo	2ª/3ª sing.	lê	leu	lia	lera	lerá	leria	leia	lesse	ler	leia
Particípio lido	1ª pl.	lemos	lemos	líamos	lêramos	leremos	leríamos	leiamos	lêssemos	lermos	leiamos
	2ª/3ª pl.	leem	leram	liam	leram	lerão	leriam	leiam	lessem	lerem	leiam
Infinitivo DORMIR	1ª sing.	durmo	dormi	dormia	dormira	dormirei	dormiria	durma	dormisse	dormir	—
Gerúndio dormindo	2ª/3ª sing.	dorme	dormiu	dormia	dormira	dormirá	dormiria	durma	dormisse	dormir	durma
Particípio dormido	1ª pl.	dormimos	dormimos	dormíamos	dormíramos	dormiremos	dormiríamos	durmamos	dormíssemos	dormirmos	durmamos
	2ª/3ª pl.	dormem	dormiram	dormiam	dormiram	dormirão	dormiriam	durmam	dormissem	dormirem	durmam
Infinitivo COBRIR	1ª sing.	cubro	cobri	cobria	cobrira	cobrirei	cobriria	cubra	cobrisse	cobrir	—
Gerúndio cobrindo	2ª/3ª sing.	cobre	cobriu	cobria	cobrira	cobrirá	cobriria	cubra	cobrisse	cobrir	cubra
Particípio coberto	1ª pl.	cobrimos	cobrimos	cobríamos	cobríramos	cobriremos	cobriríamos	cubramos	cobríssemos	cobrirmos	cubramos
	2ª/3ª pl.	cobrem	cobriram	cobriam	cobriram	cobrirão	cobririam	cubram	cobrissem	cobrirem	cubram
Infinitivo CABER	1ª sing.	caibo	coube	cabia	coubera	caberei	caberia	caiba	coubesse	couber	—
Gerúndio cabendo	2ª/3ª sing.	cabe	coube	cabia	coubera	caberá	caberia	caiba	coubesse	couber	—
Particípio cabido	1ª pl.	cabemos	coubemos	cabíamos	coubéramos	caberemos	caberíamos	caibamos	coubéssemos	coubermos	—
	2ª/3ª pl.	cabem	couberam	cabiam	couberam	caberão	caberiam	caibam	coubessem	couberem	—

Infinitivo FAZER	1ª sing.	faço	fiz	fazia	fizera	farei	faria	faça	fizesse	fizer	—
Gerúndio fazendo	2ª/3ª sing.	faz	fez	fazia	fizera	fará	faria	faça	fizesse	fizer	faça
Particípio feito	1ª pl.	fazemos	fizemos	fazíamos	fizéramos	faremos	faríamos	façamos	fizéssemos	fizermos	façamos
	2ª/3ª pl.	fazem	fizeram	faziam	fizeram	farão	fariam	façam	fizessem	fizerem	façam
Infinitivo POSSUIR	1ª sing.	possuo	possui	possuía	possuíra	possuirei	possuiria	possua	possuísse	possuir	—
Gerúndio possuindo	2ª/3ª sing.	possui	possuiu	possuía	possuíra	possuirá	possuiria	possua	possuísse	possuir	possua
Particípio possuído	1ª pl.	possuímos	possuímos	possuíamos	possuíramos	possuiremos	possuiríamos	possuamos	possuíssemos	possuirmos	possuamos
	2ª/3ª pl.	possuem	possuíram	possuíam	possuíram	possuirão	possuiriam	possuam	possuíssem	possuírem	possuam
Infinitivo ODIAR	1ª sing.	odeio	odiei	odiava	odiara	odiarei	odiaria	odeie	odiasse	odiar	—
Gerúndio odiando	2ª/3ª sing.	odeia	odiou	odiava	odiara	odiará	odiaria	odeie	odiasse	odiar	odeie
Particípio odiado	1ª pl.	odiamos	odiamos	odiávamos	odiáramos	odiaremos	odiaríamos	odiemos	odiássemos	odiarmos	odiemos
	2ª/3ª pl.	odeiam	odiaram	odiavam	odiaram	odiarão	odiariam	odeiem	odiassem	odiarem	odeiem
Infinitivo QUERER	1ª sing.	quero	quis	queria	quisera	quererei	quereria	queira	quisesse	quiser	—
Gerúndio querendo	2ª/3ª sing.	quer	quis	queria	quisera	quererá	quereria	queira	quisesse	quiser	—
Particípio querido	1ª pl.	queremos	quisemos	queríamos	quiséramos	quereremos	quereríamos	queiramos	quiséssemos	quisermos	—
	2ª/3ª pl.	querem	quiseram	queriam	quiseram	quererão	quereriam	queiram	quisessem	quiserem	—

CONJUGAÇÃO DOS VERBOS IRREGULARES *(continuação)*

		INDICATIVO						SUBJUNTIVO			IMPERATIVO
		Presente	*Pretérito perfeito*	*Pretérito imperfeito*	*Pretérito mais-que-perfeito*	*Futuro do presente*	*Futuro do pretérito*	*Presente*	*Pretérito imperfeito*	*Futuro*	
Infinitivo PÔR	1ª sing.	ponho	pus	punha	pusera	porei	poria	ponha	pusesse	puser	—
	2ª/3ª sing.	põe	pôs	punha	pusera	porá	poria	ponha	pusesse	puser	ponha
Gerúndio pondo	1ª pl.	pomos	pusemos	púnhamos	puséramos	poremos	poríamos	ponhamos	puséssemos	pusermos	ponhamos
	2ª/3ª pl.	põem	puseram	punham	puseram	porão	poriam	ponham	pusessem	puserem	ponham
Particípio posto											
Infinitivo DAR	1ª sing.	dou	dei	dava	dera	darei	daria	dê	desse	der	—
	2ª/3ª sing.	dá	deu	dava	dera	dará	daria	dê	desse	der	dê
Gerúndio dando	1ª pl.	damos	demos	dávamos	déramos	daremos	daríamos	demos	déssemos	dermos	demos
	2ª/3ª pl.	dão	deram	davam	deram	darão	dariam	deem	dessem	derem	deem
Particípio dado											
Infinitivo DIZER	1ª sing.	digo	disse	dizia	dissera	direi	diria	diga	dissesse	disser	—
	2ª/3ª sing.	diz	disse	dizia	dissera	dirá	diria	diga	dissesse	disser	diga
Gerúndio dizendo	1ª pl.	dizemos	dissemos	dizíamos	disséramos	diremos	diríamos	digamos	disséssemos	dissermos	digamos
	2ª/3ª pl.	dizem	disseram	diziam	disseram	dirão	diriam	digam	dissessem	disserem	digam
Particípio dito											
Infinitivo TRAZER	1ª sing.	trago	trouxe	trazia	trouxera	trarei	traria	traga	trouxesse	trouxer	—
	2ª/3ª sing.	traz	trouxe	trazia	trouxera	trará	traria	traga	trouxesse	trouxer	traga
Gerúndio trazendo	1ª pl.	trazemos	trouxemos	trazíamos	trouxéramos	traremos	traríamos	tragamos	trouxéssemos	trouxermos	tragamos
	2ª/3ª pl.	trazem	trouxeram	traziam	trouxeram	trarão	trariam	tragam	trouxessem	trouxerem	tragam
Particípio trazido											

Infinitivo SABER	1ª sing.	sei	soube	sabia	soubera	saberei	saberia	saiba	soubesse	souber	—
	2ª/3ª sing.	sabe	soube	sabia	soubera	saberá	saberia	saiba	soubesse	souber	saiba
Gerúndio sabendo	1ª pl.	sabemos	soubemos	sabíamos	soubéramos	saberemos	saberíamos	saibamos	soubéssemos	soubermos	saibamos
	2ª/3ª pl.	sabem	souberam	sabiam	souberam	saberão	saberiam	saibam	soubessem	souberem	saibam
Particípio sabido											
Infinitivo SAIR	1ª sing.	saio	saí	saía	saíra	sairei	sairia	saia	saísse	sair	—
	2ª/3ª sing.	sai	saiu	saía	saíra	sairá	sairia	saia	saísse	sair	saia
Gerúndio saindo	1ª pl.	saímos	saímos	saíamos	saíramos	sairemos	sairíamos	saiamos	saíssemos	sairmos	saiamos
	2ª/3ª pl.	saem	saíram	saiam	saíram	sairão	sairiam	saiam	saíssem	sairem	saiam
Particípio: saido											
Infinitivo PEDIR	1ª sing.	peço	pedi	pedia	pedira	pedirei	pediria	peça	pedisse	pedir	—
	2ª/3ª sing.	pede	pediu	pedia	pedira	pedirá	pediria	peça	pedisse	pedir	peça
Gerúndio pedindo	1ª pl.	pedimos	pedimos	pedíamos	pedíramos	pediremos	pediríamos	peçamos	pedíssemos	pedirmos	peçamos
	2ª/3ª pl.	pedem	pediram	pediam	pediram	pedirão	pediriam	peçam	pedissem	pedirem	peçam
Particípio pedido											
Infinitivo OUVIR	1ª sing.	ouço	ouvi	ouvia	ouvira	ouvirei	ouviria	ouça	ouvisse	ouvir	—
	2ª/3ª sing.	ouve	ouviu	ouvia	ouvira	ouvirá	ouviria	ouça	ouvisse	ouvir	ouça
Gerúndio ouvindo	1ª pl.	ouvimos	ouvimos	ouvíamos	ouvíramos	ouviremos	ouviríamos	ouçamos	ouvíssemos	ouvirmos	ouçamos
	2ª/3ª pl.	ouvem	ouviram	ouviam	ouviram	ouvirão	ouviriam	ouçam	ouvissem	ouvirem	ouçam
Particípio ouvido											

CRÉDITOS

• • • • • • •